新史学译丛

新官上任

清代地方官及其政治生态

[日]山本英史　著

魏郁欣　译

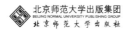

北京师范大学出版集团
BEIJING NORMAL UNIVERSITY PUBLISHING GROUP
北京师范大学出版社

中文版序

中国老百姓非常喜欢"福""禄""寿"这三个字。听说，"福""禄""寿"各自代表着"多子多福""升官发财""长生不老"的意思，是老百姓的三大愿望。

其中，姑且不论"福"和"寿"，能否获得"禄"则是看他们自己的造化。因此，只要具备天时、地利、人和的话，任何人都能因科举合格而当上官僚。

话虽如此，对他们来说，当上官僚决非最终目标。一旦当上官僚，他们就得扮演理想的"父母官"，同时还得成为实际具备行政能力的"能吏"。为了将来幸福的乡绅生活，他们的官途上绝对不能留下任何污点。

不过，他们过去埋头准备应考，并无与人打交道的经验。他们自然而然地得向有经验的人们请教。虽说任何时代、任何地方都有类似的情况，不过，透过完整书籍的形式来详述相关忠告或诀窍的现象乃是中国的一大特征，在世界其他地方极为罕见。

本书正是以这类书籍为史料，通过外国人的观点来分析传统中国官僚们的心理和行动。多亏北京师范大学出版社，这次中文版得以付梓。对此，衷心感谢各位的帮助。我希望本中文版可以广泛地引起中国读者们的兴趣。

又，我还要向翻译者魏郁欣女士表示谢意。她不辞辛劳地翻译本书。多亏她的帮助，出版工作进展得分外顺利。

山本英史

2018 年盛夏

目　录

第一章 赴任的知县

——自官箴书看清代县衙的职场环境

知县为亲民之官，孰是肯自认为糊涂哉。

——《点石斋画报》土集《糊涂知县》

前　言

科举刚刚过关的儒生精英们首次以知县的身份，前往陌生土地赴任之际，往往会参考官箴书，这是因为上面简洁扼要地整理了他们必须掌握的种种注意事项。本章正是透过以官箴书为主的大批史料，来探讨处于那个时代的儒生精英们与赴任地的人们构筑了何种关系，或者是他们认为应该构筑何种关系等相关问题。并且，透过其中所窥见的职场环境的种种面貌，来厘清知县在地方衙门的立场，进而针对受其影响极深的清朝地域统治的结构，进行更为深刻的理解。

本章所指的"清代"乃是自 17 世纪后半期至 18 世纪为止，约 150

年的这段时间，也就是支撑着明朝王朝统治的里甲体制解体后，历经明清交替的变动时期，接着由清朝再次确立、稳定全新王朝统治的这段时间；就年号来说，也就是以顺治至乾隆时期为中心。其理由在于，就清朝的地域统治而言，这个时期特别具备了重要的意义。

权力集中在身处北京的皇帝一人身上的这个中央集权结构，乃是清朝作为王朝国家的最大特征。在完备的官僚制度之下，其中也可见王朝统治渗透至地方末端的这个政治实际状态。又，虽说王朝统治所及的范围只到州县而已，但是，反过来说，这也意味着清朝的王朝统治至少能够渗透至县这个行政单位，在全国，起码就有 1300 个县[1]。那么，清朝的王朝统治是透过何种机制而付诸实现的呢？

所谓知县，乃是在作为地方末端最小行政单位的县，代替中央皇帝来体现王朝地域统治原理的代理人，如"知县为政府的单位。总为官僚制度的脊骨。而对于人民而言，百人中，就有九十人认为知县即为政府"[2]所言，其存在非同小可。另外，与县同为最小地方行政单位的州，其长官叫作知州，与知县并称为州县官，不过，两者的职掌并无

---

[1] 光绪《大清会典》卷四《吏部·尚书侍郎职掌一》列举了 1303 个县名，并且记载了同样数目的知县。另外，自汉代至明清为止，此数目与人口增加毫无关系，几乎呈现为一个定额（佐竹靖彦：《作邑自箴——官箴と近世中国の地方行政制度》，收入滋贺秀三编：《中国法制史——基本资料の研究》，东京，东京大学出版会，1993）。

[2] Byron Brenan, "The Office of District Magistrate in China," *Journal of the China Branch of the R. A. S.* 1897-98 vol. XXXII；临时台湾旧惯调查会编：《清国行政法》第 1 卷下，54 页，东京，汲古书院，1972，再版（1905，初版）。

太大差异，就比例而言，也是知县压倒性居多①，因此，这里为求方便，以"知县"为代表。

他们的任务主要分为"钱谷"（征税）与"刑名"（审判）这两个方面，这也就意味着王朝透过这两个方面对各个地域的人民及其社会进行"统御"。但是，知县为了再次巩固明代中期以后因社会流动化而日益松弛的这个"统御"，必须将王朝统治的理念作部分调整，以因应各个地域所展开的社会实际状态。换言之，知县为了达成使命，一方面要和上司保持良好关系，另一方面也要和在当地拥有政治影响力的地方势力合作，借此获得他们的协助。另外，知县回到自身的出身地后，摇身一变成为与地方政治息息相关的地方势力，为了在该地获得发言权，他们必须完成知县的任务，还要累积官僚经验，去实践身为儒生精英的使命（即"治国"），可说是背负着种种矛盾。这么一来，知县主要对哪些范围的哪些人群充满兴趣呢？又是如何与他们相处的呢？这些都是重要的课题。对于缺乏实战经验的知县而言，如何通晓其他官僚们彼此心照不宣的默契，无疑是紧要的课题。若是如此的话，其内容具体来说为何呢？

明清时代的官箴书为立足于上述观点的研究提供了丰富的史料。②

---

① 光绪《大清会典》卷四《吏部·尚书侍郎职掌一》列举了145个州名，并且记载了同样数目的知州。由此可知，知州与知县的比例为145：1303，州县官中，知州所占的比例仅为一成左右。

② 关于官箴书，有以下研究：仁井田陞《大木文库私記——とくに官箴、公牘と民衆とのかかわり》（载《东京大学东洋文化研究所纪要》，第13册，1957，后收入大木干一编：《东京大学东洋文化研究所大木文库分类目录》，东京，东京大学东洋文化研究所，1959）；高成元《官箴的研究》（载《天津社会科学》1985年第6期）；刘俊文《开发（转下页）

官箴书以科举合格后被授予官职的新手知县为对象，提醒他们在实际的地方政治现场，该注意哪些职务方面的规范，并且提供了不少如何实践这些规范的实用忠告，透过其中的文章，我们可以了解当时以职场环境为基础的地方政治之实际状态。同时，这些书籍也是在理解地方官僚的"心境"之际，极为有效的史料，例如，当时已经具备官僚经验的前辈们想要对后辈们传达哪些事情，而作为读者的后辈们从这些书籍里想要汲取哪些经验，等等。①

官箴书已知在宋代以后，随着科举官僚制度的施行而日益普及，以《作邑自箴》为首，成书于宋代的官箴书里，也有不少提到实用内容的文章。又，在 19 世纪的日本以及其他周边诸国，亦存在着与此类似

(接上页)历史文化宝藏——官箴书》(载《中国典籍与文化》1992 年第 2 期)；葛荃《官箴论略》[载《华侨大学学报》(哲学社会科学版)1998 年第 1 期]；魏丕信(Pierre-Étienne Will)《明清时期的官箴书与中国行政文化》(李伯重译，载《清史研究》1999 年第 1 期)；裴传永《"箴"的流变与历代官箴书创作——兼及官箴书中的从政道德思想》(载《理论学刊》1999 年第 2 期)；龚汝富《略论中国古代官箴的政治智慧》(载《中国人民大学学报》2006 年第 1 期)。另外，陈生玺辑《政书集成》全 10 辑(郑州，中州古籍出版社，1996)收录了以《作邑自箴》为首的数十种官箴书。官箴书集成编纂委员会编《官箴书集成》10 册(合肥，黄山书社，1997)则收录了 101 种政书，几乎所有的官箴书皆收录于此。对于主要官箴书的点评，有以下研究：徐梓编注《官箴——做官的门道》(北京，中央民族大学出版社，1996)；郭成伟主编《官箴书点评与官箴文化研究》(北京，中国法制出版社，2000)。索引则是如下：京大东洋史研究室编《官箴目次综合索引》(京都，京都大学东洋史研究室，1950)，以及赤城隆治、佐竹靖彦编《宋元官箴综合索引》(东京，汲古书院，1987)。关于官箴书的解题，有以下研究：张伟仁主编《中国法制史书目》3 册(台北，"中央研究院"历史语言研究所，1976)；Pierre-Étienne Will, *Official Handbooks and Anthologies of Imperial China：A Descriptive and Critical Bibliography* (Work in Progress)。

① 仁井田前引《大木文庫私記》，见前引《东京大学东洋文化研究所大木文库分类目录》，158 页。

的地方官须知。① 但是，明清时代的官箴书在数量上是遥遥领先的。再加上，16 世纪以后的官箴书与其说是所谓官僚道德规范，实际上，更接近于实务行政或是人际关系建构方面的指南书，"在理解地方官僚的'心境'之际，极为有效的"官箴书愈来愈多，乃是其特征。② 官箴书也和其他史料一样，同为时代和社会的产物，当时的"历史"也就自然而然地投影于其中了。

顺道一提，作为清代地方政治制度史研究的先驱性业绩，我们不得不提到瞿同祖的研究。③ 过去的中国地方政治制度史往往沦为一种既定模式，甚至是表面化、机械式的研究，而为过去的研究带来了一股新意，乃是瞿同祖研究的第一个意义。当中，针对州县官以及作为其辅助集团的书吏、衙役、长随、幕友，瞿同祖分别整理了其组织、机能、实际状态等侧面，并且厘清了传统州县政府的特征，即州县政府就责任而言，乃是偏重于州县官一个人的"一人政府"(one-man government)。第二个意义则是瞿同祖厘清了有别于制度方面的实际状态，也就是由作为官僚精英的本地乡绅，以及作为官僚预备军的士人所组成的绅衿集团(即毫无正规官僚资格的人们)私下参与地方行政，对其带来极大影响的这个实际状态。另外，有别于过去的中国地方政治制

---

① 关于东亚的官箴书，参见山本英史：《東アジアにおける官箴書の普及について》，载《史学》85 卷 1—3 合并号，2015。

② 山本英史：《伝統中国の官僚道徳規範とその変容》，收入山本正身编：《アジアにおける"知の伝達"の伝統と系譜》，84～95 页，东京，庆应义塾大学言语文化研究所，2012。

③ T'ung-tsu Ch'ü(瞿同祖)，*Local Government in China under the Ch'ing*，Cambridge，Harvard University Press，1962。瞿同祖：《清代地方政府》，范忠信、何鹏、晏锋译，北京，法律出版社，2003，初版，2011，修订版。

度史研究主要使用中央编纂的法制史料，瞿同祖的研究首次使用了地方官僚所编著的大量且各式各样的政书、笔记、杂录等史料，透过实证来逼近制度方面的实际状态，乃是第三个意义。借此，他明确地提示了地方行政当中，规定制度与实际运作的差异。[1]

本章以这一重要研究为基础，并且进一步厘清以下问题：例如，瞿同祖所说的"一人政府"之主要栋梁，也就是知县在得知自身的赴任地后，是如何进行准备及调整姿态的？并且在赴任后的地方衙门里，处于何种职场环境？又是如何与当地的种种势力对抗，完成加诸自身的官僚使命的呢？制定制度的既是人，加以运用的亦是人。因此，本章将以瞿同祖的研究当中尚未充分探讨的"职场环境"这个要素为中心，盼望能为清代地方政治制度史提供一个全新的视点。[2]

作为这个领域的初期研究，宫崎市定关于雍正史的大量研究当中的一篇论文，备受瞩目。[3] 在宫崎特有的笔调下，清代雍正年间担任广东潮州府普宁、潮阳两县知县的蓝鼎元所认定的"县政的妨碍者"——胥吏、土豪、讼师、窝主、上司之群像都活灵活现地跃动于纸面上，宫崎市定的研究与瞿同祖的研究在不同的意义上，同样为清代

---

① 坂野正高与范忠信在其他方面，亦对瞿同祖的研究给予极高的评价。见坂野正高：《近代中国政治外交史》，558 页，东京，东京大学出版社，1973；范忠信：《瞿同祖先生与中国地方政府传统研究》，收入前引《清代地方政府》代译序 1～21 页。

② 近年有不少重视清代佐贰官功能的研究，大多认为"一人政府"这个称呼未必贴切，不过，权力集中于州县官一人身上的这个结构基本上是不变的，透过这个结构来理解地方政府的观点仍然有效。

③ 宫崎市定：《雍正时代地方政治の实状——硃批谕旨と鹿洲公案》，载《东洋史研究》18 卷 3 号，1959，后收入《宫崎市定全集》第 14 卷《雍正帝》，东京，岩波书店，1991。

地方政治制度史带来一股"新意"。不过，此研究乃是关于特定的时代、地域（雍正年间的广东），以及蓝鼎元这个人的个别事例研究，若要将其延伸至清代地方政治制度的话，尚有许多课题。

此后，关于明清时代州县行政的研究，出现了不少备受瞩目的力作，大体而言，其主要兴趣在于机构与制度及其运用方面。[①] 其中，对于本章来说，最为重要的乃是柏桦的一系列研究。柏桦指出：明代知县的人际网络有上中下三个阶层，上乃是包括自皇帝至中央官僚、地方官僚在内的上司，中则是同僚、过客、乡绅，下则是胥吏、里老、庶民；这些人同时也是妨碍州县官施政的存在。又，柏氏将"乡里保甲组织的首领""享有特权的士绅""虽无地位，但具备活动能力的胥吏""具备强大的凝聚力，亦有经济力的宗族、家族、豪民、富民""呼朋引

———————————

① 关于明清时代州县整体的研究，英语圈如下：Charles O. Hucker ed., *Chinese Government in Ming Times*；*Seven Studies*，New York，Columbia University Press，1969；John R. Watt，*The District Magistrate in Late Imperial China*，New York，Columbia University Press，1972；Wakeman F. Jr. and Grant C. eds.，*Conflict and Control in Late Imperial China*，Berkeley，University of California Press，1975。中文圈则有：徐炳宪《清代知县职掌之研究》（台北，东吴大学中国学术著作奖助委员会，1974）；郑天挺《清代的幕府》（载《中国社会科学》1980 年第 6 期）；郑天挺《清代幕府制的变迁》（载《学术研究》1980 年第 6 期）；吴智和《明代的县令》（载《明史研究专刊》第 7 期，宜兰，明史研究会，1984）；吴仁安《清代的州县官》（载《历史教学》1986 年第 5 期）；李林《清代的县官职掌与作用》[载《辽宁大学学报》（哲学社会科学版）1986 年第 5 期]；刘子扬编著《清代地方官制考》（北京，紫禁城出版社，1988）；刘秀生《清代县级政权机关中的人事管理》（载《理论探讨》1990 年第 2 期）；颜广文《明代县制述论》[载《华南师范大学学报》（社会科学版）1990 年第 4 期]；毕建宏《清代州县行政研究》（载《中国史研究》1991 年第 3 期）；赵秀玲《论清代知府制度》（载《清史研究》1993 年第 2 期）；秦富平《清朝的县级政权》（载《晋阳学刊》1994 年第 5 期）；刘鹏九、王家恒、余诺奇《清代县官制度述论》（载《清史研究》1995 年第 3 期）；郑秦《清代县制研究》（载《清史研究》1996 年第 4 期）；刘文瑞《试论明代的州县吏治》[载《西北大学学报》（哲学社会科学版）2001 年第 2 期]。

伴的市井无赖""秘密社会的首领""土匪"这些在州县境内发挥政治、经济影响力的人物视为"地方核心分子",就整体来看,州县官对于这些人物采取了软硬兼施的手段。① 以上皆为将重点置于明代州县官的行动与心理的研究,对于本章极具参考性。

使用官箴书的地方官僚研究当中,以何朝晖的研究最为重要。何朝晖认为"明代官箴书的价值在于,它们并不是空洞的道德说教,而是从大量的基层从政实践中总结出来的实用经验,成为新任官员必备的为官指南,不仅反映了明中后期地方官具有普遍性的施政理念、行为模式和准则,同时也折射了当时县官施政的现实环境",对于官箴书的史料价值,给予了极高的评价②,并称现存官箴书到了明代后期明显增加,因此"我们可以体会到明后期位卑职小的知县面临复杂环境怀揣的微妙心理",将知县必须耗费大量精力应对的主要对象列举为五个范畴,即"上司""过客""同僚""吏胥""士夫豪民"③。何朝晖将明代后期

① 柏桦《明代州县政治体制研究》(北京,中国社会科学出版社,2003),以及同氏《明清州县官群体》(天津,天津人民出版社,2003)。另外,收录于上述两书的论文分别如下:柏桦《明代知县的关系网》(载《史学集刊》1993年第3期);《明代州县官的施政及障碍》[载《东北师大学报》(哲学社会科学版)1998年第1期];《明代州县官的施政心理及其特点》(收入朱诚如、王天有编:《明清论丛》第3辑,北京,紫禁城出版社,2002);《明清州县官的政治权术和手段》(收入朱诚如、王天有编:《明清论丛》第4辑,北京,紫禁城出版社,2003)。除此以外,柏桦亦有以下论文:《试论明代州县官吏》(载《史学集刊》1992年第2期);《明代州县衙署的建制与州县政治体制》(载《史学集刊》1995年第4期);《从〈令梅治状〉看康熙年间的县政》(载《史学集刊》1997年第1期);《明代州县官吏设置与州县政治体制》(载《史学集刊》2002年第3期)。

② 何朝晖:《明代县政研究》,6~7页,北京,北京大学出版社,2006。

③ 何朝晖:《从官箴书看明代知县的为官心理》,见朱诚如、天王有主编:《明清论丛》第3辑,北京,紫禁城出版社,2002。

地方政治不振的原因归之于此，但是，官箴书所见的如此情况并非局限于明代，而是在清代有进一步的发展。

另外，郭成伟与关志国则是透过清代官箴书的作者们之亲身体验，针对应对之际必须小心翼翼的对象，列举了身处地方衙门内部，与施政息息相关的幕友、书吏、衙役、长随，以及身处衙门外部，但是为了自身利益，却前来妨碍行政工作的讼师、官亲（官僚的亲戚）、代书、绅士、佐杂官等各种社会集团。① 瞿同祖曾经指出，清代知县的周围存在着种种集团，而上述研究正是透过官箴书，进一步厘清了这些集团的实际状态，不过，尚有检讨的余地。

本章将以上述研究史为参考，再次使用清代的官箴书，透过笔者自己的观点，尝试描绘出清代知县与周遭人物之间的关系。

一、何谓知县

作为行政机构的县衙

为了行文方便，在进入本论前，先针对清代县衙门的机构概要进行整理。② 秦于纪元前 221 年，将统一的领土分为三十六郡，实施了以

---

① 郭成伟、关志国：《清代官箴理念对州县司法的影响》，127～181 页，北京，中国人民大学出版社，2009。

② 本项目以《大清会典》及瞿同祖的研究为基础，同时亦参考了 20 世纪初期透过各种形式对清代官制进行概说的日文文献，再以笔者自己的观点，简洁地归纳出本章所需的内容。对清代地方政治机构进行概说的日文文献，大致如下：井上陈政《禹域通纂》(1888，初版，东京，汲古书院，1994，再版)；服部宇之吉《清国通考》[东京，(转下页)

郡统县的郡县制。之后，历代王朝基本上都是沿袭此原则。明以府统县，清大致依据明代的旧制。全国分为数省，省分为数道，道再分为数府，府之下，又有作为末端单位的州、县。18世纪的时候，在州、县以外，设置了厅。这种状况下，州最大，县次之，厅最小，乃是一般的原则。作为末端单位的行政区，大部分为县。又，另外设置直隶州、直隶厅，与府同样直隶于省。在直隶州以外设置直隶厅的做法，清乃是最初。

拥有最高权力的地方官僚乃是并称为"督抚"的总督、巡抚。一方面，每一省或是每二三省，设置一名总督（正二品），文武兼管，总揽管辖地域的民政与司法，身兼右都御史，拥有弹劾上奏的权力，另外，亦有兵部尚书的头衔。另一方面，巡抚（从二品）则是每一省设置一名（福建、甘肃、四川三省为总督），职权与总督相同。与总督并置之际，巡抚主要掌管民政；单置的话，则是文武兼管。巡抚身兼左都御史，拥有弹劾上奏的权力，另外，亦有兵部侍郎的头衔。明代永乐十九年（1421），开始让中央官在各地巡行，借此安抚军民，此后，宣德年间（1426—1435），巡抚成为常设官僚，正统元年（1436），兼任军务。到

（接上页）三省堂，1905，初版，东京，大安，1966，再版］同氏《清国管制及选叙》（收入清国驻屯军司令部编《北京志》第11章，1916，再版《清国通考》附录1～32页）；同氏《"支那"地方官の职务》（收入《"支那"研究》上编2，东京，博文馆，1908，再版《清国通考》附录55～94页）；狩野直喜《清朝の制度と文学》（东京，みすず书房，1984）；前引《清国行政法》第1卷下《官吏法》（狩野直喜执笔）。另外，坂野正高《清代中国の政治机构》（同氏前引《近代中国政治外交史》16～73页）亦有助于我们快速理解清代的地方政治机构。

了清代康熙年间，确立了一省一巡抚的原则。督抚乃是由临时官职发展而来的，实际上，两者地位等同，之间并无主从关系。

直接负责各省内部民政与司法的官僚乃是并称为"布按"的布政使、按察使。布政使（从二品）为设置于各省的承宣布政使司（藩台）之长官，在督抚的监督下，负责省的民政、财政。按察使（正三品）为设置于各省的提刑按察使司（臬台）之长官，在督抚的监督下，负责省的刑狱（司法）。

道台（正四品）按照省内地域或是业务，辅佐布按。除了特别业务以外，分守、分巡的两道以省内的数府为管辖地域，掌握一般行政事务。其管辖地域并无明确的行政区域，一般来说，多半附加所辖府州的名称。

知府（从四品）对管辖地域内的一切政务进行统辖，并且指挥监督下级官厅的州、县、厅。知府的主要职掌多为后者。其业务与直隶州的知州（正五品）相同。

作为末端单位行政区的州、县、厅的长官，分别为知州（从五品）、知县（正七品）、同知或是通判（正九品）。

知县这个名称的由来极为悠久，秦以后，将原本每县一名的长官称为"县令"，不过，由于唐末五代的时候被军阀夺走实权，于是宋派遣中央官来掌握县治，将其称为"知县事"或是"知县"，到了明清，则是将县的长官名称统一为"知县"。

以上的地方行政区与其长官配置，大致如下：

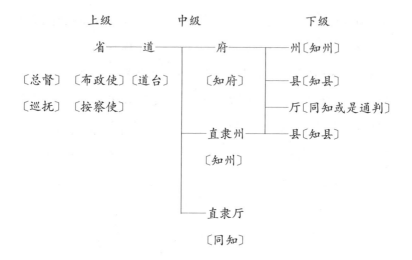

县衙的成员

从督抚到知县，都有各自的衙门，以自己的名义执行职务的地方官僚，称为正印官。相对于此，司府以下亦有分掌事务的众多助理官和杂职官，这种僚属称为"佐贰官"或是"佐杂官"。

县里，在正印官的知县之下，还设有县丞（正八品）和主簿（正九品）。前者有"二尹""分县""左堂"的别称，后者则有"三尹"的别称。两者之中择一设置的情况较多，有的时候，其官署也会设置在县城外。又，也有叫作典史（未入流）的胥头，拥有"右堂""少尉""廉捕"等别称，统辖大批胥吏。另外，关于杂职官，还有驻扎于距离县城遥远的要地的巡检（从九品），负责追捕贼盗等维持治安的工作，以及协助邮驿业务的驿丞（未入流）等。

县衙门的成员除了国家公认的"官"以外，还有胥吏①、衙役②、长随③、幕友④等，他们虽然不是国家公认的存在，但是对于促进县政的

---

① 关于清代的胥吏，除了 Ch'ü, op. cit., pp. 36-55，尚有以下研究：细井昌治《清初の胥吏——社会史的一考察》(载《社会经济史学》14 卷 6 号，1944)；宫崎市定《清代の胥吏と幕友——特に雍正朝を中心として》(载《东洋史研究》16 卷 4 号，1958，后收入前引《宫崎市定全集》14 卷《雍正帝》；藤冈次郎《清朝における地方官，幕友，胥吏及び家人——清朝地方行政研究のためのノオトⅡ》[载《北海道学艺大学纪要》第 1 部 B(社会科学编)12 卷 1 号，1961]；刘敏《清代胥吏与官僚政治》[载《厦门大学学报》(哲学社会科学版)1983 年第 3 期]；佐伯有一《明清交替期的胥吏像一斑》(收入《中村治兵卫先生古稀记念东洋史论丛》，东京，刀水书房，1986)；倪道善《清代书吏考略》(载《社会科学研究》1988 年第 2 期)；李荣忠《清代巴县衙门书吏与差役》(载《历史档案》1989 年第 1 期)；王廷元、魏鉴勋《论清代蠹吏》[载《辽宁大学学报》(哲学社会科学版)1989 年第 5 期]；周学军《论明末清初的吏胥专权》(载《学术月刊》1989 年第 9 期)；吴吉远《试论清代吏、役的作用和地位》(载《清史研究》1993 年第 3 期)；李国荣《论雍正帝对官衙书吏的整饬》(载《社会科学辑刊》1995 年第 3 期)；朱金甫《清代胥吏制度论略》(收入《清史论丛》编委会编：《清史论丛 1994》，沈阳，辽宁古籍出版社，1994)；Bradly W. Reed, *Talons and Teeth*：*County Clerks and Runners in the Qing Dynasty*(Stanford, Stanford University Press, California, 2000)；王雪华《从吏胥制度看清代社会对新政治形态的诉求》(载《江汉论坛》2003 年第 11 期)；周保明《清代县衙吏役的内部管理》(载《北方论丛》2006 年第 1 期)；等等。

② 关于清代的衙役，除了 Ch'ü, op. cit., pp. 54-73，亦有兼论胥吏的下述论文：宫崎前引《清代の胥吏と幕友》，李荣忠前引论文，吴吉远前引论文，周保明前引论文，以及 Reed, op. cit., 等等。

③ 关于清代的长随，除了 Ch'ü, op. cit., pp. 74-92，参见宫崎前引《清代の胥吏と幕友》，佐伯富《清代における坐省の家人》(收入《田村博士颂寿东洋史论丛》，京都，田村博士退官记念事业会，1968)，郭润涛《长随行政述论》(载《清史研究》1992 年第 4 期)，同氏《清代的"家人"》(收入朱诚如、王天有编：《明清论丛》第 1 辑，北京，紫禁城出版社，1999)，佐伯有一《〈长随论〉攷——長随に関する一史料をめぐって》(收入《東アジア史における国家と農民》，东京，山川出版社，1984)，周保明《清代州县长随考论》[载《华东师范大学学报》(哲学社会科学版)2008 年第 5 期]。

④ 关于清代的幕友，除了 Ch'ü, op. cit., pp. 93-115，参见 James H. Cole, *Shaohsing*：*Competition and Cooperation in Nineteenth-Century China*(Tucson, The University of Arizona Press, Arizona, 1986)；苏位智《清代幕吏心态探析》[载《山东社（转下页）

运作，扮演着重要的角色。

胥吏负责文件的起草、令状的发行、征税记录的制作、文书的保管等业务，一般来说，多由当地居民担任。各县的定员规定为数十名，但是实际上，却存在着 100 名至 1000 名胥吏。任期定为五年，但是实际上，改变名义延长任期的例子极多。胥吏无俸，多靠陋规（沦为一种惯例的制度外手续费）与贿赂来度日。

衙役负责联络、护卫、守卫、警察、杂役等业务，一般来说，多由当地居民担任。任期为三年，但是实际上，改变名义延长任期的例子极多。人数较胥吏多，多的地方甚至达到 1500 人。衙役多为出身贫穷人家的子弟，补役、捡尸人、狱卒、门番等往往遭受贱民的待遇，一年可获得六两左右的微薄薪水。

长随也叫作家丁、家奴，乃是知县个人所雇用的心腹佣人，亦遭受贱民的待遇，大致为 30 名，在牵制胥吏和衙役的同时，也充当知县与他们之间的桥梁。长随分为门上（传话）、司仓（仓库）、签押（保管官印）、办差（征发劳力）等。俸禄由知县个人支付，不过，门上有许多非

（接上页）会科学》1992 年第 6 期］；吴爱明、夏宏图《清代幕友制度与文书档案工作》（载《历史档案》1993 年第 4 期）；中岛乐章《明末清初的绍兴的幕友》（收入《山根幸夫教授退休记念明代史论丛》下，东京，汲古书院，1990）；郭润涛《官府、幕友与书生——"绍兴师爷"研究》（北京，中国社会科学出版社，1996）；吴爱明、夏宏图《清代的地方行政与幕友人事制度的形成》（载《清史研究》1997 年第 3 期）。兼论幕友与胥吏的研究如下：服部宇之吉《吏卜幕友》（收入前引服部再版《清国通考》附录）；宫崎前引《清代の胥吏と幕友》；藤冈前引论文；刘德鸿《清代官府中的幕客和书吏》（载《社会科学战线》1980 年第 2 期）；毛健予《清代的吏胥和幕宾》（载《殷都学刊》1984 年第 4 期）；陆平舟《官僚、幕友、胥吏：清代地方政府的三维体系》［载《南开学报》（哲学社会科学版）2005 年第 5 期］；等等。

正规的收入，如名为门包的陋规等。

幕友乃是知县个人所聘请的政治顾问，知县的话，通常是招五六名，至少需要负责审判的"刑名师爷"与负责征税的"钱谷师爷"。知县会以宾客之礼来迎接他们，因此，他们的俸禄也是相当优渥，这些全部由知县个人支付。幕友多为中途放弃科举考试的知识分子，不少人拥有生员的资格。小有名气的幕友往往会接到再三延聘的请求。知县在执行生疏的实务行政之际，常常得向幕友们寻求意见，同时也可以借此监督执政现场的胥吏和衙役，抑制他们的独断专行，这乃是知县雇用政治顾问的目的。

知县的职务

《清史稿》记载："知县掌一县治理，决讼断辟，劝农赈贫，讨猾除奸，兴养立教。凡贡士、读法、养老、祀神，靡所不综。"①

《清国行政法》则是将知县的职务列举为以下七个项目：①审判；②验尸；③征税；④警察及监狱；⑤公共建设的营造与修缮；⑥教育及考试；⑦赈灾。② 知县的职务当中，最为重要的乃是征税与审判，这两方面的实绩成为日后考成（即评估政绩）的根据。

关于知县在县衙门里的一天，瞿同祖有以下的描写。③ 黎明前，在内衙（知县的宅邸）的信号下，衙门的大门打开。这个时候，胥吏、衙役、长随都必须来到工作岗位。天亮后，又有第二次信号，文件会

---

① 《清史稿》卷一百十六《志九十一·职官三》。
② 《清国行政法》第1卷下，54～57页。
③ Ch'ü, *op. cit.*, pp. 16-17.

分发给胥吏，衙门的职员开始办公。接着，知县会主持早堂（上午的业务），将收到的文件分给部下，接受衙门职员所呈的书面或是口头报告，另外，也会审问遭到逮捕的嫌犯或是即将解送至别署的囚犯，并且受理任何诉讼。之后，知县会回到签押房（执务室），在那里过目文件的内容，其中包含了与当日将要听审的案件相关的文件。通常，下午专门用来听理诉讼。到了下午四点左右，会关闭公堂。其后，文件全数从胥吏手上收回送还至签押房。如果午堂（下午的业务）的案件较多，审理尚未结束的话，也有夜晚再度开庭的例子。晚上七点左右，胥吏、衙役、值班的狱卒或是壮丁全数集合，接受点名后，衙门的正门与知县宅邸的大门会一起关闭。

据此可知，知县的业务多半为文书行政，一天大部分的时间花费在诉讼、审判的案件处理上面，过着极为忙碌的官僚生活。

知县在一个县的任期并非固定。明代的规定是以九年为限度，但是随着时代的更迭，任期越来越短，到了明代中期以后，由于任务日益繁重，难以胜任长期任务，任期平均转为三年。清代知县的任期也与其相当。

知县与县衙

根据清朝的规定可知："各省文武官皆设衙署。其制，治事之所为大堂、二堂。外为大门、仪门。大门之外为辕门。宴息之所为内室，为群室。吏攒办事之所为科房。大者规制具备，官小者以次而减。"[①]

---

① 光绪《大清会典》卷五十八《工部一·尚书侍郎职掌》。

中国古代的都市建设大致是基于《周礼·考工记》的设计思想而进行配置，同时也受风水观念的影响。衙门通常位于城市的中央，也就是气所汇集的中心"正穴"，根据"居中而治"，即处于中央向南进行统治的概念，建筑物会盖在南北线上。由南向北设置了照壁、大门、仪门、戒石亭。戒石亭的左右通常为六房。主建筑则由大堂、二堂、三堂等组成。[①]

　　我们以浙江慈溪县衙门为例，具体确认县衙的布置。慈溪县乃是宁波府属的六县之一，在历经鸦片战争与太平天国所带来的破坏后，光绪元年(1875)进行重修。现在的建筑物乃是基于其县署图[②]，由南京大学建筑规划设计院所重新建盖的，基本上仍然遵守着清代县衙门的形态。由南开始，设置了牌坊、照壁、大门、仪门，推开仪门后，会来到广场。广场的左右有六科房。在慈溪县，东边的列曹设置了户房以及钱科、粮科，西边的列曹则是吏、礼、兵、刑、工等各房以及负责庶务的承发房。广场的北边有作为衙门正堂的大堂，官方活动往往在此举行。其后方为宅门，推开宅门后，则为内衙。穿过名为川堂的走廊后，会抵达二堂。这里是知县处理民事案件的地方，其东厢房为知县的生活空间，西厢房则是书斋或是日常执务室。慈溪县衙门并无三堂，取而代之的是名为清清堂的建筑物，乃是为了纪念为官清廉而备受人民好评的北宋知县张颖所建造的。知县署的东西分别设置了县丞署与吏典署，可见其一定的特色。

---

　　①　林乾：《清代衙门图说》，10～11 页，北京，中华书局，2006。
　　②　光绪《慈溪县志》卷二《建置一·公署》。

由此可知，县衙门会根据不同的地域而有不同的特征，未必具备全国统一的形式，不过，尽管如此，还是可见共通的基本布置，即面向南方的正堂左右乃是六科房，正堂北边则是内衙。冯友兰认为，紫禁城的天安门与午门之间的东西设置了六部，这相当于县衙门大堂前方东西两侧的六房，太和殿为大堂，中和殿为二堂，保和殿则是三堂（冯友兰《三松堂自序》）。由此可见，县衙门乃是皇宫的缩小版，作为其主宰者的知县正是代替紫禁城的主宰者（也就是皇帝），来执行王朝统治的"小皇帝"。

知县的规范

如果朝廷将知县视为皇帝代理人的话，那么，对于身负重任的知县，朝廷往往要求其遵守以儒家要求为主的原则性规范。其中包含了三纲五常（也就是君臣、父子、夫妇的三纲以及为人必须遵守的五项基本道德）、建立于衙门大堂前的戒石铭（上面记载了对于污职虐民的训诫），以及清、慎、勤三字所象征的行为模式等各式各样的内容，其中特别值得注意的是，朝廷往往要求知县必须成为"民之父母"。[1]

雍正帝于雍正八年（1730）命令田文镜等人编纂，并且颁布于全国的官箴书，也就是《钦颁州县事宜》里，收录了以下内容的上谕：

> 牧令为亲民之官，一人之贤否，关系万姓之休戚。故自古以来，慎重其选，而朕之广揽旁求训勉告诫，冀其奏循良之绩，以

---

① 关于"做官的守则"，李乔《清代官场图记》（北京，中华书局，2005）202～209页提到了官员应该遵守的官箴书。

惠我蒸黎者，亦备极苦心矣。惟是地方事务皆发端于州县，头绪纷繁，情伪百出。而膺斯任者类皆初登仕籍之人，未练习于平时，而欲措施于一旦，无怪乎彷徨瞻顾，心志茫然。即采访咨询而告之者，未必其尽言无隐。

雍正帝认为，地方官的资质将对人民的祸福带来极大影响，尤其是担任官职不久，经验尚浅的地方官要完成任务并非容易的事情，若要成为皇帝代理人的话，某种程度的指南手册是必需的。这里所谓"亲民之官"指的是"直接与民众有所接触的官"。

由于直接与民众有所接触，知县被称为"亲民之官"，他们能否成功完成任务，与人民的祸福，甚至是国家的命运息息相关，但是，他们同时也被称为"父母官"。所谓"父母"，就字面而言，乃是"双亲"的意思，如《孟子》当中的"为民父母行政"（《梁惠王上》）所言，也有"君主"的含义。这也许是源自《大学》的"民之所好好之，民之所恶恶之，此之谓民之父母"（传十章）这个用法，将人民视为"赤子"的皇帝本人正是"民之父母"。既然知县乃是实现王朝国家统治人民的皇帝代理人，那么，他们也必须是"民之父母"。许多官箴书都极为强调知县必须以"父母官"的姿态在各地实现皇帝的统治这一点。

于成龙①针对"示亲民官自省六戒"的其中一项，有如下看法：

---

① 于成龙，清初山西永宁人，顺治十八年（1661），自副榜贡生成为广西罗城县知县，最后官至两江总督。其著作有《于山奏牍》与《于清端公政书》。参见《清史列传》卷八《大臣划一传档正编五·于成龙》。

州县之官，称为父母，而百姓呼为子民。顾名思义，古人所以有保赤之喻也。夫保赤者，必时其饮食，体其寒煖，事事发于至诚。保民者，亦当规其饥寒，勤其劝化，事事出于无伪。盖无伪，则有实心。纵力有不及，与事有掣肘，然此心自在。即于万分中体认一分，亦百姓受福处也。①

又，袁守定②在其官箴书《图民录》③当中，强调州县官与民众的亲近，如下：

州县非他，父母也。所莅非他，吾子也。官之与民，何等亲切。④

也就是说，知州、知县要成为"父母官"的话，就必须像父母为孩子付出源源不绝的感情一样，对于赴任地的民众也要付出无穷无尽的慈悲。

接下来，我们将时代快转，来到19世纪前半期，王凤生⑤在其官箴书《学治体行录》当中，有以下看法：

---

① 《于清端公政书》卷七《两江书·示亲民官自省六戒》。
② 袁守定，江西丰城县人，雍正八年(1730)进士，历任湖南洪江县知县、湖南桂阳州知州、直隶曲周县知县等。参见《国朝耆献类征初编》卷百四十四《郎署六·袁守定》。
③ 《图民录》全四卷，清袁守定撰，清乾隆二十一年(1756)自序，并无篇章，而是随机排列了总计257条的训诫。
④ 《图民录》卷一《官称父母》。
⑤ 王凤生，嘉庆、道光时期的安徽婺源县人，嘉庆年间，入赀为浙江通判，在江南、浙江多地，皆有担任地方官僚的经验。参见《清史稿》卷三百八十四《列传一百七十一·王凤生》。

州县官名父母，又曰亲民之官。父母云何？谓与子孙痛痒相关，得以随呼辄应也。亲者云何？谓与小民朝夕相见，勿使隔绝不通也。①

由此可知，他不只要求州县官是"父母官"而已，还希望他们是"亲民之官"。

最后，汪辉祖②于自身的官箴书《学治臆说》③当中，针对"父母官"，有如下理解：

余言佐治，以尽心为本，况身亲为治乎。心之不尽，治于何有。第其难，视佐治尤甚。盖佐治者，就事论事，尽心于应办之事即可，无负所司。为治者，名为知县知州，须周一县一州而知之。有一未知，虽欲尽心，而不能受其治者。称曰父母官，其于百姓之事，非如父母之计儿女，曲折周到，终为负官，终为负心。④

我们无法否认这些规范对于当时实际担任知县的官僚们来说，不过是形式上的要求罢了，但是，如果我们考虑到当时准备任官的年轻

① 《学治体行录》卷上《亲民在勤》。
② 汪辉祖，浙江萧山县人，于江南、浙江各地，担任幕友长达34年之久，乾隆四十年（1775），46岁的时候，终于中了进士，此后，出任湖南宁远县知县，精通地方行政。参见《清史列传》卷七十五《循吏传二·汪辉祖》。
③ 《学治臆说》全二卷，清汪辉祖撰，清乾隆五十八年（1793）自序刊本。《学治续说》刊行于隔年。这两本书和《佐治药言》一样，都是地方官的必读书籍，皆收录于《宦海指南》，在整个清代，拥有广大的读者群。
④ 《学治臆说》卷上《尽心》。

地方官往往以官箴书的记载作为执政参考的话，那么，官箴书具备了某种程度的影响力也是不争的事实。又，受其影响的知县当中，的确存在着以成为"父母官"为目标而努力不懈的人物。不过，话说回来，官箴书其实也从稍微不同的角度去说明如何在赴任地构筑人际关系。这些实用的信息提高了新科知县们对于官箴书这类书籍的需求，这也是另一个不争的事实。

二、筮仕——赴任前的注意事项

《福惠全书·筮仕部·总论》的训示

《福惠全书》三十二卷，清黄六鸿撰，康熙三十三年(1694)序刊本。在日本，由小畑行简施加训点，并且于嘉永三年(1850)所刊行的和刻本(东京，汲古书院，1937，影印本)最广为人知。[①] 撰者为江西新昌县人，顺治八年(1651)的举人，于康熙九年(1670)担任山东郯城县的知县，康熙十四年(1675)则是直隶东光县的知县，在礼科与工科两给

---

① 关于《福惠全书》的解题，参见山根幸夫《〈福惠全书〉解题》(收入和刻本《福惠全书》，东京，汲古书院，1973)。又，关于黄六鸿与《福惠全书》的专论，如下：柏桦《清代州县司法与行政——黄六鸿与〈福惠全书〉》(载《北方法学》2007年第3期)，龚汝富、刘江华《从黄六鸿〈福惠全书〉看清代州县吏治的经验智慧》(载《江西财经大学学报》2011年第2期)，孙嘉悦《从黄六鸿〈福惠全书〉窥见清代州县司法制度》(载《兰台世界》2013年11月下旬)，等等。另外，陈丹的硕士论文《〈福惠全书〉研究》已于2013年提交至华东师范大学，不过，笔者尚未拜读其内容。就其目录看来(第一章《〈福惠全书〉概述》，第二章《上任——州县铨选制度》，第三章《离任——清代州县交代》，第四章《任上——清代州县的漕项交兑》)，似乎与本书的章节有所重复，不过，该论文应该是以《福惠全书》为主要史料，针对清代州县的铨选与漕运进行考察。

事中的任期结束后，于康熙三十二年(1693)隐退回乡，隔年，撰写此书。各部分内容极为具体，乃是本书的特征，不管是信手拈来的经验之谈或是作为例文的报告书等，都相当实用，可说是清代官箴书的代表，广受欢迎。此外，该书更是一本知县手册，对当时的士大夫阶层带来极大的影响。篇章构成如下：卷一《筮仕部》、卷二～五《莅任部》、卷六～八《钱谷部》及《杂课部》、卷九《编审部》、卷十《清丈部》、卷十一～二十《刑名部》、卷二十一～二十三《保甲部》、卷二十四《典礼部》、卷二十五～二十六《教养部》、卷二十七《荒政部》、卷二十八～二十九《邮政部》、卷三十～三十一《庶政部》、卷三十二《升迁部》。

在《福惠全书》卷一《筮仕部·总论》当中，黄六鸿建议即将上任的新科知县，在确定赴任地前，应该如何在北京生活，其摘要如下：

> 夫万里之程，必始于跬步。千仞之峻，必积于培塿。盖非近无以致其远，非卑无以成其高也。然则投牒需铨，乃宦途之跬步，捧檄司牧，乃入仕之培塿。将来之宏伟业、登极品者，非此其发轫乎。

> 故士君子服古入官，毋以一命为微员，百里为易治。方其待次之时，必先有以定其志。而后敷政临民，皆有所从事，而不为境遇邪说所惑。

> 其于自奉也，须拼咬断菜根，仍是穷酸本色。其于爱民也，务令家丰俗厚，不为荒陋颓风。其于政事也，率身为之先，而夙兴夜寐，不敢云瘁。如是而志既定，则筮仕之地，无论其冲僻瘠饶，何往而不可安，何事而不可治哉。然而尤必持其行，渐习而坚之。其饮食则甘于粗粝，衣服则耽于朴素，应酬日用，则敦于

节俭。于是获善地而不为加喜，获恶地而不为增戚。①

接着，确定赴任地后，黄六鸿又列举了新科知县必须立即采取的行动，如下：

> 与夫选后应行料理者，须渐次料理，早为束装。勿旷有限之光阴，勿疲有用之精神，勿多无益之冗费。至于贤士大夫，虚心而请教之，且使得睹吾之言论丰采，而知为远大之器。是未任之前，而已收既仕之誉矣。

> 若夫指一官以求温饱，甫就选以事奢靡，流连于酣宴之场，而不恤莅官之务者，是其志不先自定矣。求其后，不为境遇邪说所惑，几何乎。吾知其宏伟业而登极品，不在此而在彼矣。②

关于抵达赴任地之前的准备，黄六鸿的看法可以概括为以下诸点。首先，若是新科知县不够慎重的话，将会在陌生的土地遭到中伤，因此，维持朴素、谦虚且奋勉的态度，乃是一件重要的事情。宋元以来的许多官箴书都强调"正己"的重要性，黄六鸿的看法也是其中一环。又，任官的目的并非谋求个人利益，因此，对于赴任地的好坏，都不能心生欢喜或不满，这也是极为重要的一件事情。这些堪称是儒生精英的规范，许多官箴书也强调了这一点。值得注意的是，黄六鸿奉劝新科知县们在确定赴任地后，应与当地出身的士大夫有所接触，率直

---

① 《福惠全书》卷一《筮仕部·总论》。
② 《福惠全书》卷一《筮仕部·总论》。

地向其请教意见，并且致力于自我表现。不管是规范或是实利，他都认为"万里之程必始于跬步"。总而言之，黄六鸿对于新科知县的苦口婆心可说是极为彻底。

确定赴任地前的注意事项

在清代中国，要成为知县的话，一般来说科举合格乃是最大的前提。科举的正式科考为每三年举行一次，到了最后考中进士的合格者约300名，其中，除了担任中央官的成绩优秀者以外，大部分的合格者日后会担任知县。又，举人在为了获得进士资格的考试里，若是三次皆未合格的话，称为举人大挑，向吏部报到进行登录的话，就可以担任官职。另外，虽说透过荫位（因父祖功绩而授予官位）或是捐纳（用金钱购买官位）来就任的方法仍未消失，但是，随着时代的更迭，停留在知县人选而未任官的例子也愈来愈多了。[①]

顺利结束殿试（举办于紫禁城的最终考试）的进士合格者们向中央北京的吏部文选司登录其姓名与成绩排行后，会暂时回到原籍，等到知县有了缺额，中央的吏部再传唤他们。若受到传唤的话，他们便带着原籍地方官的确认书与督抚的书信上京，等待点名与面试。每个月的二十四日举办于吏部的面试结束后，隔天二十五日，会进行掣签（抽签），借此决定每个人的赴任地。自康熙三十五年（1696）开始，在掣签后，会于午门前方举行面试，并且由皇帝接见。正式成为官僚后，他

---

① 宫崎市定：《科举史》，东京，平凡社，1987（1944年初版），后收入《宫崎市定全集》第15卷《科举》，142～163页，东京，岩波书店，1993。

们便要赶快准备前往赴任地。①

对于新科知县而言，最初任官的成败决定了日后的官僚生活，因此，必须了解如何具体进行准备。官箴书正是提供了这方面的信息。

等待赴任地确定的时候，该如何在北京度过这段乏味的日子呢？官箴书给予了以下的建议。黄六鸿在《谒选》《投供验到》《掣签》这三个条目里，建议新科知县们在确定赴任地前，必须注意自己在北京的整体生活态度。

《谒选》当中有以下的内容：

> 需次铨曹，正士君子仕进之始。居停宜清静梵宇，或独院间房。毋近闺声以撩旅思。缙绅贤者，言论丰采，均有裨益，亲近之；浪游狎客，引诱闲情，且为他日累，远绝之。捧檄之美恶、远近，尚未可知，食饮服御，概从简约。勿轻借京债，苛折重息，逾期叠滚，朝抵任而债主夕至，地方上司闻之，甚非雅便。……大清律、六部条例，为政之要书，亲加点阅，亦消闲之一助，未可以俗为嫌云。②

首先是关于待机期间防止诱惑的方法，他建议避开女色或是旁门左道，并且挑选静寂的佛寺等作为宿舍。中国古典小说里，一定会有

---

① 关于从科举合格到决定任地的详细过程，参见近藤秀树《清代の铨選——外補制の成立》(载《东洋史研究》17卷2号，1958，36～39页)。

② 《福惠全书》卷一《筮仕部·谒选》。

美女或是妖怪来诱惑正在挑灯苦读的青年书生之故事。① 对于好不容易从准备考试的禁欲生活当中解放出来的年轻人来说，北京这座大都会中无疑有不少难以抵抗的诱惑。因此，黄六鸿告诫他们不要因为诱惑而浪费金钱，且丧失信用。

接着，黄六鸿则是强调绝对不要有债务。这是因为国家并不会提供前往赴任地的旅费，而且，伴随着赴任而来的开销极为庞大，例如，除了家人以外，还有雇用家奴、家丁或是厨师与幕友的费用等，因此，大部分的费用往往来自向北京银号的借款。②

---

① 例如，《聊斋志异》卷五《绿衣女》有以下的故事："于生名璟，字小宋，益都人。读书醴泉寺。夜方披诵，忽一女子在窗外赞曰：'于相公勤读哉。'因念深山何处得女子。方疑思间，女已推扉笑入，曰：'勤读哉。'于惊起视之，绿衣长裙，婉妙无比。于知非人，固诘里居。女曰：'君视妾当非能咋噬者，何劳穷问。'于心好之，遂与寝处。"

② 关于京债，参见顾炎武《日知录》卷二十八《京债》。狩野直喜称："毫无资金的人，势必得借钱。如此，就会起所谓的'京债'。若借钱对象是亲戚或是友人的话，是最好的，但是，大部分的人除了高利贷以外，就别无他法了。到处筹钱后，最后陷入窘境。据闻，高利贷当中，有一种专门在北京或是各省的省城，为此等官吏代垫旅费的业者，叫作带肚。此为高利贷，利息极高，根据中国人的说法，托人代垫的官吏要赴任的时候，高利贷业者会派伙计跟着官吏。此时，这个伙计会和官吏共同行动，为其垫钱，再从每年该官吏的收入中，取回借款的本利。"（狩野前引书368页）又，服部宇之吉称："知县赴任时，会带许多人前往任地。……据说其中亦有厨师。……因此，仅是各地方（政府）所支办的住宿公费，是不够的，还须有其他的准备。然而，首次成为候补知县以前，要使用相当的金钱，从候补成为真正的知县的这段时间，亦需要相当的金钱，手头不宽裕的人极多，因此，各地方不给旅费的这件事情，乃是重重困难之一。知县不得已只好到中国人所开的银号借钱，这是类似银行的地方，银号多由山西省的人经营。官吏在赴任前向银号商量的话，银号就会调查平常各地方的财力，然后，因为清楚某省某县的贫富程度如何，银号会预料如果是此地方的话，即使是借出这笔钱，日后亦能取回，于是将钱借给知县。知县会用这笔钱前往赴任地，不过，因为担心知县借钱不还，所以，银号会派一人跟着知县，叫作带途子。在本金与十足的利息到手前，这个带途子会一直待在该地。"并且服部指出，这正是地方官前往赴任地后，会压榨民脂民膏的一个原因（服部前引《"支那"地方官の職務》，见再版《清国通考》附录65～66页）。

其他方面，书中还淋漓尽致地记载了一些被认为是有所帮助的劝告，如致力于勤勉，接受来自知县过来人的忠告，学习法律方面的实用学问，等等。

关于"投供验到"，黄六鸿有以下的建议：

> 是日过大堂，左阶下站立，详听呼名。从容朗应，至檐前向上中立，念大乡贯。宜声音清楚。念毕从容由右阶下出。此时堂上亦留心观人年貌材品，不可不慎。①

总而言之，这乃是关于吏部最后面试的注意事项。最后则是《掣签》，关于其内容，如下：

> 夫为民父母而必膏腴以处，其意果何居乎。发轫之初，立心宜正。居官得失，存乎其人，似未必尽关地方之美恶也。②

关于赴任地，又有四个"字缺"，也就是冲（要冲）、繁（事务繁忙）、疲（民情怠惰）、难（多反抗），包含其中三项的话，乃是"要缺"，包含两个的话，则是"中缺"，一个以下，被认为是"简缺"。狩野直喜认为："大概土地丰饶、人民殷富的地方多为四字缺、三字缺的地方，事务烦剧。又，尽管一字缺、无字缺的事务简单，但是，由于所得较少，人

---

① 《福惠全书》卷一《筮仕部·投供验到》。
② 《福惠全书》卷一《筮仕部·掣签》。

人相争前往前者。"①由此可知，要缺反而较受欢迎。因此，对于身为当事人的知县人选而言，赴任地为何乃是极为重要的事情，黄六鸿的训诫也许不太有说服力。

知县的空缺并不会考虑到人物的能力或是适应性，而是由抽签来决定，乃是一大特征，据说这是为了改善由吏部关说所带来的弊害。②总之，知县的赴任地乃是由此决定的。

确定赴任地后的注意事项

关于从赴任地确定后到出发至赴任地的这段时间，应该作的准备及其注意事项，黄六鸿列举了以下16个条目，进行说明：

①"查全书"——调查赴任地的赋役全书；②"访风俗"——调查赴任地的风俗习惯；③"拜客宴会"——与赴任地出身者及访客来往；④"发谕单"——通知赴任地；⑤"邮禀帖"——联络上司；⑥"延幕友"——招募幕友；⑦"募家丁"——招募家丁（长随）；⑧"待接役"——与赴任地胥吏的应对；⑨"立号簿"——备忘录的制作；⑩"择到任吉期"——决定赴任日期；⑪"画凭领凭"——证明书的发行、受领；⑫"辞朝"——向朝廷告别；⑬"辞行"——向友人告别；⑭"荐托"——推荐书；⑮"治装"——装束打扮；⑯"起程"——出发。

确定赴任地后，他们在进行赴任准备的同时，还要收集该地的相关信息。这些信息首先可以从书本上面获得。谒见皇帝后，吏部会交给他们任官证明书，连同记载了赴任地的征收税额、杂收入额、亲王

---

① 狩野前引书 350 页。
② 坂野前引书 59 页。

领地的状况、土地概况等事项之资料也会一并交到他们的手上。赋役全书上面的信息也极为重要。针对如何透过书籍来收集信息，黄六鸿有以下的说明：

> 全书者，州邑钱粮丁口之数，以及起解存留支给各款，俱备载之者也。天下全书悉达户部。掣签后，须觅来查阅。则钱粮之多寡轻重，地方大小肥瘠，可一览而知。又前任官如升迁，则钱粮盗案无有未完，如参处离任，则钱粮诸案多有不清，便为接管之累，须于吏部查其出缺缘由，于户部查其任内历年钱粮完欠及本年应征项下起解完欠若干。①

不过，若要从书籍中获得具体且详细的信息，如当地居民的状况或是当下的问题等，仍然有所局限。向清楚当地状况的人物打听这些消息，是一个有效的办法。黄六鸿有如下的建议：

> 身将受事地方，则地方之政事利弊，土俗民情，皆宜咨访。京师四方所聚，或宦游斯地，或彼处士绅，俱可详询。酌其情事，应如何料理，不但可以预为准备，亦可因其难易，以延助理之人。至于衙役土豪积恶著闻者，得其姓氏，俟至地方，潜加体察。果有实迹，须待其更犯，小则惩处，大则申详，亦以见新莅之利。②

---

① 《福惠全书》卷一《筮仕部·查全书》。
② 《福惠全书》卷一《筮仕部·访风俗》。

对新科知县而言，为了到任后能够采取适当的措施，这些关于赴任地的情况是非常重要的，而具体信息还是得仰赖各方的小道消息。不过，这同时也是一把双刃剑。这是因为与该地出身的官僚会面这件事情，反过来说，其实也代表了让对方来评定自己有几两重，而这件事情也会立刻传至赴任地那一端。就这一点而言，该地出身的人物也对新科知县究竟是何方神圣极感兴趣。因此，会面之际，新科知县必须非常郑重且慎重。

黄六鸿又有以下的建议：

> 除书既下，其本地乡绅想见父母丰采。或所得美缺，亲知代为欣幸。到门投刺，欲面晤者，宜即倒屣虚心请教。地方大老，负重望者，亦须谒见。或有招饮，如期恭赴。不特藉款接，亦使之得瞻才品。一年内外酌交情厚薄，致函候谢，方见精神周到，声气流通。每见拘牵之士，以不会客不赴席自标高异，其意不过惜小费，并省将来酬答耳。①

新科知县在确定赴任地后，必须获得关于该地概况，特别是有关职场环境的信息，而关于这个方法，官箴书反倒是积极地鼓励他们与出身该地的官僚或是乡绅们见面，其中可见，新科知县在到任前，先与赴任地的地方势力构筑关系网（network）之重要性。当然，新科知县必须十分小心其副作用，不过，对他们来说，在赴任前与乡绅之间建

---

① 《福惠全书》卷一《筮仕部·拜客宴会》。

立一道桥梁，乃是为了日后能够圆滑地完成县政的必要步骤。①

另外，关于赴任前的准备，尚有让自己在赴任地能够安心，协助自身完成工作的辅助人员之选拔。其主要为幕友与长随(家丁)。

黄六鸿提到了关于雇用幕友的以下注意事项：

> 州邑事繁，钱谷、刑名、书启自须助理之人。若地当冲剧，钱粮比较，词讼审理，与夫往来迎送，非才长肆应，势难兼顾。幕友又须酌量事之烦简，而增减其人。然其人最不易得。优于才，则擘画裕如，无冗阘之患。敏于识，则仓卒能应，无疑缓之误。端于品，则腹心与共，无叵测之嫌。三者之中而品为尤要。盖事经商酌，又耳目至近，苟不立品端正，宾主少有失意，辄操其短长，恐吓诈骗，往往有之。故兼长为难，先取品，识次之，才又次之。才识不充，犹可群力相辅，品一不正，虽有才识，安足贵乎。夫相延幕友，不过忙时代劳。若或稍暇，事无论巨细，俱须亲加检点。偶有疑难，彼此互相参酌，至于一定主意，须亲自裁决。庶事权不致旁落，而弊窦亦无从生矣。大抵至亲密友、生平相信者，堪与同事。否则素识其人老成熟练，或荐引者皆属知爱，

---

① 宫崎市定《鹿洲公案 発端——実際にあってもいい話》(《鹿洲公案：清朝地方裁判官の記録》，东京，平凡社，1967，后收入《宫崎市定全集》别卷《政治论集》，17 页，东京，岩波书店，1993)收录了以下的故事："蓝鼎元被任命为潮阳县的县知事一事，被刊登在邸抄这份官报后，他下榻的地方突然变得热闹不已。……宾客络绎不绝。其中最难应付的就是，出身自新任县的绅士与商人前来问候的时候。因为与素无瓜葛的地方，突然发生了紧密的利害关系，所以，彼此都猜不透对方心里在想什么，从而感到困惑。"

亦可订交。凡以情面泛托，宜婉词谢之。①

接着，黄六鸿也提到了关于雇用家丁的以下注意事项：

> 选官之后，亲知遂有送家丁伺候者。或自央属长班管家，至
> 本官前，怂恿收录者。但此辈原从觅利起见，意到地方，串通管
> 家衙役作弊取钱，并分常例小包。甚有外饰忠勤，内怀奸诈，希
> 图信任，藉以行私。倘本官不察，辄堕其术中，贻害非浅。即遇
> 精明聪察，防闲过严，彼又安肯以区区工食，离乡井，弃妻子，
> 以供使令乎。②

关于幕友与长随，一旦挑错人选的话，将会难以对付，因此，这
种注意事项无疑是必要的信息。但是，是否雇用他们，完全交由知县
判断，就这一点而言，知县本人可说是拥有某种程度的控制权。相较
之下，该如何与知县本人也无法控制的人物打交道，才是更为重要的
事情。

那么，听取以上的忠告做好准备后，终于要向赴任地出发了。关
于这个部分，官箴书也有详细的指南。例如，出发之际不可忘记与赴
任地的上司联络③，对于前来迎接的胥吏也要多方关照④，不可忘记与

---

① 《福惠全书》卷一《筮仕部·延幕友》。
② 《福惠全书》卷一《筮仕部·募家丁》。
③ 《福惠全书》卷一《筮仕部·邮禀帖》。
④ 《福惠全书》卷一《筮仕部·待接役》。

各方面的相关人士辞行①，等等。但是，就算是忠实地听取这些谆谆教诲的知县，还是会在赴任地遭遇未知的试炼。

三、莅任——赴任时的注意事项

《福惠全书·莅任部·总论》的训示

黄六鸿在《福惠全书》卷二《莅任部·总论》里，针对新科知县前往赴任地，即将于该地实际施政时的准备工作，有如下的建议：

> 谚云"新妇看进门，新官看到任"。又云"官看吏一七，吏看官三日"。何也？盖观其始，即可以概其终也。

> 夫官之性情有宽有严，政事有精有忽。宽则易亲，而可以渐行其术。严则难犯，而不敢轻干其法。精则经营必密，而奸无可施。忽则计虑多疏，而弊因从入。故善藏其用者，恒示人以不可测，而喜怒不得窥其端。善谋其务者，恒予人以不可欺，而事为无所投其隙。然后奸胥、猾吏与地方豪恶之徒，戢然改行回心，而不敢恃亲而行术，轻犯而干法。

> 然此要皆于下车之始，而有以征之。至其用其谋，虽守之终任去官，而有如一日。于是因时制事，因事制宜。无在而不惮其严，无往而不见其精矣。

> 然莅任之初，所有应行事宜，或因其成例，或更出新规，务

须咸理曲当振饬无遗。虽为新政之一班，实即良法之可久。①

总而言之，针对在赴任地实际展开知县工作之际必须注意的事项，黄六鸿强调绝对不可以让胥吏或是名为"豪恶之徒"的地方势力有机可乘。另外，这个方针在到任后也要一贯坚守，若对"所有应行事宜"推陈出新的话，新规必须是"咸理曲当振饬无遗"。不过，想要有效地实践"万里之程必始于跬步"这个训示，究竟容易不容易呢？又，在实践的时候，得注意哪些事情呢？

到任时的注意事项

黄六鸿于《福惠全书》卷二～五的《莅任部》，列举了以下种种条目：

①"投到任禀"——通知上司到任；②"发到任示"——到任告示；③"入境"——抵达；④"斋宿"——抵达时的斋戒；⑤"受印"——官印的受领；⑥"到衙门"——初次到衙门；⑦"出堂规"——发布衙门的规定；⑧"看须知"——注意事项的检点；⑨"缴凭"——到任命令证书的提交；⑩"谒庙行香"——参拜文庙与城隍庙；⑪"发各告示"——各个告示的发布；⑫"设内外号簿"——内外账簿的制作；⑬"定买办"——出入业者的选定。（以上为卷二）

①"驭衙役"——衙役的统制；②"谨关防"——提防家丁；③"亲查阅"——仓库等的现场检查；④"览志书"——地方文献的阅览；⑤"查交代"——交接；⑥"考经承"——经承的资格考试；⑦"考代

① 《福惠全书》卷二《莅任部·总论》。

书"——代书的资格考试；⑧"革陋规"——贿赂的裁革；⑨"禁私谒"——禁止和绅衿私下会面；⑩"申缴门簿"——生员向官署提交出入记录簿。（以上为卷三）

①"谨操守"——洁身自爱；②"忍性气"——忍耐；③"戒躁怒"——勿性急；④"远博饮"——戒赌博和饮酒；⑤"承事上司"——与上司来往的方法；⑥"待绅士"——与绅士的应对；⑦"交接寅僚"——与同僚的交际；⑧"谨金押"——谨慎署名；⑨"清号件"——案件的检点；⑩"酬答书札"——应答书简的写法；⑪"待游客"——与旅客的应对；⑫"文移诸式"——公文书格式。（以上为卷四）

①"详文赘说附详文"——详文的写法；②"禀帖赘说附禀帖"——禀帖的写法。（以上为卷五）

黄六鸿所重视的到任须知可以分为三个项目。首先是针对到任时必须事先了解的相关手续与各种行动内容，进行解说，卷二的所有条目以及卷三的③④⑤、卷四的⑧⑨等乃是此类解说。

其次是发布文书的相关格式，如卷四的⑩⑫和卷五的①②。新上任的知县在赴任地最初的一举一动都备受该地居民的瞩目，对于这样的新科知县而言，这些理应是珍贵的参考资料。

最后则是针对应当如何应对围绕在新科知县身边的人群的行动规范，进行解说，如卷三的①②⑧⑨⑩和卷四的①②③④⑤⑥⑦⑪等。又，卷三的⑥⑦虽然提到了选用经承和代书时的种种须知，不过同时也提到了他们的性质。

其中，关于知县在赴任地构筑关系网的具体过程，我们将值得留意的相关史料按照顺序列举如下，来看黄六鸿对于新科知县的行为模式有何要求。

黄六鸿认为赴任之际的首要任务乃是禀知上司一事。也就是说，

> 如省郡附郭县邑，将到任数日前，用禀帖，禀知本府及军粮等厅。其禀只报明到任日期，词贵简要，无事浮冗。①

首先，若是省城或是府城附郭之县邑，由于到任后马上就会和上司碰面，因此，黄六鸿建议新科知县们事前就要发布前往赴任地的到任通知。又，虽然文中称"无事浮冗"，但是，实际上作为禀帖的格式，往往需要添加"卑职一介庸材，谬叨剧任，星驰载道，戢羽非遥，幸蚨幪之可托，冀弘宇庇之恩，喜云日之方依，弥切葵倾之愫"②这类恭维话。也就是说，他认为对于前往赴任地是不可以忽略形式的。

那么，新科知县终于要双脚踏进赴任地了。对他们来说，这乃是最初令人紧张不已的场景，不过，不仅是县衙的职员，连当地居民也对新科知县究竟是何方神圣感到好奇，也就是说，与自身利害越是息息相关的人，就越是关心新官上任这件事情，因此，这也是这群人前来迎接新科知县的一个场景。而黄六鸿在《入境》里，有以下的建议：

> 新官到任，乃士民观听之始。凡所举动须因其利弊缓急而张弛之。地方疲瘵，先之以抚恤，民俗刁悍，先之以法令。士风浇

---

① 《福惠全书》卷二《莅任部·投到任禀》。

② 《福惠全书》卷二《莅任部·投到任禀》附禀帖式。

滴，先之以礼教，胥役作奸，先之以刑罚。贵有以快人心而孚众望，使刓敝之习，焕然更始。而精明誉闻，已著于下车之日矣。

然非经纶素具，胸有成竹，其何以立中肯綮乎。夫心知其故，竞絿宽猛，方其入境时，亦可因事而略露一班。然此盖为上乘说法。倘见有未到，尤宜潜心熟察。然后措诸施行。庶不致有刚柔倒置之讥。

既入境，相随家属暂停别馆，俟上任事毕，方传入署。于上任前一日或前三日，至城隍庙斋宿。谓之宿三。该房开具上任仪注，呈送详阅，照以举行。或礼有未当，莫遽改易。恐左右未娴，反致临时错乱。倘执事人役，偶有小失，未可辄加杖责。示人以褊急无宽容之度也。①

黄六鸿在这里也提出了类似于总论的准备工作，并且尝试传授一种缓急、宽严、柔刚的平衡感觉。此后则是"斋宿"这项新科知县到任前在该县城隍庙举行斋戒仪式之际的注意事项。

仪式结束后，新科知县终于要前往县衙了。在规定时间里，他们身穿朝服抵达衙门大门，下轿子后，会先参拜仪门的土地庙，接着入署，就座公座，接受在县衙守候已久的人们（如吏役、绅衿等）的问候。

新科知县最初的行动乃是发布名为"堂规"的全新职员规定，以及阅览"须知"，也就是记录了其业务内容的帖子。所谓"堂规者，只就公

---

① 《福惠全书》卷二《莅任部·入境》。

堂临政并各房科人役逐日承办之事，而立规程，使知遵守"①，接着，以下述文字为开头："本县新莅兹土，惟孜孜以培养凋残，厘剔奸蠹为务。欲求清绝弊源，尤必法行自迩。除一应事宜另行通饬外，所有堂规合先晓谕尔各役知悉，共宜恪守，毋轻蹈三尺。"②黄六鸿还给出了总计15条的堂规范本，例如，"本县诸事俱系亲裁，并不假手左右。如有吏役无故擅近宅门，影射作弊，哄骗愚民者，立究重惩。把门人役不行扭禀，并究"③等。又，"须知"也有关于六房的详细说明，例如，"须知乃一州县政事大纲节目，无不备载，以其开卷可一览而得其概也"④。

知县一开始所发布的告示可说是新上任官员的一种施政方针，因此，就"万里之程必始于跬步"这个意义来看的话，乃是极为重要的。黄六鸿写道：

> 新官行事为阖境所观仰，而其大旨亦多见之文告。此远乡百姓，不得见新父母，而得见新父母之言，以为欣幸。宁独执事在公者知所遵守哉。故一切因革事宜，贵定之于始。始法既定，而按程课效，则游刃有余矣。凡诸晓谕，宜明白简切，勿以词华是炫。所谓妇人童竖皆可知之者也。⑤

---

① 《福惠全书》卷二《莅任部·出堂规》。
② 《福惠全书》卷二《莅任部·堂规式》。
③ 《福惠全书》卷二《莅任部·堂规式》。
④ 《福惠全书》卷二《莅任部·看须知》。
⑤ 《福惠全书》卷二《莅任部·发各告示》。

黄六鸿将其细分为五种告示，分别为："头门告示"（对大门的皂隶之告示）、"二门告示"（对仪门的皂隶之告示）、"宅门告示"（对内衙宅门的皂隶之告示）、"宾馆告示"（对招待所的"阴阳生"之告示）、"关防告示"（对一般居民的告示）。顺道一提，"关防告示"有以下内容：

> 为关防诈伪以肃法纪事。照得本县世业诗书，家训纯谨，从无亲族子弟在外游学。即本县捧檄兹土，素性狷介，不听一情，矢志冰蘖，不爱一钱，谅为朋旧所稔知。其见访抽丰，自应绝迹。或有无籍棍徒，指称本县亲友宗支，潜藏境内，招摇诓骗。诚恐乡愚堕其术中，理合晓谕，并严行禁缉。为此示，仰合邑军民人等知悉。如有前项奸棍，许即首报，以凭拿究。倘寺观旅店容留，乡地知而不举，查出一体治罪不贷。须至关防者。①

这段史料可说是具体呈现了知县欲传达给当地居民的施政决心。

从以上内容可知，黄六鸿针对新科知县到任时必须采取的行动，进行了仔细的解说，并且一并收录了知县隔三差五就要发布的文书之范本，透过这种具体的形式，为新科知县们导航。不过，若是新科知县都将《福惠全书》当成是座右铭，看待其中的范文宛如是"文章的标准写法"一般，现实生活当中也是全盘照抄的话，对于这种陈腐的行为，看惯陈腔滥调的县衙职员与当地居民毋庸置疑地只会将这些告示视为无须特别关注的"家常便饭"。不过，纵然如此，新科知县如果不肯在

---

① 《福惠全书》卷二《莅任部·发各告示》附关防告示。

举手投足之间墨守成规的话，就会无法体现"万里之程必始于跬步"的奥秘。因此，黄六鸿最初对于新科知县的要求，可说是所谓"形式上的美学"。

顺道一提，这些内容不只存在于《福惠全书》中，而且存在于其他多数的官箴书中。但是，对于刚上任的知县而言，黄六鸿不只提到了在众人环视当中应当采取的行动或是形式之相关事项，另外，为了日后能够顺利完成知县业务，他也特别重视在该地打造一个自在的职场环境之必要性。因此，在《福惠全书》当中，黄六鸿具体提到了自己的亲身体验，同时也花费了不少篇幅在如何应对围绕在新科知县身边的人群上面，也就是"待人"方法的这个部分。

对于职场环境的注意事项

一方面，黄六鸿针对新科知县与"上司"的应对方式，给予了以下的详尽劝告：

> 属吏之所以事上官，惟在敬与勤而已。敬则傲慢不敢生，而参见之必恭必慎，仪节之必时必周。勤则怠忽不敢萌，而奉行之必详必速。谘请之必婉必诚。所云参见，州县到任必谒上司，或途次先由省会，或同城抵治次日，或治境距省稍远，皆不宜迟缓。上司乐见属员，觇其才品，属员亦乐见上司，识其性情。

> 惟相见之仪，询之礼房，访之寮案。揣之时势，毋过诣，毋不中度。语寒暄，则先后有序。禀公事，则详切有要。或蒙诘问，观喜怒，而委曲致对。或同寅共见，上司向他语，勿搀杂而更置

己词。容止跪拜，进退疾徐，宜娴之于平日。

凡有启事，书之袖褶，临时省览，免致遗忘。此则恭慎之谓也。其馈送土宜悉照旧规。务于先期躬亲简点，勿露吝形，致见挥斥，所谓时而周者非乎。每有下僚，外饰贫俭，自炫孤高，一切仪文，出之淡薄。若非真正清廉，上司见谅，未有不恶其矫诈而披摘瑕疵者矣。

至于奉到上行，审度轻重，登号发房，宜详始末。立即申覆，尤加亲阅，切勿朦混草率以示疏。或因要务应修禀牍，更须悉白情事，切勿虚词巧饰以示欺。……此皆以卑奉尊，以下事上之正轨也。然非敬勤居心，又乌足以语此耶。[①]

另一方面，对于下属或是邻县的知县，黄六鸿则是奉劝新科知县采取以下的往来方式：

僚佐朝夕共事，凡印官举动，无不周知。欲其恪供乃职，必须持己以正。己既正，而寮属无不凛承矣。然秩卑禄微，诸惟仰赖堂尊，宜恤彼勤劳，悯其贫乏。有功则举之以示劝，有急则周之以示恩。才不称事，多方指示，而毋为苛责。守或偶渝，和颜开导，而俟其改图。若稍不留意，径情以行，则怨隙从此生矣。

至于邻封，均属寅谊。尤宜聘问以时。意气相投者，固合深相结纳，凌厉自异者，亦为折节周旋。凡属公事关连，务必互为

---

① 《福惠全书》卷四《莅任部·承事上司》。

照应。我克施之于先，彼自报之于后。否则情非素洽，事莫通闻。倘有逃人，忽扳住址，盗伙别供邻案，一经依词解部，据招详宪，则料理弥缝，尚遗余力乎。①

作为必须将"万里之程必始于跬步"谨记在心的对象，首先极为重要的乃是在官僚机构中掌握人事权的上司。因此，关于与上司应对的方法，黄六鸿更是格外详细地进行说明。其要领可说是，对上司不可心怀傲慢，要用尊敬与勤勉的心态去应对，注意别出现失礼的行为，并且从上司那里获得好评。

关于下属的部分，由于他们是县政业务的协力者，因此，黄六鸿劝告新科知县们首先要以身作则，以恩情去对待下属，并且不要心怀芥蒂。至于身为同僚的邻县知县，即使对方与自己并非那么意气相投，但是黄六鸿还是认为，平日须与对方密切联络，一旦发生事件时，予以协助也是极为重要的。想必就读者看来，这些乃是只有担任过知县的人才会察觉到的诀窍。进一步来看的话，这些也可说是为了从上司那里获得好评所做的布局。

接着，黄六鸿还提到对于营官的照顾不可以怠慢，其详细内容如下：

凡州邑俱有营弁驻防。大约非守备，则千把总也。从科目出身者未免轻觑营官，而营官亦恃管兵，未免衔愤州邑。每遇兵民

---

① 《福惠全书》卷四《莅任部·交接寅僚》。

相哄，各自护持，而民往往为兵所欺凌。或值地方偶警，弁先混报，而地方往往为弁所骚扰。此皆文武不和之故也。故营官无论大小，俱宜优礼相待。①

对于营官的照顾可说是士大夫官僚容易忽略的盲点，不过在这里，黄六鸿反倒催促新科知县要对他们多加关照，这个内容也可以说是《福惠全书》的真谛。总言之，对于上司、同僚、下属，新科知县要抑制自己的情感与个人主张，并且以八面玲珑的态度待人，借此获得他们的协助，其结果就是，凡事须以自身政务得以圆滑完成一事为基础。

另外，对于在同一个县衙共事的职员，也就是胥吏、衙役，黄六鸿认为要用何种态度来应对才是最佳的呢？关于其应对方法，他有如下建议：

> 吏书、皂快，除经制外，类多帮身白役。县务殷繁之处，过汰则不足供役，滥用则匪类滋奸。每有父子姻亲，盘踞年久者，有巨棍势豪串党窜入者。弊窦熟滑，胆大手辣。本官长厚可欺，则恣为不法。严刻过甚，则朋谋暗算，结劣衿为爪牙，通内丁为线索。本官稍有瑕疵，辄指为把鼻，讲呈说告，恐吓多端，卖访勾窝，陷害无罪。于是长厚者受其挟制，莫敢伊何，严刻者化作痴呆，惮于用罚。而侵蚀钱粮，凌虐良懦，官民均被其毒，有不可胜言者矣。

---

① 《福惠全书》卷四《莅任部·交接寅僚》。

然则计将无所施乎？惟在上者精明以烛之，法制以防之，必罚以惩之，信赏以劝之，矜恤以礼之，至诚以动之。而大要尤在秉心公正，一尘不染。才识超敏，处事裕如，则自家操守，先立于无过之地。诸务毕举，顿改其壁垒之观，上司称其廉能，百姓腾其歌颂。前此一班魁魈，何难为我之用神。昔日害官扰民，今皆自奉公守法。然而岂真天良涣发哉？盖此辈窥伺素工，转移最捷，知作恶之必惩而无济，莫若改行遵度之反为见用耳。[①]

黄六鸿认为以上的意见绝非纸上谈兵，因而记录了自身作为新科知县前往山东郯城县赴任之际的具体情形。以下，我们将一探究竟。

黄六鸿于康熙九年（1670）二月前往赴任。不过，该县由于长年拖欠租税且邮驿业务的破绽层出不穷，已有四名知县遭到处分，乃是恶名昭彰的"难治"之县。据说在那里，"豪衿""土棍"号称是"金刚天王罗刹"，二十四人分布于四乡，县衙的胥吏也全数是其党羽，负责向内宅传话的人也是其耳目。又，上级官厅所派遣的吏役"上差"需索差钱路费的霸道模样更是严重，其势力如狼虎一般，令知县心生畏惧，必须在招待他们上面重复进行毫无意义的花费。结果，民情风俗衰败。当时待在北京的熟人们都对即将前往那种地方赴任的黄六鸿深感同情，不过，黄六鸿却一个人静静地回想诸葛亮入蜀的时候，曾经说过"治乱国用重典"，以及韩信的背水一战正是"置之死地而后生"。

于是，他说："余今治郯，仍复循其绳墨，多所瞻顾，势必调弄由

---

① 《福惠全书》卷三《莅任部·驭衙役》。

人，寸筹莫展。是又前官之续矣。务须放胆作翻案文字，事事与前官相反，庶其有瘳乎。"①

离开北京前，黄六鸿调查了衙蠹、土豪某某者的种种信息。出身于郯城的明经（贡生）某某人前来问候，他亦是"金刚天王罗刹"的同伙，想要透过谈话来探一探黄六鸿的口风。黄六鸿仅是打招呼而已，并无打算提到县事。明经回乡后，告诉当地居民："新父母非易与者。"在这之前，吏役们已经争先恐后要来北京迎接黄六鸿了，听到这番话后，变得畏畏缩缩，并且派了较为纯朴之人来代替他们。这是因为他们认为自己作恶多端的模样先被揭穿的话就不妙了，而找来的纯朴之人皆是他们平日颐指气使的对象，想必不敢将自己过去的恶行恶状说出来。到了叩见的时候，黄六鸿按照顺序一一慰劳他们，当天就让他们回家，并未留下任何一人，对于县事也是只字未提。②

五月，黄六鸿自北京出发，抵达彭城，自彭城南下，抵达宿迁。六月十八日，抵达郯城的红花埠。那里有南通宿迁、北连郯城的驿局，使者皆在该地换马。当日，人役前来迎接，引导黄六鸿一行人前往公馆。黄六鸿缰绳不离手，直说："诣驿局。"结果，驿局的管驿兵书大惊失色，跪在黄六鸿面前说："到任三日后，择吉遣牌视驿，此旧例也。"黄六鸿斥责道："邮驿与正供并重，今过而不入，安问例乎？"最后，他们快马加鞭来到驿局，只见马房已被风吹雨打，调查其饲料库后，更发现里面一粒不剩，满是秽物且臭气冲天，苍蝇和蚊虫有如云集。残

---

① 《福惠全书》卷三《莅任部·驭衙役》。
② 《福惠全书》卷三《莅任部·驭衙役》。

存的几匹马枯瘦如柴，脖子和背部早已溃烂，为乌鸦啄食。由于前任知县冯可参被免职，道台便派道快（道台衙门的吏役）代理该职，没想到，道快竟与驿书勾结盗领经费，甚至将饲料减量。两驿所定的一百二十四匹马当中，仅残存十八匹而已。黄六鸿见到此光景后大发雷霆，用锁铐将兵书和马牌锁在一起，各打三十大板。于是，道快大声呼喊叩头，说道："某乃道快王某也。"黄六鸿斥责他道："本道令尔养马，不令尔贼马也。况尔既司县驿，应受县罚。"处罚他二十大板，隔天，黄六鸿向道台报告此事，并且赔罪，声称道："不敢以宪役作奸扞朝廷法。"于是，一众吏役闻风皆心生畏惧。[1]

十九日，黄六鸿于城隍庙斋宿，二十日，参拜城隍庙后，入署。黄六鸿命令皂头挑选八名惯于行刑的皂隶，并且准备 10 片大竹板。各役面面相觑，不知所为。三天后，黄六鸿再度参拜城隍庙，开始办公。隔天下午，各役来到大堂，接受点名。黄六鸿打开点名簿，在每个人的姓名下方记下年貌、籍贯、住址以及就任时期、任务内容，点名的时候，命人关闭东西两侧的侧门。各役按照顺序来到台阶下，口头叙述自己的年貌、籍贯、住址，并且让黄六鸿对照点名簿进行确认。他们原为不法之徒，因此，说起话来畏畏缩缩，举止亦失常态，脸色惨白。点名结束后，黄六鸿传唤他们，并且列举其罪状，称"尔某事作弊，某官为尔坏，某民为尔鱼肉。尔实逋罪，不容于死。吾今姑示责革，为昔受害者泄愤也"。黄六鸿命令所选的刑吏，按照其罪状轻重用

---

① 《福惠全书》卷三《莅任部·驭衙役》。

大竹板打到他们无法动弹，受刑人有20多人。十日后，一人死亡，五人被黜革，这些乃是长年在各个部门工作的头吏，也是豪棍的党羽。接着，黄六鸿传唤剩下的人，再三予以警告。全员认罪跪倒在地，汗如雨下。县中的绅民们欢呼称快，并说黄六鸿的处分极为公允。①

拥有这种亲身体验的黄六鸿提倡对知县的吏役应该采取以下的行动：

> 钱谷、刑名所司一切，严为法制，使无弊窦之可乘。至于罪所当惩，必罚无宥。功所当劝，必赏无悭。若钱粮早解，上件早结，必不令提摄经承。宪役下县，官给饭食，起程，官给路费，必不令锁带该胥，恣意指勒。凡大差一至，势若雷霆，一切供张夫马俱鸿亲身料理，必不令鞭毁衙役，吊打马牌。是亦矜恤之一道也。无论刑威赏劝，一出于公，功之可赏，虽有罪而赏必施，罪之应加，虽有功而刑必及。于其赏也，而常如其不足，于其罚也，而尝怀其不忍。如是赏无小，受者固足以兴感；罚无大，受者亦无以生怨。非至诚有以动之乎。②

以上针对应当如何防范外廷的胥役或上级官厅的吏役，进行了说明，不过，黄六鸿对于与知县的私生活息息相关的吏役也未松懈其注意力：

---

① 《福惠全书》卷三《莅任部·驭衙役》。
② 《福惠全书》卷三《莅任部·驭衙役》。

宅门内外，俱是瞒官之人，钱谷、刑名无非作弊之事。官府稍不精明，或疏防范，未有不通同攫利者。盖衙役跟官，家丁效用，不过借以肥身，优于温饱。不然胡为而抛妻弃子，奴颜婢膝，以趋跄于左右乎。故垂涎甚切，塞窦弥严。①

如上述内容，知县在赴任地必须时时刻刻注意周围的目光，被迫处于一种必须律己的紧张感里，对于胥吏、衙役、家丁更是不能大意。一方面，在这种状况下，若想要圆滑地经营地方政治的话，势必得仰赖作为当地实力人物的乡绅（绅衿）之协助，在他们的协助下，知县才能抑制来自种种势力的批判。但是，另一方面，在取缔官僚不正行为的监察官眼里，知县与他们的结合或勾结往往被认为是一个问题。

对于一般绅衿的应对方式，黄六鸿有以下劝告：

当事之待绅衿固宜优礼，然因公事而惠临，则宾馆相迎，可拜昌言之赐。值岁时而入贺，则阍人领刺，容申答谢之诚。若其私宅曳裾，入暮谋面，匪惟簿书无间，亦属瓜李为嫌。悬约后堂，婉词先致。②

知县若忽略一般绅衿的意见的话，是无法圆滑地执政的；不过，如果自一开始就无条件回应他们的要求的话，又会无法实现"父母官"

① 《福惠全书》卷三《莅任部·谨关防》。
② 《福惠全书》卷三《莅任部·禁私谒》。

这个理想。黄六鸿对于他们也是贯彻着"万里之程必始于跬步"的态度。

新任知县到任一天后或是三天后，照惯例，必须前往城隍庙和文庙，在文庙将会与当地诸生面对面。关于其注意事项，黄六鸿列举如下：

> 每有刁恶之区，诸生于讲书后，遂递呈词者。或条陈地方利弊，或指摘衙役过犯，其间假公济私，希图报复者多。官惟命左右收之，不必更置可否，仍记明姓名张数，以防左右抽换。带进内衙，观其词而察其情。近理者访其所事，从前有无病民，徐为斟酌行止。为私者存而勿论，可也。俱不必挂牌批示。如所指衙役，访其果有奸蠹实迹，须另事究革，不必据呈施行，以长学校嚣竞之气。如系有侮辱斯文，事干切己，未经断惩者，应挂牌示，许被害本生于告期呈控。如此，儒衿之屈怨当伸，而假公者亦不得遽逞其志矣。①

部分诸生（生员）当中，也有精通诉讼的人，因此，不只是本人的案件，包办他人的案件，代写状纸的情况亦是不少，当地居民对于他们的需求也助长了健讼（也就是诉讼频繁化）的风潮。在生员看来，向尚未了解事情来龙去脉的新任知县申诉的话，可以让曾经被前任知县退回的旧案"复活"，再次洗刷宿怨，而且重新提交状纸后，或许还可以侥幸获得受理，因此不时会发生不择手段的事件。话虽如此，知县

---

① 《福惠全书》卷二《莅任部·谒庙行香》。

却无法轻易地斥退这些申诉。这是因为这些申诉偶尔也会将长年以来不为人知的真相全盘揭发出来。又，对知县而言，这不只是对付一名生员的问题而已，最后，有可能会因为"侮辱斯文"这件事情，引发当地生员的集体反抗，且知县也无法轻视在背后为其撑腰的权势者之存在，势必采取慎重的行动。

黄六鸿介绍了两个与此相关的具体经验。一个是郯城县的例子。郯城县的"劣衿某"包揽赋税，一年内侵占民粮 100 余两，20 余年皆未被检举。黄六鸿向学校申请褫夺其生员身份，处以杖刑，并且报告上司。对此，巡抚严批：生员身份的褫夺必须交由学政使来决定。生员某的父亲亦是素行不良的生员。当时新任的巡抚①正要到任。于是，其父将写满了黄六鸿恶行的状纸出示给黄六鸿，威胁他必须对其子采取宽大的处置，并且处罚被他们所包揽赋税的众户。黄六鸿笑了笑，斥责他道："鸿果获罪地方，控之宜也。若使挟余枉法，舍有罪以诬无罪。虽增官益秩，吾不为也。况弃职而辱身乎。"巡抚到任后，其父立刻将列举了黄六鸿的腐败模样与残忍性格的状纸提出去。巡抚虽然心生狐疑，但是并无动作。到任三天后，下属们谒见之际，巡抚询问手下的知县们是否贤良。布政使施天裔列举即墨知县与黄六鸿，评为山东最优秀的知县。按察使何毓秀等也异口同声褒奖黄六鸿，列举了所知的政绩。隔天，施天裔前来拜谒，巡抚便把某生的诉状出示给施

---

① 根据钱实甫编《清代职官年表》(北京，中华书局，1980)可知，康熙九年(1670)四月六日，山东巡抚刘芳躅因丁忧而卸任，袁懋功作为其后任，于康熙九年四月二十九日接任山东巡抚。

天裔。施天裔笑曰："怠哉。某氏父子也，因举其子积恶，揽户抗粮，为本县所申，前案具在，今复捏词诬控，以图反噬耳。"巡抚调阅判牍，在其状纸上面写下"切责不准"。最后，其子被处流罪。黄六鸿叹息道："呜呼，当时非施公等相信之深，极为称说，其不中于奸诬者几何矣。"①

另一个则是直隶东光县的经验。东光县的"劣衿某"平日把持衙门，包揽赋税的状况与郯城县的"劣衿某"无异，黄六鸿于是将他任命为征税负责人的催头。某天，"劣衿某"来到县衙，要求让其他人担任催头，但是，黄六鸿不答应。"劣衿某"便与其争辩，不但长篇大论，甚至出言不逊，因此，黄六鸿怒火中烧，欲掀桌鞭之。但是，因为过去曾经发生过郯城某生的事件，所以黄六鸿不断地强忍怒火，好言相劝，最后终于无须更换催头了。②

以上，以《福惠全书》的筮仕、莅任这两个部分的文章为中心，针对下述问题进行了概观，即前往赴任的知县在赴任前后必须留意哪些事情呢？又，应该与哪些人物缔结关系，对于他们采取何种应对方式才是上上策呢？

其结论可知：《福惠全书》所主张的"围绕在知县身边的人们"可以大致区分为以下三种类型。第一种乃是"官"。也就是自外地前往当地赴任的官员，其中包含了上司、同僚、下属，基本上，乃是潜心儒学，将价值观归之于此的知识分子，且从与当地居民并无直接利害关系这

---

① 《福惠全书》卷四《莅任部·忍性气》。
② 《福惠全书》卷四《莅任部·忍性气》。

一点来看，可说是与知县处于同样的立场。第二种则是"吏"，也就是胥吏或衙役等在衙门工作的下级吏员，虽然与知县同样肩负县政的重担，但是，他们乃是熟悉专门技能的实务职员或是提供肉体劳动的役夫，未必和知县的价值观相同，而且他们多出身该地，因此，也是与当地的利害息息相关的存在。第三种为"士"，指的是从乡绅到生员的本地知识分子阶层，虽然和知县同为知识分子，但是，也是与当地的利害息息相关，并且对地方政治发挥潜在影响力的存在。对于这三种性质迥异的人群应该如何应对，《福惠全书》进行了经验老到且具体的说明，这也是这本书作为实用手册广受好评的理由。

清代的官箴书里，虽说各自着重的部分有着些许差异，但是，在出版当时能够声名大噪的书籍或多或少都具体传达了对于这三者的应对方式。因此，在下一节我们将范围拉到《福惠全书》以外的官箴书，进一步具体检讨对于这三者的应对方式。

另外，如同其他研究所举，"幕友"与"家丁"也同为"围绕在知县身边的人们"，与上述三者同样是不得松懈对待的存在，对知县而言，其应对方式是无法掉以轻心的。话虽如此，他们的人事权完全掌握在身为雇主的知县手上，一旦发生问题的话，知县可以亲手解雇他们，就这一点来说，知县对他们原则上可说是拥有了一定的驾驭权。相较之下，无论是"官""吏""士"，知县皆无法排除其存在，就这一点看，其应对方法与幕友或家丁乃是基本相异的，这一点也反映在许多官箴书的记载上面。

四、待人——构筑人际关系的注意事项

知县与"官"

对知县而言，"官"当中，特别是从知府以上到督抚为止的上司，毋庸置疑乃是重要的存在。知县时常要接受来自上司的考核（被称为考成），其评价的好坏不只是吏部知晓，有的时候，也会直接传到皇帝耳里，对于知县日后的官僚生涯有着极大的影响。因此，知县在赴任之际，若有机会与上司接触的话，是绝对不允许失败的。除了《福惠全书》以外，其他的官箴书也提到了许多与上司应对的方法。我们来看其中的几个例子。

首先，与黄六鸿几乎处于同一时代的潘杓灿①在其官箴书《未信编》里，针对赴任之初与上司应对的方法，有以下的建议：

> 亲管上司乃系仕途中祖父伯叔，安得不速请见。同城者，到任三日，例俱禀参。即不同城，如本府本道，三日亦应次第晋谒。院司驻节省会，与本治相远者，三月之内，定须往谒。断不可惜费逡巡。盖一官初至，在上司亦欲观其才品。苟或愆期，不怒其怠慢，则疑其猥懦。难前而厌心生矣。其相见仪注，着礼房开送，依例遵行。其举止应对，务必舒徐周到，敬慎大雅，傲诏俱非所

---

① 潘杓灿，浙江钱塘人。其著作《未信编》六卷，康熙二十三年（1684）刊本，康熙十四年（1675），其门人将潘杓灿有鉴于自己的亲身经验所口述的内容，整理为此书。

宜。嗣后不时相见，应将钱粮刑狱以及紧要之事，开一小帖，携带观览，以便陈白答问。①

针对与上司的日常交际，他也有以下建议：

交际之礼，居官必不可缺。凡庆令节，上下同寮，例用馈送。同城者，只开揭帖亲送。远者上司宜大启，同寮宜小启，差役呈送。其献新祝贺谢候等事，必周旋以图和好。慢事惜费者多致参商也。②

从以上内容可知，潘杓灿特别强调：即使是形式上的礼仪，也不可轻忽。又，大约在黄六鸿所处时代的100年后，汪辉祖针对与上司应对的方法，留下了较多的文章：

获上是治民第一义，非奉承诡随之谓也。为下有分，恃才则傲，固宠则谄，皆取咎之道。既为上官，则性情才干不必尽同。大约天分必高，历事必久，阅人必多。我以朴实自居，必能为所鉴谅。相浃以诚，相孚以信，遇事有难处之时，不难从容婉达，慷慨立陈，庶几可以亲民，可以尽职。③

---

① 《未信编》卷五《几务上·参谒》。
② 《未信编》卷五《几务上·交际》。
③ 《学治臆说》卷上《事上》。

天下无受欺者。矧在上官，一言不实，为上官所疑，动辄得咎，无一而可。故遇事有难为及案多牵窒，且积诚沥悃陈禀上官，自获周行之示。若诳语支吾，未有不获谴者。苍猾之名，宦途大忌。①

事有未惬于志者，上官不妨婉诤，寮友自可昌言。如果理明词达，必荷听从。若不敢面陈而退有臧否，交友不可，况事上乎。且传述之人，词气不无增减，稍失其真，更益闻者之怒。惟口兴戎，可畏也。②

关于与上司应对的方法，我们已知《福惠全书》建议知县要克制傲慢的个性，用尊敬与忠勤的态度与其应对，并且留意不要做出失礼的行为，这才是获得上司好评的秘诀，而诸如此类大同小异的注意事项屡屡出现于清代的许多官箴书中，特别是从强调要获得上司信赖的这一点来看，共通点极多。反过来说，如果未能获得上司信赖的话，就代表着地方官无法实行地方行政。

不过，虽然汪辉祖认为"既为上官，则性情才干不必尽同"，但是，官箴书所说的"上司"相对来说指的就是"耿直的"上司，在官箴书里，会歧视他人的上司，或毫无责任感将自己的失败推卸给部下的上司，或找借口勒索财物的上司几乎不会登场，甚至是滥用权力来骚扰下属

① 《学治续说》卷一《上官必不可欺》。
② 《学治续说》卷一《勿臧否上官寮友》。

的上司，官箴书亦未触及他们的存在。以这种恶劣的上司并不存在于世间为前提，建议知县要如何与"耿直的"上司正面应对的正是官箴书，若是如此的话，对于上司的"待人法"可说是告诉知县要从官僚道德规范的延长线上来进行应对。但是，对于实际赴任后将一己之身置于官僚社会当中的知县而言，尽管官箴书耳提命面地提醒知县"惟在敬与勤而已"或是"毋过诮"，但是，这些或许都只是华而不实的乌托邦吧。

知县与"吏"

对于"吏"只字未提的官箴书可说是完全不存在，几乎所有的官箴书都提到了与胥吏或衙役这类衙门里的下级官吏应对的方法。如同宫崎市定所言："如果士大夫想要诚实地进行有责任的政治的话，就必须要通晓胥吏政治的实际状况。为此出现于世人面前的正是种种官箴书。"[①]这是因为所谓官箴书乃是畅谈应付胥吏方法的书籍。《福惠全书》建议知县对"吏"要以信赏必罚为基本，即使是尘埃般的小事，也要用毫不妥协的坚定态度去应对。若是如此的话，其他的官箴书又是如何建议的呢？这里仅列举较有特色的例子。

首先，潘杓灿有如下的建议：

> 吏书之弊，古今通患。其人不可缺而其势最亲。惟其最亲，

---

① 宫崎市定：《官箴目次综合索引序》，见京大东洋史研究室编：《官箴目次综合索引》，京都，京都大学东洋史研究室，1950。

故久而必至无所畏。唯其不可缺，故久而必至于奸欲。其畏而无弊莫若严于自律。而常加稽察，勿使主持事务，说事过钱。门子须择慎实者，一月换班，上堂令远立丈许，机密事情，勿使觇知，以防漏泄。皂快、民壮两傍分立，不许杂乱拥挤。凡事不许代禀，以防谁骗。冗役宜汰。盖少一人，即少一民耗。①

接着，孙铉在其官箴书《为政第一编》②里，则是指出：

官有蠹役，如书之有蟫，木之有蛀。残蚀既久，书破木空。一官而遭群蠹，其官箴有不速坏者乎。书役之弊，卷内诸条言之极详，其弊也，皆其蠹也。知其弊而驭之以法，弊无由而生，蠹亦何由而入。诚恐奸胥滑吏或蠹我国，或蠹我民，平时不觉受其欺瞒。设一旦上台风闻，或被告发，则投鼠而碎其器，批枝而动其根。蠹虽万死，何足为惜。大之连累本官，小之亦必受上台之戒饬。百口谢通，难骂失察之愆。故平日之待此辈于趋承奔走之下，孰为老成而谨饬，孰为少壮而殷勤，孰为似信实奸，孰为大憨积滑。其败乃公事者，固必锄而去之。即有恶贯未盈，蠹形未著，或亲有所试，或别有所闻，亦必先之以戒词，继之以革役。不待上宪访拿，士民越控，以几先之哲，而免事后之嗟。幸毋明

---

① 《未信编》卷五《几务上·筮仕·防吏役》。
② 关于孙铉《为政第一编》，参见本书97～98页。

知故纵养虎以自害也。慎之，慎之。①

又，汪辉祖亦有以下的建议：

> 宽以待百姓，严以驭吏役，治体之大凡也。然严非刑责而已，赏之以道，亦严也。以其才尚可用，宜罚而姑贷之，即玩法所自来矣。有功必录，不须抵过。有过必罚，不准议功。随罚随用，使之有以自效，知刑赏皆所自取，而官无成心，则人人畏法急公，事无不办。姑息养奸，驭吏役者，所当切戒。②

接着，田文镜③在《钦颁州县事宜》当中写道：

> 官有胥吏，原以供书写而备差遣。其中虽不乏勤慎之人，然衙门习气，营私舞弊者居多。苟本官严于稽查，善于驾驭，则奸猾者亦皆畏法而敛迹，否则纵恣无忌。虽勤慎者亦且相率而效尤。此胥吏之不可不防也。
>
> 赴任之初，迎接跟随，皆是窥探之计。即任之日，左右前后，无非伺察之人。家人亲友，择官之所亲信者，而先致殷勤。举止动静，就官之所喜好者，而巧为迎合。官而爱财，彼则诱以巧取

① 《为政第一编》卷二《时宜下·立政·处衙蠹》。
② 《学治臆说》卷下《驭吏役在刑赏必行》。
③ 田文镜，汉军正黄旗人，康熙二十二年(1683)，由监生出任福建长乐县县丞，此后，历经山西宁乡县知县等，官至河南山东总督。参见《清史列传》卷十三《大臣划一传档正编十·田文镜》。

之方，而于中染指。官而任性，彼则激以动怒之语，而自作威福。官而无才，彼则从旁献策，而明操其权柄。官而多疑，彼则因事浸润，而暗用其机谋。官喜偏听，彼则密讦人之阴私，以倾陷其所仇，而快其私怨。官好慈祥，彼则扬言人之冤苦，以周全其所托，而图其重贿。官恶受赃犯法，彼则先以守法奉公取官之信。官喜急公办事，彼则先以小忠小信结官之心。官如强干，彼则倚官势以凌人。官如软弱，彼则卖官法以徇己。官如任用家人，彼则贿通家人以为内应。官如听信乡绅，彼则联结乡绅以为外援。舞文作弊，则云一时疏忽，出票催规，则曰历年旧例。凡此皆不可不严防者也。

至于办理文案，则防其抽换按捺，经管钱粮，则防其侵收吞蚀。捕役缉盗，则防其私拷诬良。仵作验尸，则防其匿伤混报。一役有一役之弊，一事有一事之弊。在胥吏惟思作弊，故无一事不欲瞒官。而官首在除弊，故无一事不可不防胥吏。盖胥吏之作奸犯科，全视乎官之性情所贵。喜怒不形，使彼无所揣摩，嚬笑不假，使彼无所倚恃。而最要者廉以律己，严以执法，明以烛奸，勤以察弊。

如点经承，点柜书，断不可因仍陋规，收受分文。换头役，出差票，断不可纵令家人，索取丝毫。否则不但有欲无刚，不能禁其作弊，亦且立身不正。何颜与此辈相对。苟能遵而行之，则官无纵容失察之愆，民无恐赫索诈之累。而此辈之心思才力，亦皆用之于办理公事之中，为我所用，而不为其所欺，则胥吏亦可收臂指之助矣。①

　　知县执政之际，于衙门负责实务的下级官吏堪称知县的左右手，而这些皆是对付下级官吏的方法，往往会大量出现在官箴书里。这些官箴书的共通点乃是，与"吏"相关的内容自始至终都是一贯的，例如，必须对下级官吏抱持猜疑的态度，或是如何不让他们有机可乘，并且压制他们，不让他们从事不当行为，甚至是如何才能免除自身监督不周到的责任。对于"吏"的应对方法，很明显地，与对于身为上司或是同僚的"官"有所不同，其中，对在同一个职场一起进行业务的人，官箴书并未要求知县有身为工作伙伴的连带意识，而是劝告知县要心怀紧张和警戒，与他们保持距离，并且强调所谓"吏"乃是与知县这种知识分子处于不同世界的存在。因此，对这种处于不同世界的集团，若是搞砸应对方法的话，就代表知县所主导的县政业务将会无法实施。因此，许多官箴书都详细地记载了与他们打交道的方法，新科知县也是最想知道其中诀窍的人，在这个情况下，官箴书成了实用的信息来源。另外，官箴书被视为对付胥吏的参考书，其理由也可说是出自这一点。

知县与"士"

　　最后是关于"士"的部分。关于 17 世纪的官箴书，值得大书特书的是其中的待人法，特别是关于"士"的部分，官箴书花费了许多笔墨在

---

① 《钦颁州县事宜·防胥吏》。

这里。知县执政的时候，必须重视的不只是官僚机构的官吏与胥吏，还有在当地拥有固有发言权的现任官僚，以及具备官僚经验的乡绅和与此相联系的生员，也就是本地知识分子（"士"）。[1] 他们不论好坏都对地方行政拥有影响力，因此，一方面，他们既是辅助知县为地方行政提供建言的存在，但是另一方面，如果利害不一致的状况发生的话，他们同时也是容易转化为抵抗知县的势力。以下，我们将再次检讨其具体应对方法的内容。

有关于此，孙铉认为：

> 士为四民之首，原宜刮目相看，重之者非独贡监青衿，即赴考儒童，潜修墨士。凡平时接见，或讼案干连，皆须宽容培护，勿得概以凌贱加之。优之以礼貌，徒施要结之文。或绅士钱粮，催征得体。或屡空学究，周济无虚，季考观风，花红不吝。丁忧事故，勒指无加。凡可作兴之处，无不尽情当理。身受者，既感隆恩，闻风者亦衔雅意。
>
> 平时隆重，门色咸知，一旦有抗粮玩法，及把持官府，起灭讼词等一切不肖劣行，尽法申究，绝不容情，以向来之雨露为此

---

① 服部宇之吉提到："地方官赴任的时候，访问该县的绅士董士，成为了一个惯例。绅士指的是秀才以上的人，董士则是长久居住于该县，清楚当地的人情风俗，拥有相当财产名望的人，在该地，这两种人是最需重视的，因此，赴任之初，知县会自行投递名片，然后返家，隔天，绅士董士会来到知县的地方道谢，这是双方首次会面。总之，绅士董士与知县往来，畅谈民间诸事与政治得失，又，关于政治若有意见的话，知县亦会洗耳恭听。"由此可知，在清末，知县对于绅士们满怀敬意的情况（收入服部前引再版《清国通考》附录72页）。

际之雷霆。虽遭僇辱，犹戴恩勤矣。万勿因一二豪绅劣士遂谓此辈不堪作养，令其怨望，腾作谤声。学校之口甚于没字之碑。传闻不实，有碍官箴不浅。况文运盛衰，关系地方隆替。重斯文，正所以培国运。又乌得视同末节而不急为留意乎。①

又，汪辉祖认为：

官与民疏，士与民近。民之信官，不若信士。朝廷之法纪不能尽喻于民，而士易解析，谕之于士，使转谕于民，则道易明，而教易行。境有良士，所以辅官宣化也。且各乡树艺异宜，旱潦异势，淳漓异习，某乡有无地匪，某乡有无盗贼，吏役之言，不足为据。博采周谘，惟士是赖，故礼士为行政要务。②

"士"扮演着衔接官与民，并且将行政渗透至民的角色，因此，为了获得他们的协助，一方面，汪辉祖认为必须礼遇"士"，但是另一方面，他也有以下看法：

第士之贤否，正自难齐，概从优礼，易受欺蔽。自重之士，必不肯仆仆请见，冒昧陈言，愈亲之，而踪迹愈远者，宜敬而信之。若无故晋谒，指挥唯命，非中无定见，即意有干求。甚或交结仆胥，伺探动静，招摇指撞，弊难枚举。是士之贼也，又断断

---

① 《为政第一编》卷二《时宜上·立政·重斯文》。
② 《学治臆说》卷上《礼士》。

不可轻假词色，堕其术中。故能浚知人之明，始可得尊贤之益。①

要将乡绅及与此相关的生员视为地方行政的协助者，拉拢至我方，抑或将其视为地方行政的抵抗势力，对其进行压制？这对知县而言乃是极大的课题，不过，拥有官僚经验的人们都深知：选择后者的话，其代价太大，并非合理的选项。因此，就算是不肯合作的"士"，还是要特别关照，才是上上策。

从以上内容可知，拥有官僚经验的前辈们透过自身的经验总算领会到官僚们彼此心照不宣的默契后，对于那些挥舞着观念上的正义旗帜，结果往往在人际关系方面尝尽苦头的年轻后辈们，将自身经验整理为文章，传授给这些后辈们的实用忠告正是官箴书所提倡的待人法。

话虽如此，对于实际即将赴任的官僚而言，他们心底真正想要知道的究竟是什么事情呢？《儒林外史》有与此相关的情节，也就是身为南昌知府前往当地赴任的王惠向前任知府蘧太守的儿子景玉询问当地状况的情节，如下：

> 须臾，摆上酒来，奉席坐下。王太守慢慢问道："地方人情，可还有甚么出产？词讼里可也略有些甚么通融？"蘧公子道："南昌人情，鄙野有余，巧诈不足。若说地方出产及词讼之事，家君在此，准的词讼甚少。若非纲常伦纪大事，其余户婚田土，都批到县里去，务在安辑，与民休息。至于处处利薮，也绝不耐烦去搜

---

① 《学治臆说》卷上《宜辨士品》。

剔他。或者有，也不可知。但只问着晚生，便是'问道于盲'了。"
王太守笑道："可见'三年清知府，十万雪花银'的话，而今也不甚
确了。"当下酒过数巡，蘧公子见他问的都是些鄙陋不过的话，因
又说起："家君在这里无他好处，只落得个讼简刑清，所以这些幕
宾先生，在衙门里，都也吟啸自若。还记得前任臬司向家君说道：
'闻得贵府衙门里有三样声息。'"王太守道："是那三样?"蘧公子
道："是吟诗声，下棋声，唱曲声。"王太守大笑道："这三样声息
却也有趣的紧。"蘧公子道："将来老先生一番振作，只怕要换三样
声息。"王太守道："是那三样?"蘧公子道："是戥子声，算盘声，
板子声。"①

由此看来，官箴书所阐述的世界或许只是一种理想吧。

官箴书所示的待民观

以上，关于官箴书对于"官""吏""士"这三种"围绕在知县身边的人
群"所提倡的应对方法，我们已经进行了概观了，那么，对于与这三种
人群性质迥异的"民"，也就是一般民众，官箴书认为要采取何种具体
且有效的方法呢? 只要知县标榜着自己是"亲民之官""父母官"的话，
官箴书的待人法里，出现与其相关的言论，也就绝非不可思议的事情。
不过，我们先看结论的话可知：如前所述，官箴书极为详细地描述了
知县与"官""吏""士"应对的方法，但是，相较之下，关于民众的部分

---

① 《儒林外史》第八回《王观察穷途逢世好，娄公子故里遇贫交》。

自始至终皆为抽象性、观念性的描述，就这个意义来看，可说是欠缺了足以作为实用信息的具体性描述。其理由为何呢？

官箴书往往不会将与民众的应对方法放进所谓"待人"的范畴之中，我认为这是第一个理由。就笔者所知，针对待人法设立了特别的篇目（如"待人"或是"接人"等）且进行相关议论的清代官箴书，其多数重点在于与执政现场的人们的应对方法上面，但是这些自始至终都是绕着上司、同僚、下属、胥吏、衙役、长随、幕友、乡绅、生员打转，毫无与民众相关的内容。唯一的例外乃是《图民录》，其中可见与民应对的条目，不过，这个记载仅仅引用了圣人言论的官僚道德规范而已，并未脱离观念性描述的领域。① 至于《福惠全书》则是完全没有设立与民众相关的条目。

话虽如此，官箴书并非完全省略了与民众应对的方法。但是，其所提到的民众多限于特定的范畴之中，我认为这是第二个理由。例如，汪辉祖有如下看法：

> 剽悍之徒，生事害人，此莠民也。不治则已，治则必宜使之畏法，可以破其胆，可以铩其翼。如不严治不如且不治。盖不遽治，若辈犹惧有治之者。治与不治等，将法可玩，而气愈横，不至殃民罹辟不止。②

---

① 《图民录》卷四《敬民畏民》以及《民有鄙心可敬不可慢》。
② 《学治续说》卷一《治莠民宜严》。

这里的所谓"莠民"乃是与"良民"相反的存在，意味着他们是一种扰乱秩序，对"良民"带来危害，亟须"治"，也就是予以处罚的存在。这种民众也被称为"奸民""刁民""猾民""黠民"等，其中特定的民众更是被称为"棍徒"或是"地棍"。不过，这些民众若是出现于官箴书的话，几乎毫无例外，都是妨害知县行政的存在，因此，官箴书认为必须对他们进行严格的管理统制，甚至要求知县必须毫不留情地处分违反者。但是，他们说到底也是"民"，于是，这和先前官箴书提倡必须对万民普遍施予仁爱的教诲之间，可说是出现了矛盾。

以上诸点也许是官箴书对于所谓"良民"并无太大兴趣的证据吧。对于仅仅三年的任期结束后，就必须调动至其他地方的知县来说，应该重视的人群乃是以上司为首的"官"，协助行政实务工作得以顺利进行的"吏"，以及实质上支持着地方行政工作的"士"，短期间的任务必须建立在他们的协助和支持之下，才能够圆满完成。因此，知县在这期间实在没有必要为了贯彻"亲民"这个理想，而采取对他们不利的行动，也无必要让他们与自己为敌。若提到知县对于"民"的关心，应该集中在那些对知县的统治和安稳的官僚生活带来威胁的"莠民"身上，只要学会彻底管理"莠民"的技术，这样就足够了。这乃是实际担任知县后才能各自体会到的心境，而官箴书正是抢先一步将这种心境传授给即将担任官僚的后辈们。官箴书鲜少提到一般民众的这个特征应该也是受此影响不少。

这种官箴书的特征可说是官箴书整体的共通点。因此，刊行于宋元时代的官箴书也具备了这种特征。不过，正如"洁己""正己""尽己"

"省己"等条目所示，宋元时代的官箴书在强调身为儒家精英分子的地方官必须律己的同时，也提到了作为其中一个环节的"爱民"或是"亲民"等概念，这些概念纵然是一种观念性道德规范，不过宋元时代的官箴书往往将其置于较为中心的地位。① 相较之下，随着时代的更迭，比起道德规范，明清时代的官箴书更加重视实践性、具体性的执行任务须知，特别是《福惠全书》或是《学治臆说》等，这些大获好评且广为流传的官箴书更是强烈拥有这种倾向。方大湜在刊行于光绪十六年（1890）的官箴书《平平言》②里，列举了即将担任地方官的人们必读的书籍，其中官箴书的部分就有十种，分别是《实政录》《五种遗规》《福惠全书》《图民录》《牧令书》《佐治药言》《学治臆说》《梦痕录节钞》《庸吏庸言》《蜀僚问答》。③ 这些都是重视具体实践方法的实用书籍，特别是方大湜完全没有提到宋元时代的官箴书，这一点饶富深趣。这可说是如实反映了清末的知县究竟希望透过官箴书获得何种信息吧。

透过以上的考察，我们可以隐约窥见官箴书究竟是何种书籍。一

---

① 张勇：《官箴清廉思想评析》，收入前引《官箴书点评与官箴文化研究》。

② 《平平言》四卷，光绪十三年（1887）序刊本。撰者方大湜于咸丰五年（1855）进入巡抚胡林翼的军中，同治八年（1869）担任宜昌府知府，同治十年（1871）转任武昌府知府，此后，官至直隶按察使、山西布政使。参见前引《中国法制目录》第1册，152页。

③ 《平平言》卷一《候补宜读书》。《五种遗规》十五卷，陈弘谋辑，道光二年（1822）刊，收录了《从政遗规》《养正遗规》《教女遗规》《训俗遗规》《在官法戒录》五书。《牧令书》二十三卷，徐栋辑，道光十八年（1838）序刊本，收录了至当时近200年来的地方官行政指南。《佐治药言》一卷，汪辉祖撰，乾隆五十年（1785）序，乾隆五十一年（1786）刊本。《梦痕录节钞》咸丰九年（1859）刊本，何士祁自汪辉祖的著作抄录部分内容而成此书。《庸吏庸言》二卷，刘衡撰，道光十年（1830）序。《蜀僚问答》二卷，刘衡撰，道光十年（1830）序。

方面，针对即将担任知县的儒家精英分子在实践"修身、齐家、治国、平天下"的时候，应该遵守哪些戒律，官箴书展开了一种可说是"理想"的道德论。另一方面，官箴书也提示了不少儒家精英分子以知县的身份实践"地方统治"之际，必须遵守的注意事项，此时呈现在我们眼前的则是一种可说是吐露了"现实"的待人论。官箴书原本就同时具备了这两种面貌，这乃是官箴书的特色。当中要求知县必须扮演"亲民之官"或是"父母官"，正是为了强调前者之故。但是，即将担任知县的人们之所以需要官箴书，反倒是出自后者的动机。在清代大获好评的官箴书都巧妙地传授了这种"现实"。

顺道一提，乾隆年间出身于江苏省松江府的朱椿有以下看法：

> 州县官职在亲民。境地宽广，人民散处，官住衙门，除审事比较外，不能与民相见，焉能与民相亲。甚有审事则惟了结本案，比较则惟按欠责比，何曾有一语教训乡民。屡奉上谕，训饬州县巡历乡村，所以尽亲民之职守，行亲民之实政也。凡踏勘田山，相验人命，所到之处，不妨停骖稍坐，招集士民耆老咨询慰问。僻地不常经过者，不妨迂道一行，到任数月半载之后，必须处处皆到，处处之民皆得与官长相见听话，乃不负巡历之行，克尽亲民之职。常见有在任数年而足迹未历四境者，名曰亲民，实同遥制。如此那有善政善教。①

---

① 《作吏管见》(收入《牧令书》卷二《政略》)。乾隆十二年(1747)，朱椿由浙江金华府知府，官至兵部右侍郎，乾隆四十九年(1784)逝世。参见《国朝耆献类征初编》卷八十九《卿贰四十九》。

就地方官的规范而言，朱椿的意见也许是一种"主流"。但是，从他必须重申上述意见的这一点来看，现实中，多数知县其实是不愿意与"民"有太多接触的，因此，要他们成为"亲民之官"实为天方夜谭。[①]

如前所述，雍正帝在上谕里，期待着知县们能够成为"亲民之官"，委托他们于各个地方执行王朝国家理想中的对人民的统治。不过，如果"亲民之官"在现实中只是"理想"的话，那么，所谓皇帝的统治也不过是理想之下的一种产物罢了。

结　语

本章从官箴书这一扇小窗子，窥探了地方官僚社会的局部面貌。不过，只要我们透过这类书籍来探究当时知县经验者的心境的话，就会强烈感受到清代地方政治结构的特征，与其说是朝向皇帝统治的一元化，不如说是往尊重地方各个势力，且将其认知为实质权威的这个方向逐渐靠拢。

官箴书严厉地劝告知县们千万别采取"清官酷吏"的态度，并且指

---

① 　服部前引再版《清国通考》附录56～57页讲道："知县以上的官吏来到地方的话，会形成庞大的队伍，队伍中，必定会有铜锣、太鼓（服部原文如此）、提灯或伞，其外则是两道碑，一道叫作'肃静'，一道叫作'回避'，这两道碑各为一对，类似日本的告示牌，木造，涂上红漆后，再写上黑字。这种肃静回避的木碑必在队伍的前方，也就是官吏现在要通过了，人民必须肃静且回避的意思，官吏来到地方的时候会带着这种木碑。然而，知州以及知县乃是直接与人民接触的官吏，与人民利害休戚相关的事情，不管是什么事情，都必须掌握，因此，知州知县的队伍会有肃静的木碑，但是不会有回避的木碑。其用意乃是不使人民回避，不使了解民情的机会稍纵即逝。"

出：这必然会引发地方势力的反抗且遭受掣肘，甚至造成反效果。接着，关于其后果，官箴书则是论断："此皆不能自耐，而任事太真，疾恶太甚之过。"①

顺道一提，蓝鼎元于雍正五年(1727)十月被任命为广东普宁县知县，隔年成为潮阳县知县代理，治理该地的两年间，在雍正帝的宠爱下，于地方末端执行雍正独裁政治，因而广为人知。宫崎市定对其评论说："近世的官僚皆是如此，一方面既是循吏，另一方面也同时具备了酷吏的性质，这乃是将蓝鼎元称为能吏的理由。"②

然而，堪称酷吏的蓝鼎元究竟在地方政治方面是否堪称能吏呢？不求与地方势力的合作就想将中央的意向贯彻至地方，此举究竟可行不可行？蓝鼎元的政治行为与上述官箴书所示的方向可说是全然迥异。对于现实生活中的能吏来说，如何顺利地进行"阳奉阴违"乃是最为重要的，正因如此，他们不受监察官的弹劾，也未遭遇来自地方势力这一方的阴谋，得以平安无事地实行象征于钱谷与刑名的州县政治。虽说只是一时之间，但是蓝鼎元之所以能够成为一名能吏，这都要拜雍正帝这个巨大的后盾试图强行推动王朝国家之理念所赐。

① 《福惠全书》卷四《莅任部·忍性气》。
② 宫崎前引《宫崎市定全集》第 14 卷《雍正帝》，231～232 页。

第二章　待士法的展开

——与地方实力派人物的相处之道

绅宦为四民之望。乡曲中，苟有纷争之事，且将借其片言折断，以服人心。

——《点石斋画报》竹集一期《官绅用武》

前　言

在 17 世纪至 20 世纪初期的中国，中央政府的统治理念与肩负重责大任，必须实现此理念的地方政府于末端的实际应对之间，存在着何种关系，乃是笔者的重点所在，借此进而窥见清朝国家统治结构的部分面貌。

本章将延续此问题意识，以刊行于明末清初的官箴书，特别是明代末期的《治谱》以及沿袭其记载、刊行于清代康熙年间的两种官箴书为中心，针对即将前往陌生的土地，以实现对当地人民的统治为目标的地方官以及其身处的职场环境，进行讨论。

这里，我们先回顾明末清初这一个时代。以自然经济下均质的农民生产力为基础，皇帝一人透过自身的德行，将恩惠施予大多数的民众，乃是王朝国家传统统治理念之理想。实际上，这个理想在明代的时候，被体现在里甲体制上面。但是，随着明代中期以后货币经济以及商品生产的展开，里甲制开始解体，社会整体的流动与日俱增。其中，形成了以有权势的士大夫阶层为首的地方利益集团，这些集团既是支持王朝国家的势力，反过来说亦是与王朝国家互相对抗的存在。对于这种新兴社会阶层的抬头，无法采取有效管理应对的明朝就这样步入灭亡的命运。之后，作为取代明朝的全新王朝，清朝开始了自己的统治，并且有责任和义务让明末以来即陷入混沌状态的中国社会重拾秩序与安定，然而，必须将传统的统治理念去顺应社会实际状态的这个难题却等着他们。对清朝而言，两者的统合乃是确立统治的正当性之际不可避免的课题，同时这个课题也是自一开始就充满着矛盾。在这样的时代，直接进行地方行政，肩负以上种种矛盾的正是以州县官为主的地方官。

由于回避制度(禁止在包含本籍在内的省份任职)的存在，地方官的赴任地必须是他们出身省份以外的地点。① 因此，地方官在确定赴任地之后，就必须再次搜集与该地以及该地居民相关的信息。又，他们也要私下雇用幕友为政治顾问，以备不时之需。州县里设有极为少

---

① 关于回避制度，参见魏秀梅：《清代之回避制度》，台北，"中央研究院"近代史研究所，1992。

数的辅佐官，但是，光靠这些官僚，是无法处理所有事务的，于是，繁杂的实务行政工作就必须仰赖当地的胥吏了。此时，如何驾驭这群胥吏，正是对地方官的一项考验。在这种状况下，特别是以科举考试甫合格的新手地方官为对象，透过书籍的形式来说明州县行政诀窍的正是官箴书。在诸多官箴书当中，本章所使用的《治谱》更是详细地讨论了"待人"的这个部分，也就是对于职场环境的应对方式。

本章将以这本《治谱》为主要史料，将收录于该书的待人法与其他官箴书的待人法进行比较研究，并且以此为基础，通过明末清初伴随着地方官赴任而生的职场环境，来厘清王朝国家对人民的统治是在何种条件下得以实现的。

一、关于《治谱》

首先，进行《治谱》的相关解题。该书全十卷，续集一卷，撰者为明人佘自强。明崇祯十年（1637）的刊本收藏于中国社会科学院历史研究所图书馆。1953 年春天，于长春的大陆书局获得此书的苏兴在这本藏书里，留下了下述内容的便条：

> 治谱十卷，明末刻本。罕见明史艺文志。海内诸藏书家及公私图书馆皆无著录。盖□官秘诀一类之著，当时窘，或流传颇广，而文人雅士，则向不重视。亦各入藏书家文库，延至承世，反成稀见之本耳。

《中国古籍善本书目》调查了中国各地的善本所藏状况，并记录其所在位置，据其可知：在中国，除了上述刊本外，尚有崇祯十二年（1639）的刊本（所藏地为中国国家图书馆等三处）以及明崇祯呈祥馆刊本（所藏地仅一处）。① 日本的国立国会图书馆收藏了崇祯十二年的刊本，国立国会图书馆的目录记载："治谱十卷，续集一卷，附慎刑说一卷，明佘健吾撰，明李长德辑，附明王肯堂撰，明刊，六册（合二册）。"② 又，《官箴书集成》则收录了呈祥馆的版本，其中附有崇祯十二年吏部验封司郎中胡璇的序文。

撰者佘自强，字健吾，出身于四川铜梁县，为万历二十年（1592）的进士，担任山西布政使，天启二年（1622），官至延绥巡抚。除了序文的作者胡璇以外，李长德、蔡懋德、李模、范志完、陈龙正等人也参与了该书的编辑。③

该书一卷一门，总计十门，分别为：初撰、到任、堂事、词讼、钱粮、人命、贼盗、狱囚、待人、杂事。内容、形式可说是明清时代官箴书的典型。特别值得注意的是卷九《待人门》的以下诸项：

① "上司"十款；② "待二府三府"一款；③ "待州县同寅"一款；

---

① 中国古籍善本书目编辑委员会编：《中国古籍善本书目》史部卷十二《职官类·官箴》，1101页，上海，上海古籍出版社，1991。

② 国立国会图书馆图书部编：《国立国会图书馆汉籍目录·史部·职官类·官箴之属》，271页，东京，国立国会图书馆，1987。

③ 吴廷燮：《明督抚年表》卷三《延绥》，北京，中华书局，1982。又，光绪《铜梁县志》卷八《人物志·名贤》记载："著治谱一书，仕者奉为律令。"蔡懋德、范志完、陈龙正这三人分别在《明史》卷二百六十三、卷二百五十九、卷二百五十八有传。另外，陈龙正为浙江嘉善县的乡绅，是一名均田均役法的推动者（参见滨岛敦俊：《明代江南农村社会の研究》，东京，东京大学出版会，1982）。

④"附郭待各州县"一款；⑤"各州县会问事"一款；⑥"州县于附郭"一款；⑦"同寅"六款；⑧"属州之县"一款；⑨"待前官"四款；⑩"待佐贰"五款；⑪"待巡简"一款；⑫"仓官税课官"一款；⑬"驿官"一款；⑭"待学博"二款；⑮"处人"三款；⑯"士夫"十款；⑰"待学较"十款；⑱"上司衙役"一款；⑲"过往中火"一款；⑳"徒用下马饭之非"一款；㉑"抚按公署预备"一款；㉒"上司住札衙门"一款；㉓"过往宾客"一款；㉔"办下程"一款；㉕"夫马等项批回"一款；㉖"山人诸色人等"一款；㉗"上司差人"一款；㉘"禁上司别处差人"一款；㉙"断别境讼"一款。

由这些标题可知：该书针对刚刚抵达陌生赴任地的地方官应该留意哪些人、事、物，有着极为具体的说明，并且恳切地说明了当时末端地方官署的复杂人际关系里因人而异的应对方式。相较于其他的官箴书多半停留在抽象且简略的记载，该书可说是较为特别。因此，我们将在下一节逐项介绍这些文章。

二、《治谱》所传达的"待人法"

"官"的应对方法

《治谱》卷九《待人门》的二十九个条目内容可以略分为二。一个是对于与地方行政机构内部的官僚以及隶属其中的差人息息相关的群体之应对方法，另一个则是对于与地方行政机构毫无直接关系的当地居民之应对方法。从各自的款数可知：光是官僚的部分，即"上司"就有十款；至于当地居民的部分，"士夫"（也就是乡绅）和"学较"〔也就是隶属于学校的生员〔诸生〕〕也各自有十款，《治谱》将重点置于何处，可说是一目了然。

首先，来介绍"上司"的十款：

一、见上司须将各批来词状等项，一一理会过。或上司问及，便随事问答。其事体有难处者，便委曲商量。若一概事体，都不经心，问事如梦，使平恕上司，或不过计，然亦已念非老成。若遇操切者，贤否从此定矣。

一、上司待座时，上司虽极谦抑假之词色，我辈切不可因而豪放。即抵掌论事，倾怀论人，上司虽不言，已窃异其为轻躁矣。又应对时，凡事体有不知，不可强辩。有差误，不可遮饰。上人自能见谅。若凿空凑合，取便一时，久久为人识破，不值一文。戒之。

一、上司留坐，须察言观色。或情思不快，语言无次，非有别事，则有拂意在怀也。一茶便退，恐久坐生厌。若论事不合，宜姑置勿论，从容乘间言之。若强辩不已，事体虽明，恐生荆棘。

一、上司吩咐事体，如听不明，不妨再问。不可草草答应。待出后问人，恐人以事不干己忽之。将复问乎，抑置其事不行乎。关系不小。慎之。

一、上司即系亲友，切不可狎恩恃爱。大堂众目所在，固当收敛。即在私衙，亦忌放恣。盖末世人情，一自崇高，便欲以礼法绳人。多有生平莫逆，仕路芥蒂，构成大衅者，职此故也。

一、上司留酒饭，力能胜酒，多饮不妨，然不可过。亦不可多言。蔬食菜羹，便须尽饱。若拣择去取，骄贵豪侈之态，见之眉睫，恐为识者所窥。

一、上司系同年亲识，在众中切不可挂之齿牙。人有托为先容者，亦从容谢去，切不可卤莽应承。宁可极力为彼游扬不使知也。若扬扬自任，凡托则应之如响，不惟不能一一皆效，后来有为上司不喜者，必以为我实谤之。

一、上司虽有甚不协人心处，我辈若可进言，不妨委曲开导。切不可对人便数其短。此不惟上司知之，于我有损，恐众人欲结上司之欢，且以吾言为奇货。此当官第一戒也。

一、上司既与我亲识，凡事要避嫌疑。非同众人不私见。即有请，不可频赴。若终日聚谈，众人畏我如虎。凡可中我处，无所不至矣。

一、上司托访贤否。如邻封有不肖者，直以常套开去。即再问，亦不可草草说人之短。恐上司与其人有旧，或漏言为害不小。况贤否得自耳目，未必一一皆实。或贤而被谤，如此心何。①

虽说上司、同僚、下属各有所别，不过，此后自②"待二府三府"至⑮"处人"的部分，皆按照各种状况，具体描述了与来自外地的各个官僚的相处之道。但是，其基本论调也和与上司的相处之道大同小异。也就是说，这些都是针对官僚社会当中应有的一举一动所作的说明，说白一点，其中也包含了许多适用于现代日本社会人际关系的官僚处

① 《治谱》卷九《待人门·上司拾款》。

世之道。就这个意义来看，这些内容可说是具备了超越时代与地域的普遍性。

"吏"的应对方法

接着是关于"吏"的部分。《治谱·待人门》，从⑱"上司衙役"到㉙"断别境讼"的部分针对上司衙役等其他共处于各种官僚社会的人们，以及需要特别关照的人们的应对方法，进行了说明。其记载较为简略。不过，关于胥吏、衙役的话，则是在《待人门》之外的卷二《到任门》有详细的记载。

其《房科事体条约》有如下内容：

> 衙门自吏书而下，无一事不欲得钱，无一人不欲作弊者。老成者见得事体明白。如吏房吏书稽迟听选上纳人等，及不应起送者起送，此便是弊。禁之使不得行，便是革弊。若各项事体，通不明白，空空只言革弊，徒恐为吏书笑耳。
>
> 昔一令颇严，六房畏之。一日无故，唤吏书至，责之云"尔等作弊可恶"。吏书叩首曰"不知所作何弊。愿得一言而死"。令无以应。此后反窥其浅深而作弊者众矣。
>
> 故有司要紧在识房科事体。事体有极琐者，一毫不知便为所卖。待其犯而治之，亦已晚矣。不若将各房事体，或刻作条约，或刻作告示，令人人知所遵守甚便。即此便是堂规。①

①　《治谱》卷二《到任门·房科事体条约》。

之后则是条列了"吏房之弊""户粮房之弊""礼房之弊""兵房之弊""刑房之弊""工房之弊""取供房之弊""库吏书之弊""承发房""架阁库""铺长司吏书""马科吏书""各房通弊""待各役事"等项，同样对其应对方法进行说明。"吏"的应对方法并未收入《待人门》，这是因为作者认为光是这个问题就要特别进行详述，因此将这些危险分子可能会引起的种种弊害，分门别类进行解说，而这种应对方法正是所谓"待吏"。

"士"的应对方法

以上可知，与其他官箴书的作者一样，余自强也认为对胥吏的控制是极为重要的事情。其文章提醒知县要对处于官僚机构内部的官吏多加留意，不过，这也是历来官箴书稀松平常的论点，就"吏"的这个部分来看，《治谱》可说是停留在一般官箴书的范畴。相较之下，《治谱》这本官箴书的特征乃是在于对于当地有权有势的士大夫阶层之应对方法上面。地方官在进行地方统治之际，必须重视的不只是处于官僚机构内部的官吏与胥役而已，还有在当地拥有固定发言权，且担任现役官僚或是具备官僚经验的乡绅，以及与其有所关联的生员等本地知识分子，也就是"士"。① 他们有好有坏，由于对地方行政拥有影响力，因此，一方面乃是辅佐地方官协助施政的存在，但是另一方面，若是发生利害冲突的话，他们就容易转变为抵抗势力。

首先，⑯"士夫"里，提示了十种对于"士夫"（即乡绅）的应对方法，如下：

———————

① 参见本书 61～64 页。

一、士夫自有定礼。傲慢不可，亦不可过于卑逊。足恭不可，亦不可过于直遂。大都委曲谦恭，嚬笑俱不苟者，谓之"内不失己，外不失人"。

一、士夫有据要津者。若有心傲慢，以博名高，不但贾祸，抑亦非礼。然奔走门墙，听其指使，或杀人媚人，奔走纳贿，丈夫能无愧乎。况时事转盼不常，尤宜切忌。

一、士夫虽有大小，我辈精神，要一一贯洽。若一坐中，惟择显奕者奉承之，略不及于众人，大无颜色。议论嫌隙，或从此始，慎之。

一、有司之在地方，全在节制士夫，使小民有所恃而无恐。若唯唯诺诺，惟士夫是听，赤子其渔肉矣。然所以节制之者，只在无偏无党，端毅廉平。使一念至诚，为士夫所信服，至"宁为刑罚所加，无为陈君所短"，此为最上。其次则随事斟酌，久久自然相谅。切不可先横一不畏强御之心。一有此心，便以裁抑士夫为公道。事事必不得其平，非所以服荐绅之心也。

一、通显士夫，有门生故吏满天下者。有位虽不尊，而交游遍海内者。如有求于州县，即人未必贤，待之不可无术。果事体无大关系，须曲处含忍。若因一时小忿，欲借此以为名，恐有后悔。

一、士夫与小民讼。其中果无大关系，士夫无大失理，宁使士夫得几分便宜，小民乃能安分。一有偏重小民之心，士夫将不得安枕。待已甚而反之，已失士夫之心矣。

一、士夫喜嘱托，自尊大者，此不难处。惟横行不顾，鱼肉小民，官司略以三尺绳之，便诽谤讦害，理不可谕，法不可行，前官被其媒孽不止一人，此便难处。然亦吾侪之疢疾也。吾侪自守一不正，处事一不当，便示人以短，安得不制于人乎。若有赵清献之清操，包孝肃之严毅，彼虽巧言如簧，谗言如毒，将安用之。又须处之有道。凡彼与人角是非曲直，一秉至公，又稍加曲全，久之，自然畏服。若因其素行之不端，欲借一事以示法，更不察其是非，彼且有词于我。待小人者，不可不知。

一、士夫之家，往往有投献之事。各处不同，其害不可缕举。然十步之内，必有丰草。恐小民刁告，切不可泾渭不分，使贤者含怨。且移风易俗，必以其渐。若任一时意气，即将以前者，一一退出，恐刁风四起，清浊不分，无益有损。

一、士夫或被人牵告，止许家人代理，票中不得开士夫姓名。若系上司词状，开而不点。倘令士夫亵衣小帽，出入衙门，岂独同乡士夫有狐兔之恨，即我辈亦当设身处地也。盖士夫即有罪大恶极，问明后自有三尺在。又必于其中常存不得已之心，委曲处置。此仁人君子之心，忠厚长者之道也。

一、孝廉与士夫等。其中即有年齿稍长，性气欠中和者，待之俱不可无礼。事难遥度，知得鹿者谁乎。少有不当，未免徒增一敌。若有至情相托，须委曲处之，但不可病民。上舍之礼，有与诸生同者，有与诸生稍不同者。简僻小方，间有与孝廉雁行者。有司每过情裁抑，非也。情不可恕，理无所妨者。但有衣冠，皆宜全其体面。惟白丁市井，太宽则纵，不可不使之安分耳。礼貌照地方行，不可傲慢。①

如果将以上关于士夫的应对方法，与前述上司的部分互相比较的话，可以发现其论调有些许差异。也就是说，上司的部分乃是一味地列举了身为部下所应该做好的事前准备，以所谓官箴书之立场来对地方官单方面的官僚道德规范进行说明，丝毫未见对于上司整体状态的评价或是批判。另外，士夫的部分虽然也和上司的部分一样，强调不可以有失礼的行为举止，但是，却不停地要求知县要对士夫的行动提高注意和警觉。这里，尽管就阶层而言，士夫也是同属知识分子，但是《治谱》却认为士夫与官僚机构内部的上司是有所区别的。另外，对地方官而言，举人也和士夫处于同样地位。对于这样的人群，其应对方法乃是"傲慢不可，亦不可过于卑逊"，并且建议知县要"委曲"，也就是尽管对于现状有诸多不满，但是唯有妥协让步才能求全。又，他还要求地方官要抱持严正的态度，纵使是霸道蛮横的士夫，仍然要顾及其颜面。如果士夫与小民相争的话，则是"宁使士夫得几分便宜，小民乃能安分"，认为尽量不要偏向小民的意向。就整体来看，建议地方官对士夫要克制个人情感的基本论调，可说是其特征。

接着，关于以生员为中心的官僚后备军，⑰"待学较"同样分为十款，来说明如何与这群士人应对，其内容如下：

---

① 《治谱》卷九《待人门·士夫十款》。

一、守令在一方，须是使一方民风士俗焕然聿新，才是化行俗美，才是有用学问。然则兴起学较，安可视为第二义乎。每见往时州县，惟恐诸生之纷扰也。无贤不肖，自朔望行香后，一概以虚文。笼络之，宽假之，或拒绝之，皆非也。我辈既为士民父母，则子弟之不肖皆父母之责。诚一念惓惓，以兴起斯文为己任。培养教训，一一如父兄之为子弟。凡诸生中有不若于训者，只责备自己工夫未到，则即此一念金石可贯。久久将有真材辈出，使守令受养士之报。诸生梗化，又何足虑乎。识者详之。

一、诸生州县季考，儒学月考，此定例也。到任三月，须即为之。阅文不可执一，又不可听人嘱托。盖诸生苦心极力，岂无知己之思。若使与曳白者雁行，于彼私心，能无刺缪乎。儒学月考，供给出自州县，亦解卷细阅，拔其尤者解合于上司。此作兴诸生之首务也。至于诸生游学者，听其自便，除季考、月考外，每月三会不择不强，听其自至。凡作会之日，本县送题，量送供给。作过会文，送县细阅品第，知有佳文，刊刻示劝。

一、学田以济贫生。有学田地方，须尽数查出，收租择贫者助之。无学田地方，令各里长查有逃绝田地无人承种者，尽报本县，以充学田为诸生周急之地。若贫而有行，或年少好学，不能为生者，具呈儒学，转送本县，当勉强赈助。其无赖者不能遍及，免行混扰。

一、待诸生须是谨之于始。礼貌极恭，然不以言笑假人。事体极宽，然不以三尺假人。使诸生知我辈之可亲而不可犯也。各以礼法自守，自然上下相安。若初下车时，假借太过，则诸生未免以我辈之易与也。各欲行其胸臆，待其已肆，而后痛以礼法收拾之，未必不伤和敛怨也。

一、诸生事一概不理，非也。——准理，则少年喜事者，终日缠扰，亦非。所以正士风须文牒儒学。凡诸生有切己事，状送儒学，择其可准者差人送县准行。如事情可已，面谕诸生，令其以礼自爱，毋得混扰。

一、诸生即有一二不肖，须为众人惜体面。切不可窘辱太过，波及父兄妻子。此不惟全斯文之体面，收一时之人心，亦可观我辈心行。如少年使气之士，或以言语进退之间得罪州县，此可付之一笑也。

一、诸生为他人言事，此是无耻。若父兄子弟之事亦是至情，州县亦须委曲，凡事从宽。若假父兄子弟之势以凌人，必不可不使知法。但诸生之父，非大故不可加刑，亦培植斯文之一事也。

一、生员习恶地方，积习已久，羽翼已成，断不肯俯首守三尺。我辈处之，不可无术。须平时待士有体，择其文行俱优，礼之为上宾，则人人知感，无赖者自无与为党。凡诸生有事，须设身处地，略加优异，不可借此示公。即犯不赦之条，未经学道黜革者，便未可加刑。我之待以礼者，无所不至，而后有时督过，彼始无辞。若一味裁抑太过，其势必至上告下诉，不惟体面不便，且我反无辞于彼。

一、诸生少有进取之望者，必自爱惜。其出入衙门，武断乡曲，胁制有司者，非日暮途远之人，则恶少不知一字者。既不事诗书，无心进取，但三五成群，打街骂巷，捏造歌谣，习以成风。此风不止，宜当堂面试。如文理不通，将始末事情，同元作申详学道。

一、地方习俗，多有跃冶青衿拜认门生者。其始不过持菜果土物，以渐相尝，而后遂至于贪缘关说，以滋诈骗。又甚有往来邻邑，搬梭是非，以致开衅同寅上司者。不知我为一方父母，则一方子衿皆门生也，何故独私此辈。凡遇此等，宜一切谢绝。又谀佞之辈，多有串通衙役，抄访州县行过好事，敛刻德政录或舆诵歌者。未刻则访而寝之，已刻则酬而火之。盖凡士之能誉人者，即其能毁人者也。若不透此情弊，辄为礼遇作兴，不但佞风四起，有过不闻，且大夫上司有识者，必笑我之孟浪轻浮，非黄钟器。而此辈诈骗之害，亦不可言矣。①

这里与"待士夫"的范畴划清界限，将针对诸生（即生员）的应对方法，另外进行陈述。即使生员与士夫同为当地的士大夫阶层，但是在地方官所采取的应对方面，两者的区别是极为明显的。与生员相关的内容充满了极为具体的建议，尤其是其陈述手法并非以某处某人的个别事例为主，而是透过概论来铺陈的这一点值得我们注意。这个概论可说是当时对于生员的一般认识。

总而言之，《治谱》对生员极为露骨地进行批判，相较于士夫，对

---

① 《治谱》卷九《待人门·待学较十款》。

生员的注意与警戒可说是更为强烈。不过，对于生员的应对方法，《治谱》另外也强调："诚一念惓惓，以兴起斯文为己任。"可见对于现况的让步。又，与对于士夫的应对方法一样，这里同样强烈要求地方官必须采取严正的态度，认为唯有如此才不会让生员有机可乘。如"生员刁恶地方，积习已久，羽翼已成，断不肯俛首守三尺"所言，很明显，《治谱》对于生员的评价是负面的，但是尽管如此，《治谱》还是强调地方官应该要以礼相待，借此促成生员自身的反省，千万不可采取强硬的应对方式而有损其颜面。

《治谱》卷九的《待人门》，对于"上司""士夫""生员"这三个范畴分别设置了十款，可见他们在地方官的职场环境中所起的影响极大。其基本论调乃是：地方官要透过律己的方式与他们相处，并且以"委曲商量"为武器，来解决问题。这种看法不只限于对于上司和士夫的应对方式，就连生员的部分，亦是共通的。

促成这种论调的背景应该如下，即地方官乃是背负着王朝国家的使命，得在各个州县实现其统治人民原理之代理官员，如果希望圆滑地经营地方政治的话，势必得仰赖身为当地实力人物的"士"之协助，在他们的协助之下，才能抑制种种势力的批评声浪。但是，"士"并非时时刻刻都是忠实地担任官与民之间的桥梁，来补足官僚制度的，而是随着地方官的应对方式，有的时候甚至有可能转身一变成为阻挠地方政治的反抗势力。因此，不光是对于愿意合作的"士"，必须以礼相待，对于不肯合作的"士"，更要避免地方官单方面的抑制而有损他们颜面的情况。不过，"士"也并非从头到尾都是反抗分子，有的时候为了在地域社会确保较为安定的地位，反倒会积极地与地方官构筑关系网（network），借此希冀自身权威的扩大。这个时候，"士"就可能会成为协助地方政治的同盟势力。其结果就是地方官认为向"士"提供特别的关照，才是上上策。在中央朝廷以及取缔官僚不正行为的监察官眼里，地方官的这种态度经常被视为"徇庇"，地方官也就成了弹劾的对象。在这种情况下，贤明的地方官在进行地方治理时，必须按照状况，灵活地运用原则上的应对方式（依照中央意向而采取强硬的应对方式）与实际上的应对方式（依照地方的意向而采取灵活的应对方式），大体而言不可以侵害地方的权益，借此获得当地势力的协助，这才是最为要紧的事情。只有掌握这些诀窍的人才能圆满达成身为地方官的任务，最后获得"名官"的荣誉。而拥有官僚经验的前辈们透过亲身经验，总算领会到官僚们彼此心照不宣的默契后，对于那些挥舞着观念上的正义旗帜，结果往往在地方治理方面尝尽苦头的年轻后辈们，将自身经验整理为文章、手册，传授给这些后辈们的实用忠告，正是官箴书所提倡的"待士法"。

三、待士法的渊源

若是如此，"待士法"是从什么时候开始出现在官箴书中的呢？实际上，官箴书当中加入了许多重视人际关系的记载，乃是自宋代官箴书开始普及的时候就已经存在的特征了。宋代以来所刊行的官箴书里，关于人际关系的部分可说是占了不少篇幅。

狭义的官箴书最早诞生于中国的时候（也就是宋代），包含了与上司的相处之道在内的官僚社会行动规范即为其主要关注点，例如，《作邑自箴》[①]或是《州县提纲》[②]等官箴书皆自然而然地将重点放在这个部分。又，如"官箴书之所以大量编纂于宋代，这是因为宋代出现了许多胥吏，其弊害日益严重，于是唤起了有心的政治家的关心"[③]所言，官署的下级吏员乃是这个时代的副产物，对于他们的应对方法也不容小觑。因此，官箴书所注重的人际关系可以分为两种，第一种乃是细分为上司、同僚、下属的官僚群体，第二种则是胥吏、衙役。至于与衙门并无直接关联的地方实力派人物，有的时候会使用"豪强"这个词进行部分说明，但是当时尚无设立单独条目来讨论相关应对方法的趋势。

然而，这个趋势到了 16 世纪，也就是明代嘉靖年间的时候，开始发生了变化。刊行于嘉靖十四年（1535）的《官箴集要》，其卷上的《接人

---

① 《作邑自箴》全十卷，宋李元弼撰，刊年不详，据说是政和七年（1117），撰者担任扬州长官的时候与"乡老先生"之间的谈话促成了该书的问世。其内容乃是由"正己""治家""处事"所构成的"为政之要"130 余节，以及相关的"规矩"与"劝戒"。该书在现存的宋代官箴书中，年代最为久远。关于该书，参见佐竹靖彦《〈作邑自箴〉の研究——その基礎の再構成》（载《東京都立大学人文学部人文学報》238 号，1993），以及同氏《作邑自箴——官箴と近世中国の地方行政制度》（收入滋贺秀三编：《中国法制史——基本資料の研究》，东京，东京大学出版会，1993）。

② 《州县提纲》全四卷，撰者不详，南宋刊（刊年不详），该书乃是出自精通县政结构的南宋士大夫之手，列举 116 条知县须知，卷一主要记载了到任之际的注意事项。关于该书，参见古林森广：《南宋の官箴書〈州県提綱〉について》，载《兵庫教育大学研究纪要》10 卷第 2 分册，1990，后收入同氏《中国宋代の社会と経済》，东京，国书刊行会，1995。

③ 佐伯富：《宋元官箴综合索引序》，收入赤城隆治、佐竹靖彦编：《宋元官箴综合索引》，东京，汲古书院，1987。

篇》设立了《各守涯分》《事上》《处同僚》《择交》《以礼下人》《处患难》《处军职》《待左右》《待小人》《待人己》《分谤》等条目，另外，《驭下篇》则是设立了《吏曹》《六房》《约束吏典》《号令》《威严》《省事》《戒独任》《关防吏典家人》《纵吏下乡》《革弊》《老人》《阴阳医生教读》《只候》等条目，对于各种人际关系，分别进行了说明。① 这些皆是对于官僚社会里的人们的种种注意事项，这一点与到 16 世纪为止的官箴书之记载相较，基本上并无太大变化。但是，《宣化篇》的《抑强》里，有以下文字：

> 凡州县多权豪势要之家。或前朝官吏，或当处霸户，倚势结构官吏，凌虐细民。或刻众肥家，多取利息。或抑良为强，或私和重事，或骗人田土，或强葬坟墓，或欺人孤寡，或夺人妻妾，伤风败俗，欺公罔法之事，靡所不为。官员到任之初，此辈巧寻门路，以求一见，稍与交接，则小民受抑无伸。为政者当抑强扶弱为先。②

这里将当地的实力人物称为"权豪势要"，如何抑制这些人的蛮横行为，乃是进行地方治理的要件之一，从特设条目进行说明的这一点来看，可说是和以往的官箴书大相径庭。

又，自序的作成年代为嘉靖十二年(1533)的《牧鉴》乃是以现成的

---

① 《官箴集要》全三卷，明汪天锡撰。根据徐阶的序文可知撰者为浙江仁和县教谕，不过，细节不明。

② 《官箴集要》卷上《宣化篇·抑强》。

经史百家之言为基础的一本官箴书，卷八《接人》设立了"士夫""僚属""吏卒""小民"等项。① 接着，序文的作成年代为嘉靖三十三年（1554）的《初仕录》则有《崇本篇》《立治篇》《无弊》《吏属》《户属》《礼属》《兵属》《刑属》《工属》等篇章，关于待人法的记载可见于《无弊》当中的《承上司》《处僚属》《防吏书》《驭门隶》，以及《礼属》当中的《励学校》《礼士夫》等条目。② 虽然这些皆为简单的记载，但是，我们可以确认的是，在待人法里，有关"士夫"的条目已经愈来愈多了。

另外，《国子先生璞山蒋公政训》则是设立了"谨始""治己""处人""御下""治体"这五类，"处人"类的《处同僚》《应士夫》《处生儒》《慎事使》《豫细事》《勤小物》等条目，以及"御下"类的《御吏皂》和《清吏役》都提到了待人法。③ 又，其卷首的《莅官总要》记有"廉洁以守自己，谦和以待士夫，忠厚以待寮友，慈祥以抚百姓，勤慎以事上司"等要点。④

我们将时代稍微快转，接下来看刊行于万历二十六年（1598）的《实政录》。这本书乃是担任过山西大同县知县等华北地方官僚的吕坤将任官期间所颁布的文章汇集而成的，当中提到了不少对下属进行管理的

---

① 《牧鉴》全十卷，明杨昱撰。撰者曾任山东朝城县与江西都昌县两地的知县。见张伟仁主编《中国法制史书目》第 1 册（台北，"中央研究院"历史语言研究所，1976）145页，以及陈生玺辑《政书集成》第 6 辑（郑州，中州古籍出版社，1996）提要。

② 《初仕录》全一卷，明吴遵撰。撰者出身于浙江海宁县，为嘉靖二十六年（1547）的进士，担任湖北长乐县知县后，最后官至河南道监察御史。

③ 《国子先生璞山蒋公政训》全一卷，明蒋廷璧撰，明刊本。撰者出身于贵州普安县，嘉靖初年，曾为四川青神县的教谕。

④ 《国子先生璞山蒋公政训·莅官总要》。

要点，因而广为人知①，在卷一《明职·科甲出身》，更是针对乡绅的行为，有如下的描述：

> 居乡又复多罪。或强买宅田，或凌逼债息。或嘱托官府，或把持市行。或纵子弟仆隶横于乡邻，或恃知旧衙门快心仇敌。或阻抗钱粮，或滥希优免。或多役人夫，或讨占便宜。州县畏其凭社，莫敢谁何。监司耻其负涂，无能拂逆。昔人云："士君子在朝美政，居乡善俗。"又云："出为名宦，入为乡贤。"彼衣冠名器，岂为恶之资耶。负国殃民之罪，科甲人独百于诸曹矣。②

对地方官而言，这些当地的权势阶层也和他们一样同为士大夫，但是，地方官却将当地实力人物视为"必须抑制的对象"，乃是与官署内的上司或是同僚迥异的存在。

关于当地的权势阶层（特别是乡绅），不论好坏，其具体的名字都会频繁地出现在公牍或是奏议等当时实际刊行的文书里。又，部分地方志与文集亦有详细的记录。官箴书当中也开始出现这类文章，这可说是地方官对于人际关系的兴趣已经从原本的官僚机构内部人群扩大至 16 世纪新兴社会阶层之佐证。地方官正是在暗中摸索如何与这种新兴势力应对的状态下，不得不执行地方政治的。

---

① 《实政录》全七卷，明吕坤撰，明万历二十六年（1598）序刊本。撰者出身于河南宁陵县，为嘉靖二十六年（1547）的进士，先是担任襄垣县与大同县的知县，历经山西巡抚，最后官至刑部侍郎。
② 《实政录》卷一《明职·科甲出身》。

我们也可以从这个脉络去解读《治谱》里相关记载出现的意义。另外，不管是详细的程度，或是具体性，《治谱》都是出类拔萃的。就这个意义来看，该书理应在当时的官箴书当中获得极高的评价，并且拥有众多的读者。但是，事实却不尽然。这也许是因为该书刊行于明代末期，在毫无余力去回顾其价值的状态下，《治谱》一书就这样不知不觉地淹埋在兵荒马乱里了。

针对宋—明代提到待人法的主要官箴书进行概观的时候，可以读出以下的大略走向。一方面，待人法中的"官"与"吏"的记载在各个官箴书之间，并无太大的差异，又和清代的官箴书亦无明显的差异。"吏"乃是待人法的一个重心，只要其深受地方社会的结构影响，我们就可以推测自宋元到明清的这段时间，地方官对其的应对方式应该也出现了某些变化，但是，光从官箴书的记载，还是难以完全证实这个推断。另一方面，与地方势力应对的方式之相关记载则有明显的差异。首先，宋元的官箴书往往将地方势力称为"豪强"，将其视为"应该抑制"的对象；另外与士人应对的方式，则无相关记载。关于宋代地方行政里与地方实力派人物合作的必要性，已有专文研究。① 不过，宋元官箴书所提倡的待人法当中，士人却未占太大的比例。即使有的时候士人会包含在"豪强"内，但是，对当时的官箴书而言，豪强乃是"应该

① 大泽正昭《主張する〈愚民〉たち——伝統中国の紛争と解決法》(东京，角川书店，1996)，冈元司《南宋期温州の地方行政をめぐる人的結合——永嘉学派との関連を中心に》(载《史学研究》212 号，1996，后收入同氏《宋代沿海地域社会史研究——ネットワークと地域文化》，东京，汲古书院，2012)，今泉牧子《宋代の県令の一側面——南宋の判語を手がかりに》(载《东洋学报》87 卷 1 号，2005)等。

抑制"的对象，而非协助县政的人物。

刊行于明代，特别是嘉靖（16世纪）以后的官箴书当中，被视为"应该抑制"的对象之乡绅陆续登场了，又在同一时间，也出现了将"士夫"独立出来进行说明的趋势，他们通常被描写为"纵然有问题，但仍应合作"的对象。所谓乡绅，被视为在明代中期以后的社会流动化当中所形成的一种社会阶层，官箴书的待人法所见的变化似乎与乡绅的出现互相吻合。17世纪的官箴书待人法继承了明代的这种趋势，针对与乡绅应对的方式，开始进行更为详细且慎重的说明。这也许是因为乡绅在清初地方社会的影响力极大，知县往往苦于如何与他们应对，因此，重新透过官箴书来追求其中诀窍的需求也就逐渐增加了。

四、清代官箴书对于待士法的继承

雍正帝命令田文镜等人于雍正八年（1730）作成，且颁布于全国的官箴书《钦颁州县事宜》里，有关于待士法的内容，如下：

> 绅为一邑之望，士为四民之首。在绅士与州县，既不若农工商贾，势分悬殊，不敢往来。而州县与绅士，亦不若院道司府，体统尊严，不轻晋接。然其中优劣不等，淑慝攸异，则待之固自有道。待之之道无他。曰以礼法绳之而已。有等凭借门第，倚恃护符，包揽钱粮，起灭词讼，出入衙门，武断乡曲者，廉访确实。是必具详参革，严加惩处。使顽绅劣士，知所敛迹，不敢妄为。盖稂莠不除，非所以植嘉谷也。残暴不去，非所以安良善也。

果其爵尊望重，德邵年高，品行端方，学问宏博者，有司临
莅是邦，则交际自不可少。地方利弊，可以采访，政事得失，可
以谘询。岁时伏腊讲射读法之余，可以亲正人而闻正言。上之有
裨于吏治，次之有益于身心。所谓事贤友仁，端在乎是。正不必
以谢客为高也。惟是绅士家人子弟，必豫为告诫，而有犯即惩。

绅士之馈送礼遗，当婉为谢绝而一物不受。事非切己，毋令
干预以滋弊。法不容情，毋为袒护以长奸。总之，款接不可不恭，
酬酢无庸太密。此其所以敦体统而杜奔竞也。若夫拜门生，讲世
谊，贷银钱，假什物，则皆大碍官箴，甚干功令。有司正己率人，
慎勿蹈之。如此则轻重得宜，礼法兼备。而于待绅士之道，其庶
几矣。①

也就是说，这里一方面将乡绅抬举为"一邑之望""四民之首"，期
望他们能够扮演国政协助者的角色，一肩扛下实现皇帝一元性统治之
重担，另一方面则是将他们那些阻扰地方政治的行动，特别是生员阶
级的不法行为视为"应该抑制的对象"，认为对其严加取缔才是王朝国
家的基本态度。这乃是清朝入关以来一贯的方针，而地方督抚也不断
地发布着同样主旨的告示。

历经明代末期的动荡不安后，在社会重拾安定的康熙年间恢复刊
行的官箴书多是遵守王朝国家的这个大方向，不过，同时之间，却也
展开了语气稍微不一样的议论。其中最具代表性的官箴书乃是《福惠全

---

① 《钦颁州县事宜》卷一《待绅士》。

书》。《福惠全书》所提倡的待士法，对于明目张胆从事不法行为的当地士大夫阶层，并非单方面进行裁断，而是冀望透过地方官的道德感化以及受其感召的地方势力之反省，来圆满解决问题，由此可见《福惠全书》为了避免硬碰硬而引发严重事态的用意。① 基本上，这也和《治谱》的路线是一致的。

这里要顺道一提与《福惠全书》几乎是刊行于同一时期的两本官箴书。一本是郑端《政学录》五卷。关于该书，已知中国社会科学院法学研究所图书馆藏有道光十二年（1832）的刊本，不过，收录于《畿辅丛书》（刊行于 1936 年）的版本较为普及。② 撰者出身于直隶枣强县，为顺治十六年（1659）的进士，以翰林院庶吉士为起点，开启了他的中央官僚生涯，其后转而担任湖南按察使、安徽布政使、偏沅巡抚、江苏巡抚，可说是一名重量级官僚，康熙三十一年（1692），在江苏巡抚任内病逝，得年五十四岁。③ 该书卷一述及中央官僚，卷二则是地方官僚，卷三为地方官的执行任务须知，卷四为吏治的整体状况，对于清代的行政实施过程中所形成的种种弊害，进行了详细的解说。卷三有《初任事宜》《日行规则》《居官立政》《四事箴》《十害箴》《戒石铭》《事上接下》《清均地土》《改复过割》《编审均徭》《征收钱粮》《兑量漕米》《查盘仓库》

---

① 《福惠全书》卷四《莅任部·待绅士》。

② 前引《中国法制史书目》第 1 册，第 167 页有关于《政学录》"初版"的说明："五册，五卷。书前有著者序，年分不详。清刊本，刊印者及刊印年分不详。"《畿辅丛书》所收的版本皆收录于《政书集成》与《官箴书集成》。另外，徐梓编注的《官箴——做官的门道》（北京，中央民族大学出版社，1996）亦收录了《政学录》的部分内容。

③ 郑端：《日知堂文集》卷六《履历》。

等十三个条目。其中，《事上接下》的记载大部分与《治谱》重复，十分耐人寻味。也就是说《治谱》卷九《待人门》①当中的七款、⑥⑦当中的一款、⑨当中的两款、⑩当中的两款、⑭当中的一款、⑮⑯当中的六款、⑰⑱⑲皆分别收录于《政学录》。接着，《初任事宜》《日行规则》亦收录了《治谱》卷二《到任门·待各役事》当中的部分文章。郑端在自序里提到，自己在编撰《政学录》之际，主要以任职于工部期间所收集的时务册数卷为基础，除了《实政录》以外，同时也参考了《治谱》，因此，卷三以《治谱》为基础一事，乃是千真万确的。①

另一本则是孙铉《为政第一编》八卷。其中收录了康熙四十一年（1702）钦天左监邵泰衢的序文。就笔者所知，完整的刊本藏于中国社会科学院法学研究所图书馆。②该书将"时宜""刑名""钱谷""文治"四个部分分为上下，各自有二卷。其中卷二《时宜下》，待人的各个条目，即《承上司》《待二府三府》《属州之县》《附郭待各州县》《州县于附郭》《待同寅》《各州县会问事》《待前官》《待佐贰》《待学博》《待乡绅》《待学校》，

---

① 《四库全书总目提要》卷八十《史部三十六·职官类存目》记载："国朝郑端撰。端字司直，枣强人。顺治己亥进士，官至江南巡抚。是编原本吕坤、佘自强两家之书，而参酌之。内而阁、部、科、道，外而督、抚、司、道、守、令，应行事宜，咸载利弊。"

② 就笔者所知，该书除了法学研究所之外，亦收藏有：（1）国立公文书馆内阁文库，（2）哥伦比亚大学东亚图书馆（Columbia University, C. V. Starr East Asian Library），（3）北京大学图书馆。其中我们日本人最为容易入手的乃是（1），但是，其收藏的版本欠缺卷二。（2）所收藏的版本为《为政第一》四卷，欠缺卷五以后的部分。（3）则是《为政第一》八卷，并无欠卷，但是，《时宜》与《刑名》皆为后世抄写而成，有不少错误。另外，该书封面记为"西湖孙可庵手辑二编即出，翻刻必究，本府藏校"，可知孙铉预定亲自出版续编，《为政第一编》乃是以此为前提所作的书名。不过，最后并未刊行续编，其稿本的所在地亦下落不明。

大部分收录了《治谱》卷九《待人门》的文章。又，后半的胥吏对策也是以《治谱》卷二《到任门》的文章为基础。关于撰者的详细经历，我们仍不清楚，不过，《四库全书总目提要》有对该书的简单说明。据此可知，撰者"字可庵，钱塘人"①，出身于浙江钱塘县。但是，该地的主要地方志里却无孙铉的名字。②邵泰衢的序文提到"孙子可庵，负经济才，读经济书，论经济事，博考泛问，目穷手诣，寒暑不间者二十余季矣。游京都，名日益起。鲁晋闽豫之当事，无不延为上宾"③。由此我们可以判断该书的撰者精通地方政治，在当时可是小有名气的幕友。撰者虽未提示文章的出处，但至少该书的"待人"主要以《治谱》为依据，这是毋庸置疑的。

这些官箴书收录了不少以《治谱》为底稿的文章，而我们应该如何思考这些官箴书得以同时刊行的理由呢？想必这是因为在明清交替的兵荒马乱之中为人遗忘的这些处事方法，到了康熙时代重新获得肯定评价。毋论《福惠全书》，收录于《政学录》和《为政第一编》的文章内容也不只是出现在这些书里而已。若我们考虑到某个人基于特定经验所作成的官箴书乃是以适用于环境相异的其他地域为前提，予以刊行且获得读者们的购阅的话，那么，尽管作者必须考虑到限定于某些地域

---

① 《四库全书总目提要》卷八十《史部三十六·职官类存目》记载："国朝孙铉撰。铉字可庵，钱塘人。其书所载皆州县职事。分时宜、刑名、钱谷、文治四类。条目琐碎，议论亦鄙。盖幕客之兔园册，不足资以为治也。"

② 康熙二十五年(1686)与乾隆四十九年(1784)刊《杭州府志》，以及康熙五十七年(1718)刊《钱塘县志》，等等。

③ 《为政第一编》邵泰衢序。

的特殊状况，但是我们还是可以在书中发现一些不论赴任地为何处，普遍适用于当时中国地域社会整体的共通处方。

那么，这个处方上面写了什么呢？当明末清初的地方官为了顺利实现对地方的统治，实际上特别令他们感到焦头烂额的正是打从一开始就不期待能够"透过道德来感化"的惯犯，也就是"万恶不赦的士大夫阶层"。其中，或许也有地方官坚信自己的庞大权力，扮演着满腹理想且试图伸张正义的"清官"，坚决扫荡这个万恶不赦的士大夫阶层。不过，黄六鸿斩钉截铁地主张这种清官式的地方治理是无效的。[①] 话虽如此，若是反过来容忍万恶不赦的士大夫阶层的话，地方官自身反而会成为上司或是监察官的弹劾对象，无法保全其职位。地方官是如何理解这种实际状况且得以领会到地方治理的诀窍的呢？沿袭《治谱》及其记载的清初官箴书可说是为其提供了一个线索。

也就是说，不管对方如何，地方官都要在严格律己上面竭尽全力。以《治谱》为首的众多官箴书都提倡地方官要积极地"成为士民之父母"。对于宛如赤子一般的万民，皇帝乃是坚信仁爱可以感化他们的"父母"，同样地，身为皇帝代理人的地方官对于管辖地域的住民，也必须化身为"父母"。就这个脉络来看，地方官既然是民之"父母"，那么，同样也是士之"父母"。如"我辈既为士民父母，则子弟不肖皆父母之责"所言，就算是自家的孩子没有尽到本分，地方官仍然得扮演他们的"父母"。不过，这个时候，所谓"父母"就宛如父母在责备不肯听话的孩子

---

① 《福惠全书》卷四《莅任部·忍性气》。

一般，对于士大夫的反社会行动，虽然不会认真地进行严酷的制裁，但是仍会不断地重复原则性的训斥，借此勉强保留作为"父母"的面子。既然地方官对他们毫无期待，那么就只能律己，然后千辛万苦总算保全了身为"父母"的一点颜面。

就全国来看，清代康熙年间的地域社会里，仍然一贯存在着自明代后期以来的自立势力。对统治中国的清朝而言，如何将这种自立势力吸收至自己的统治机构里，乃是一个庞大的课题，而以上内容可说是自地方统治的现场所提示的一个解答。此后，这些官箴书所提倡的现实路线也将作为"良药"，持续存在于清代地方统治的原理当中。

结　语

本章具体介绍了《治谱》以及继承其内容的清代官箴书当中所见的待人法之内容，也一并提到了明末清初地方的统治结构。

透过这些研究，我们可知地方官于地域社会的定位与性质。的确，地方官乃是背负着使命，得在执政现场实现皇帝"专制统治"之"代官"。但是，当地的权势阶层并非时时刻刻都是担任官—民之间的桥梁且补充官僚制度的存在，至少在负责执政现场的地方官看来，根据其应对方式，有的时候地方权势阶层也会成为阻挠地方治理的棘手人物。因此，地方官不得不对他们进行特别关照，那么，地方官所背负的王朝权力之样貌，也就和中央有着些许差异。不过，话虽如此，地方官在地域社会所行使的力量并不算小。地方官在地域社会或许是与民间团体或是与地方实力派人物相当的权威之一，甚至我们不得不说，地方官能够管理经营该地的地方行政，其庞大的政治权力往往凌驾在其他权威之上。被认为是地方官对抗者的地方权势阶层也并非自始至终都是抱持反抗态度的，若要在地域社会保有安定地位的话，还不如积极地和地方官建立关系，借此分到一些权力，进而增强自身的权威。又，尽管"百戒"是不可能的，但是，只要地方官的干劲一来，当下所执行的"一罚"就绝非小可。当地方实力派人物畏惧地方官的"一罚"，于是对其百依百顺的时候，根据其应对方式，这些地方实力派人物在地方官眼里，也可能是协助实现地方统治的同盟者。其结果就是，地方官必须对他们进行特别关照，才是上上策。在这样的地域社会里，地方官巧妙地将原则性世界和现实性世界区分开来：若是原则性世界的话，地方官得成为皇帝的左右手，顽强地实行其意志；如果是现实性世界的话，地方官则要附和当地势力的意向，采取灵活的应对方式。像这样无损地方权益，同时实行中央命令一事，乃是附加于地方官身上的要件，只有无懈可击完成这项任务的人才能获得"名官"之美名。

顺道一提，对当时实际阅读过这些官箴书的新科地方官而言，以上官箴书所提倡的待人法实际上发挥了多大的用处呢？这乃是关于官箴书本质方面的问题，因此，最后要针对这个问题进行思考。

首先要确认一事，也就是官箴书所提倡的待人法对于新科地方官来说，并非都是有用的信息。官箴书多半简略且陈腐，正如其字义所言，乃是"不足资以为治也"，因此，我们实在无法想象新科地方官们会一本接一本持续阅读这样的书籍。其中，特定的官箴书能够获得好评，也不是毫无理由的，例如，大量收录了自身经验，且针对具体的应对方法进行说明的《福惠全书》，提出了与众不同的独特应对方法的《学治臆说》，淋漓尽致且极为具体地说明了应对方法的《治谱》，等等。不过，如果新科地方官们只是全面仰赖这些广受好评的官箴书的话，那么，在各个州县行政的实践方面，仍会有隔靴搔痒之感吧。登场于待"官"法的上司基本上是有分寸、清廉且具备常识的官僚，对于理应存在于现实里的"不像话的上司"的应对方法，官箴书几乎未触及。相反地，登场于待"吏"法的胥役则尽是一些"狡猾恶毒的吏员"，对于他们的应对方法自始至终都是聚焦于严格取缔胥吏的不正行为这一点。不过，如果地方官在现实的政务上必须获得他们的协助的话，那么，就不能说只有严格的应对方式才是有效的。官箴书打从心里将胥吏看成是"恶人"，由此，我们可以察觉到士大夫对于胥吏某种程度的差别意识。的确"恶人"的存在乃是事实，但是，顺服于官的"善良"胥吏亦不在少数。尽管如此，几乎大部分的官箴书都没有提到与善良胥吏的应对方法。或许是官箴书的作者觉得没有必要和他们应对吧。登场于待"士"法的地方实力派人物随着地方官所赴任的地点，也理应有形态方面的差异，如进士辈出如群星璀璨的地方，或是诸生对地方政治发挥极大影响的地方，或是宗族的影响力极大的地方，等等。因此，不同地域也就需要各式各样的应对方法，然而，官箴书几乎没有提到这种地域差异，就这一点来看，官箴书的待人法纵然是一种实用手册，也仍然有其局限。

因此，地方官在治各个州县时所依据的信息来源，并非只有官箴书而已。如同《治谱》这一段贴切的说明："选后，或遇前官，或遇本处士夫，及邻封游宦者，须细问民情吏弊……一一记之纸笔。即我师也。"①向消息灵通的人们多方打探，才能获得主要且有用的信息。对地方官们来说，透过这个方式获得各个地方不同状况下的实际职场情况，且根据状况进行灵活的应对，才是最佳的办法。

尽管如此，为什么还是有新科地方官想要透过官箴书来获得信息呢？虽说官箴书多为一般情况而论，不过，或许这些新科地方官乃是为了从官箴书的字里行间去读取只有实际体验过地方统治的人们才能领会到的默契吧。若是如此，作为将地方官引导为"名官"的指南书，官箴书在当时的社会里持续保持着一定的需求且承继于后世，到了今日，总算具备了作为史料的固有价值。

---

① 《治谱》卷一《初选门·访地方事》。

第三章 "衙蠹"的意义

——清初的胥役与地方统治

凡衙门中均有陋规。今届蒲节，若辈照例往收，而杨则一钱如命，靳不肯予，以致积成怨恨，乘机欲陷以罪。

——《点石斋画报》贞集十期《蠹役惊人》

前　言

在上一章，笔者透过地方行政的实际运作状态（换句话说，就是地方官对于地方势力的应对方式），针对清朝对于中国地方社会的统治及其结构，进行了思考。本章则要针对"衙蠹"以及这个称呼所涵盖的背景，进行进一步检讨。

所谓"衙蠹"指的是配置于中央、地方衙门各个部门的下级吏员，为胥役之别称，而胥役当中又包含了负责行政事务的胥吏（亦有书吏、吏胥、吏书等别称）与负责杂役的衙役。

关于胥役，目前为止的研究一般而言多将其描述为两种形象。一种乃是仗着自身工作所获得的权力而引发贪污、危害的形象，《清国行政法》的"吏胥大部分组成了一种阶级，其对于实际行政所带来的毒害不少"①，以及服部宇之吉的"书吏当然因为长期待在衙门之故，做了许多坏事，相当清楚做坏事的方法"②为其先驱。另一种则是小山正明等人所描述的形象，即成为乡绅的"爪牙耳目"或是"鹰犬"到处为非作歹的形象。③ 不管是哪一种形象，将代表他们本体的"胥""吏""书""役"等名词，与"刁""猾""奸""恶"等形容词互相组合后，所形成的"刁胥""刁吏""刁书""刁役""猾胥""猾吏""猾书""猾役""奸胥""奸吏""奸书""奸役""恶胥""恶吏""恶书""恶役"等用语交错出现于史料里，其结果就是，即使在研究方面，胥吏也往往被理解为负面的形象。④

那么，"衙蠹"的"蠹"是什么意思呢？《康熙字典》记载："《说文》作

---

① 临时台湾旧惯调查会编：《清国行政法》第 1 卷下，184 页，东京，汲古书院，1972，再版(1905，初版)。

② 服部宇之吉：《清国官制及选叙》(收入清国驻屯军司令部编：《北京志》第 11 章，1916)，见《清国通考》附录 70 页，东京，大安，1966，再版。

③ 小山正明：《赋、役制度的变革》，收入《岩波讲座世界历史 12：中世 6》，东京，岩波书店，1971，后收入同氏：《明清社会经济史研究》，东京，东京大学出版会，1992。

④ 关于清代胥役的研究如下：细井昌治《清初の胥吏——社会史的一考察》(载《社会经济史学》14 卷 6 号，1944)；T'ung-tsu Ch'ü (瞿同祖)，*Local Government in China under the Ch'ing* (Cambridge，Harvard University Press，1962)；宫崎市定《清代の胥吏と幕友——特に雍正朝を中心として》(载《东洋史研究》16 卷 4 号，1958，后收入《宫崎市定全集》14 卷《雍正帝》)；藤冈次郎《清朝における地方官，幕友，胥吏及び家人——清朝地方行政研究のためのノオトⅡ》[载《北海道学艺大学纪要》第 1 部 B (社会科学编) 12 卷 1 号，1961]；刘小萌《胥吏》(北京，北京图书出版社，1998)；Bradly W. Reed，*Talons and Teeth：County Clerks and Runners in the Qing Dynasty* (Stanford，Stanford University Press，2000).

蠹。省作蠹。象蚰在木中形。"原来指的是不知不觉之间在木头或是书籍上蛀洞的害虫。又，若是作为动词的话，则是"侵蚀毁损"某事物的意思，如"蠹国""蠹民""蠹政"等。因此，所谓"衙蠹"指的就是"身处衙门，寄生于国家，宛如害虫一般侵蚀其支柱的胥役"。"衙蠹"也和"蠹胥""蠹吏""蠹书""蠹役"等同样是频繁出现于清代行政文书的用语，不过，和刚才列举过的"刁""猾""奸""恶"等一般性"邪恶表现"不太一样，"蠹"这个字似乎包含了某种特殊的含义。

若是如此的话，为什么要特地使用"衙蠹"或是"蠹"这个名词来称呼胥役呢？本章将以这个问题为线索，试图厘清清朝地方统治结构的一个样貌。

一、顺治题本与"衙蠹"

"衙蠹"这个名词出现于行政文书一事，绝非"和胥役的历史一样悠久"。笔者认为这个名词最早开始于明末，在清代（特别是自顺治年间至康熙前半期的这段时间）日益显著。也就是说，我们可以将"衙蠹"视为显示了 17 世纪胥役特征的一个名词。①

我们以收藏于台湾"中央研究院"历史语言研究所的清代内阁大库原藏明清档案为主，尝试调查"蠹"这个字究竟在档案中出现了几次。众所皆知，该研究所所藏的档案乃是由 1949 年移至台湾的三十一万件

---

① 关于其根据，参见山本英史：《清代中国の地域支配》，146～147 页，东京，庆应义塾大学出版会，2007。

所组成的。其中一部分的影印本已经出版，是为《明清档案》①，不过，近年由于史语所推动档案数字化，已整理的题本皆能在史语所内进行全文检索。据此，我们可知以"蠹"这个字为标题，或是文本当中出现这个字的档案为463件，其中，崇祯时期（8件）、康熙时期（2件）、雍正时期（2件）、乾隆时期（30件）、嘉庆时期（12件）、道光时期（5件）合计为59件，除此之外的404件皆为顺治时期的档案，且其内容大多与胥役自身或与胥役互相勾结的官僚之贪污行为相关。又，题奏者当中，除了总督、巡抚（163件）与刑部尚书（87件）之外，巡按御史（131件）也占了相当多的人数。另外，关于代表胥役的这个名词，"衙蠹"和"蠹役"的数量几乎不相上下，占了160件左右。

另外，北京的中国第一历史档案馆则是收藏了名为《清顺治朝题本》的档案。作为内阁大库原藏题本的一部分，这份档案存放于北京，由北京大学文科研究所进行保管，乃是日后移交至故宫博物院的顺治、康熙、雍正的三朝题本之一，总计为512卷8403件。北京方面尚未进行数字化，不过，已有此题本的相关目录，分为贪污、刑罚、纠参等43个分类，且记明各个题奏者、标题、题奏年月日。根据这份目录进行调查的话，可知标题当中出现"蠹"这个字的档案为176件。而且，其中的115件属于贪污类。又，题奏者当中，除了总督、巡抚（32件）与刑部尚书（74件）以外，巡按御史（54件）也占了相当人数。另外，关于代表胥役的这个名词，"衙蠹"为84件，占了压倒性多数。

---

① 张伟仁编：《明清档案》，台北，"中央研究院"历史语言研究所，第1期32册，1986，第2期34册，1987。

以上乃是极为粗略的整理，从中，至少可以指出以下三点。首先，在顺治年间的题本里，使用"衙蠹"或是"蠹役"这个名词来抨击胥役的档案相当多；其次，这些内容多与"贪污"相关；最后，则是题奏者当中，除了身为地方行政最高负责人的总督、巡抚以及对地方的报告进行答复的刑部尚书以外，以巡视监察各个地方的巡按御史居多。

这和清朝顺治年间的"整顿吏治"政策有着极大的关联。如前所述，顺治八年(1651)，顺治帝开始亲政后，强化了沿袭明制的巡按御史之权限，且透过派遣监察御史至全国各地的方式，试图扫荡各个地域的"贪官污吏"①，当时，顺治帝曾说："御史为朕耳目之司，所以察民疾苦及有司之贤不肖也。临差之时，必令陛见。朕将地方兴利除弊事宜，面谕遣之。使伊等得亲承朕谕，庶能勤修职业。"②我们可以从这项决定，看见年轻皇帝对于"整顿吏治"的满腔热血。

出现于顺治题本里的"衙蠹"这个名词特别多，其背景当中，确实存在着官僚们必须顺从皇帝的意向来完成自身业务的一定意图。

二、执政者眼里的"衙蠹"

那么，当时的执政者们实际上是如何评价胥役的呢？对于17世纪后半期胥役整体的相关评价，收录于《皇朝经世文编》卷二十四《吏政十·吏胥》的几个意见可以成为我们的参考。当中收录了与胥吏相关的

---

① 山本前引书149~151页。
② 《清三朝实录》顺治八年三月十五日条。

13篇专论,其中就有8篇是17世纪后半期的文章。例如,顾炎武提出:"今夺百官之权,而一切归之吏胥。是所谓百官者虚名,而柄国者吏胥而已。"①侯方域提出:"今天下吏胥之横,何其甚也。"②储方庆提出:"今天下之患独在胥吏。吏之骄横与官长同。搢绅士大夫俯首屈志,以顺从其所欲。小民之受其渔夺者,无所控诉,而转死于沟壑。盖怨之入人深矣。推其所以,则驭吏之道未得,而吏胥之心无所畏也。"③接着,如张惟赤所言:"从来剥削小民,恶莫甚于衙蠹。"④虽然他们是站在各自的立场来分析现状的,不过,皆认为胥吏乃是带来弊害的存在,针对这个"弊害"的实际情况与应对方法进行了议论。

其中,顺治四年(1647),刑科给事中魏象枢有自觉地使用了"衙蠹"这个名词,指出与胥吏相关的种种问题,如下:

> 臣惟,我国家德威广敷,天下大定。即有冰雹蝗螟所在见告,
> 业蒙圣恩,遣员查勘,仰知议蠲议赈,旦夕大需皇仁矣。乃尚有

① 原典为《日知录》卷八《吏胥》。顾炎武出身于江苏昆山县,康熙二十一年(1682)殁。参见《清史列传》卷六十八《儒林传下·顾炎武》。

② 原典为《壮悔堂遗稿》卷一《额吏胥》。侯方域出身于河南归德,顺治中副贡生。其著作《壮悔堂遗稿》乃是《壮悔堂集》的附录,同为康熙三十四年(1695)刊本。参见《清史列传》卷七十《文苑传一·侯方域》。

③ 原典为《储遁庵文集》卷五《议·驳吏议》。储方庆出身于江苏宜兴县,康熙六年(1667)的进士,官至清源县知县。参见《国朝耆献类征初编》卷二百二十《守令六·储方庆》。

④ 原典为张惟赤《入告初编》卷一《为谨陈衙蠹吞噬之害事》。张惟赤出身于浙江海盐县,顺治二年(1645)的进士。参见《国朝耆献类征初编》卷百三十四《谏臣二·张惟赤》。时任礼科给事中的张惟赤于顺治十六年(1659)七月二十九日所奏的上疏里,记载了此文。

贻害地方，为明季大弊未经严行禁革者，则督抚按听用之官舍太杂，道府州县之胥隶太滥也。此其人虽仅衙蠹之微，而其害实关民生之大。地方官果能检身率下，当以清理衙蠹为第一事。盖必剔去奸恶，始可以抚绥善良。惟民间不受吞噬之灾，地方亦不酿意外之患也。倘市棍贼党皆得窜入衙门，将材杂委，名目多端，巡捕承差，额数无定。此辈凶猾，行径甚熟，把持有司，武断乡曲。官长不得知，下民莫敢告。何异民间千百虎狼。至于有司衙役，多者动以千计，少者不下数百。而每一名辄有数人朋应，名曰副差。若非犯法，而营窟藏身，必系棍徒而倚势索诈。如河南之李省、淮安之徐人杰，包藏祸心，顽冥无忌。又如乐安之王应吉、燕永蛟辈，平日则倚官以诈民，遇变则杀官以应贼。总因滥行收用，流毒一方，虽皆置以三尺，臣正恐此外此类尚不乏人也。夫传宣奔走自有正员，书写勾摄亦有额数。果奏政简刑轻之治，则积恶生事之徒将焉用之。伏乞皇上敕下抚按，并行所属道府州县，各将本衙门员役细加审汰，酌立定额，务严察其身家，并无过犯者方准投用。①

魏象枢认为："衙蠹"的问题源自明末的弊政尚未废除，棍徒之所

① 魏象枢：《为安民莫先剔蠹乞赐严加澄汰以祛积弊事》，收入《皇清奏议》卷三。魏象枢出身于直隶蔚州县，顺治三年（1646）的进士，官至刑部尚书。著作有《寒松堂全集》十二卷。参见《清史列传》卷八《大臣划一传档正编五·魏象枢》。本上奏文并未收录于魏象枢的文集，不过，在该文集的附录《寒松老人年谱》中，魏象枢亲口讲道："丁亥三十一岁，是年散馆，授刑科给事中，具有剔蠹、蠲荒等疏。"

以能够成为胥役，仗着权力为地方带来弊害，也是这个原因。接着，他还提到若是对各个地方衙门任用胥役的条件以及名额严格设限的话，将可以防止这项弊害。当时，部分"衙蠹"的"恶名"早已远播至中央的这一点颇有意思。魏象枢的看法与当时必须开始正式对付这一群"衙蠹"的执政者相通。

秦世祯乃是直接负责对付这一群"衙蠹"的代表之一。他来自汉军正蓝旗，顺治四年（1647）成为浙江巡按御史，因为"剔蠹"（也就是剔除"衙蠹"的意思）的实绩获得好评，顺治八年（1651）转任为江南巡按御史，接着，顺治十一年（1654）升任为浙江巡抚。秦世祯致力于顺治年间江苏、浙江的吏治整顿，而其中一环正是对于"衙蠹"的严格取缔。①

秦世祯认为："衙蠹害人，处处皆然，实未有如臣属最甚者。""是去一蠹役，公帑少一人侵欺，民膏少一人吮吸。其于民生吏治未必无小补耳。"②身为巡按御史的秦世祯在结束管辖地域的巡视后，便投身于该地的"衙蠹"整顿。之后他升任为浙江巡抚，也同样在浙江尝试彻底取缔"衙蠹"，并且发出以下告示：

> 衙蠹玷官害民，自昔有之，于今为甚。本院巡按吴越时，留心剔除。自司道以至府州县访拿，惩处执法惟严。近奉严纶，责成督抚，年拿一次，不许姑息，业经通饬在案。今抚浙半年以来，

① 关于秦世祯，参见岸本美绪《明清交替と江南社会——17世纪中国の秩序问题》（东京，东京大学出版会，1999）219～223页，以及山本前引书151～164页。参见《国朝耆献类征初编》卷百五十一《强臣三》。

② 《按吴疏稿》卷一《清汰衙役疏》（顺治八年九月十二日）。

见诸词状，得之风闻，日长月生，曾不少减。盖此辈以鬼蜮之行藏，逞虎狼之虐焰，吮民血而无形，牵官鼻而不觉。蟠结愈久，则凭倚愈深。托迹愈高，则弥逢愈固。浸成当道而莫问匪特窟社之难熏矣。合行拿访以安民生。①

秦世祯透过该告示，命令下属要严格执行对于"衙蠹"的搜查与逮捕。又，他还进行了以下的报告：

臣惟养苗必先除莠，惩暴乃以安良。从来吏治不清，率由猾吏蠹胥丛奸肆虐，遂致害官病民。故臣莅浙之初，即颁布条约，期于力锄蠹恶，以靖地方。复蒙天语申严，益加竞凛。用是遍檄司道府厅留心察访，务使除一奸而一方缓带，剪一蠹而万姓帖席，以仰副衙蠹作奸者该抚一年严拿一次之旨。②

也就是说，秦世祯向上司保证将会采取同样的方针来对付"衙蠹"。

总而言之，对于身为当时执政者的官僚、知识分子而言，所谓"衙蠹"乃是赖在各个衙门不走，并且给官民带来弊害的恶人，当时的执政者往往认为可以透过官方严格取缔（也就是力锄蠹恶）的方法来解决"衙蠹"所带来的弊害。

---

① 《抚浙檄草》卷二《访拿衙蠹》。
② 《抚浙疏草》卷七《恭报赃赎疏》（顺治十三年闰五月二十二日）。

三、"衙蠹"的具体行为

"衙蠹"具体来说是什么样子呢？关于这个问题，我们要透过尚存的顺治题本来看一看"衙蠹"的具体行为。

江宁巡抚土国宝在顺治七年（1650）八月的题本里，针对苏州的状况，有以下报告：

> 职惟，大奸大恶强半窟穴衙门，而官箴因以尽丧。惟长洲县为甚。蠹胥周弘训、虎皂高龙山等皆职严拿究处，于原参知县赵瑾疏中列款有名。……岂料恶迹弥彰，乘知县郭经邦威福下移，是非倒置，旋有巨憨王仲章等相继而起，各张虎吻，肆毒愈狠。①

土国宝提到，民间为"衙蠹"取了各种称号，例如，"招摇于堂上者"叫作"二阁老"，"盘踞于堂下者"乃是"四庭柱"，"窃官之柄，塞官之聪，弄奸于上与下之间者"则是"十知县"②。由于土国宝对其分别进行了详细的说明，因此，接下来我们将对这些称号做一概观。

"二阁老"指的是粮书王仲章与许惟恒。王仲章负责顺治六年

---

① 《内阁大库档案》007599，江宁巡抚土国宝题本（顺治七年八月，收入《明清档案》A012-005）。

② 《内阁大库档案》007599，江宁巡抚土国宝题本（顺治七年八月，收入《明清档案》A012-005）："招摇于堂上者，民间有二阁老之称。盘踞于堂下者，民间有四庭柱之号。窃官之柄，塞官之聪，弄奸于上与下之间者，民间有十知县之谣。假使县官觉察于先，厘剔于后，何致流殃蒙讪，沸腾通国哉。职谨得而备陈之。"

(1649)的漕务，在总计十四扇的地区，向每一扇索取常例银三两，另外，还向每一扇索取盘粮公费银五两。若是有人不肯答应其要求的话，他便怂恿官府动用枷刑。① 许惟恒则是担任顺治六年的柜总（柜书头），在发放给柜书们的工食银当中，扣去常例银，获得了银80两。户房的140名书手因为畏惧他的权力，他便向每一个人索取银2两，总计获得了280两。狐假虎威的情形愈来愈严重，纵使是鲸吞蚕食，依旧不满足。文中分别将他们称为"派兑科敛王阁老"和"掌握钱粮许阁老"。②

"四庭柱"指的则是朱孝、陈卿、张仁甫、高龙山这四名皂快（捕役）。朱孝原先遭到罢免，不过，再度进入县衙门获得权势后，气焰更是嚣张。他进行"比较"（纳税事实的对照）的时候，每一板便勒索银一钱。有人无法满足他的话，就会遭到毒打一顿，因此，乡民都相当畏惧他，仿佛看到蛇蝎一般。同为皂快的陆寿因为过失被逮捕，朱孝亦向其勒索了银50两。陈卿则是手执殊票（逮捕票）私自逮捕经催陆成吾之兄陆裕吾，勒索银40两，又假借殊票，锁拿粮书顾肇先，勒索银20两。张仁甫则是以殊票为借口，向负责预备仓的顾言勒索了银20两，又手执殊票，将歇家张君甫和朱阿周等人押走，勒索银50两。高龙山则是逮捕了七都的民夫，向乡民勒索银100两，其恶形恶状已有多年，

---

① 《内阁大库档案》007599，江宁巡抚土国宝题本（顺治七年八月，收入《明清档案》A012-005）："如王仲章粮书也。营管六年分漕务，计一十四扇，每扇索常例银三两。又索盘粮公费，每扇银五两。稍不遂欲，耸官枷责。……此派兑科敛王阁老也。"

② 《内阁大库档案》007599，江宁巡抚土国宝题本（顺治七年八月，收入《明清档案》A012-005）："许惟恒亦粮书也。欓充六年分柜总。凡给放工食，婪扣常例不等，计得银八十两。户房书手一百四十名畏伊揽权，每名被诈银二两，实得银二百八十两。狐假益张，鲸吞无餍。邹腾宇等证。此掌握钱粮许阁老也。"

甚至与朱孝和陈卿等人狼狈为奸，仗着行杖力道之轻重，使小民受皮肉之苦。四虎横行，"四庭柱"的恶名也远播各地。①

"十知县"第一乃是刘治国，在诸役谒见之际，要求他们行贿，向六房的胥吏顾慎宇等十七人，每人勒索2两，另外，向四十八名柜书每人勒索银1两，总计为银82两。于是，民众为他取了"代觐需索（代行谒见，索取金钱）刘知县"的封号。

第二为萧允和。他迎合知县的意向，盗用知县的权限，向理应担任现总（乡村役）的徐君球索取7两，又在袁仁台售屋与颜怀之际，向颜怀索取银30两，甚至威胁袁仁台要对其责以十板。又，书手袁玉书负责大兵的马槽，然而，萧允和却不允许他辞职，向其诈取银4两余和白绫绸2匹，不然就要责十板。又，本来就有私人恩怨的乡民钱近湖在县城内进行"比较"，于是，萧允和乘机向其索取银30两，不然就要责以二十板和枷号。又，周洪因为回赎（不动产的回赎）的事情向官提告，然而，萧允和却不准其回赎，恐吓他要责以十五板，借此索取了绸2匹、酒2瓮、银10两。李四因为奸情的事情告上官府，萧允和却称其诬告，借此勒索银4两。另外，朱伯奇将熟田二字改为荒田，

① 《内阁大库档案》007599，江宁巡抚土国宝题本（顺治七年八月，收入《明清档案》A012-005）："（朱孝）先经犯革，潜入县堂。凡各役奉差捱身肆焰，比较行杖，每板勒索银一钱，不满其壑，则恃勇毒殴，乡民畏如蛇蝎。同皂陆寿被讦，即櫃拿，酷诈银五十两。同役且然。何况其他。""（陈卿）手执朱票，密拿经催陆成吾兄陆裕吾，打诈银四十两。又差朱单锁拿粮书顾肇先，炙诈银二十两。""（张仁甫）谋差殊票，锁诈预备仓首名顾言银二十两。又朱单押比歇家张君甫、朱阿周等，共诈银五十两。""（高龙山）差拿七都民夫，遍吓乡愚，酷诈银一百两。汤圣基说合分去银五两。本犯积恶有年，与朱孝、陈卿等狼狈煽虐，恃行杖之重轻，剥小民之皮肉。四虎横行，故四庭柱之声遍布遐迩。"

萧允和借此获得银 50 两。于是，民众称他是"传打喝骂萧知县"。

第三为柬书（负责文书的吏员）王圣生。他受理诉状，且卖法欺官，向顾德生勒索了银 250 两，一手掌握县的书札往来，以手续费的名义，总计获得了银 20 两。于是，民众将他称为"投文放告（受理诉讼）王知县"。

第四为胥吏李郁。他包揽所有的诉讼，在县堂上，光明正大地宣布是否受理，且将黑的说成白的。张筠增控告家人周元强，李郁便向张筠增诈取了银 40 两。唐际之因为土地纠纷而控告王善，李郁亦向其诈取了银 30 两。于是，民众将他称为"审理词讼（受理诉讼）李知县"。

第五为胥吏高俊明。高俊明负责管理青丘仓顺治六、七年（1649、1650）的条银，却不遵守官法，擅自使用私秤将每两的火耗（附加税）定为三分，银 4700 两就强行要求加收 141 两。于是，民众将他称为"加赠收银（若不补贴火耗的话，就不肯收银）高知县"。

第六为胥吏徐汝选。徐汝选分配各个铺行的供应，却盗领了行价（批发额）银 40 两，又欠吴顺楼绸价银 20 两，张绣银 5 两，吴伯玉银 10 两，方天然银 10 两。小民的蝇头微利大半都被榨取了。于是，民众称他为"吃尽铺行（吃垮店铺）徐知县"。

第七为胥吏俞士英。俞士英负责顺治六年（1649）的库务，却与府的胥吏孙永华勾结，盗领了银 2500 两。于是，民众将他称为"秤兑拆封（测量税银，对其开封）俞知县"。

第八为胥吏唐臣。唐臣包揽纳税，欺骗官府。由于俞士英前往进行"比较"，唐臣便乘机谎称若是纳税人不肯缴钱的话，就要予以逮捕，向每位纳税人诈取了银二三十两。于是，民众称其"杂行比较（负责打杂和比较）唐知县"。

第九为已被罢免的胥吏周弘训。周弘训为害官民，因此身处牢狱已久，居然又设款害人，把持官府。若有新的胥吏报到，便向其要求金钱，金额不多的话，必定会引发无穷后患，周弘训亦向杨景西等四人分别诈取了银40两。其人虽身处监狱，却挟制县役，手段愈来愈毒辣。于是，民众将他称为"已出衙门（被赶出衙门）总知县"。

第十的郭经邦则是货真价实的知县。郭经邦不肯火速锄奸，而是整天尸位素餐。于是，民众将他称为"后堂闲坐（什么事情都不做，只是闲坐在后堂）郭知县"。①

就以上土国宝的说明，可知"衙蠹"的恶形恶状大约如下。首先，

----

① 《内阁大库档案》007599，江宁巡抚土国宝题本（顺治七年八月，收入《明清档案》A012-005）："一吏刘治国应轮随觇指称打点，科敛六房吏顾慎宇等十七名，每名银二两。又各年柜书四十八名，每名银一两，计赃共八十二两，饱欲启行。致民编为代觇需索刘知县。""一吏萧允和逢迎县意操窃县权，有徐君球应当见总，允和娄银七两批免。又袁仁台售屋与颜科告加贴绝，娄颀怀银三十两，旨禀将仁台责十板。又书手袁玉书点管大兵马槽，推辞不允，禀责十板。诈得银四两三钱八分，白绫绸二匹，复与批免。又乡民钱近湖素与有仇，乘伊在县比较，禀责二十板枷号，得银三十两禀放。又周洪以赎田事具控，允和旨官覆□假传，田不准赎，喝责十五板，计娄绸二匹、酒二坛、银十两。李四以奸情事具词，允和面诧其诬，诈得银四两。朱伯奇以熟作荒，允和得银五十两。俱亲笔供证。致民编为传打喝骂萧知县。""一柬书王圣生乞恩准状，卖法欺官，娄诈顾德生银二百五十两。本人畏势不认，止据圣生亲笔供称。因德生有逆产事情，户房行查，从中说合，得银八十两。凡具有书札往来。一手握定约，共索挂号银二十两。致民编为投文放告王知县。""一吏李郁，包揽讼事，或准或销，站堂传语，以曲作直。有张筠增告家人周元强，诈银四十两。唐际之以争田告王善，诈得银三十两。金元修以争行呈钱甫，诈得银三十两，亲笔可证。故民编为审理词讼李知县。""一吏高俊明管收青丘仓顺治六七两年分条银，不遵官法，擅用私等，每两重耗三分，计收银四千七百两，（转下页）

他们会在各自的部门滥用各种职权，并且收受金钱。这些部门大致分为与税役业务相关的部门以及与警察诉讼业务相关的部门。胥吏透过书算业务，皂快等衙役则是透过搜查或是执刑，分别要求手续费和贿赂，亦会盗领公款。征税和审判可说是县政的两大业务，而"衙蠹"的活动范围亦与此重叠，乃是一个相当有趣的现象。其次，我们来看那些被称为"十知县"的胥吏们的行为。其行为主要为业务的分配或是诉讼的受理、杖刑的执行等，尽管这些行为多数原本是知县的专权事项，但是，胥吏却与此大有关联，实际上，还代替知县进行这些行为，这也是他们被称为"十知县"的缘由。接着，民间将进行这些行为的"衙蠹"们称为"阁老""庭柱""知县"等，纵然带着些许揶揄的口气，不过，这也代表了民间承认他们集大权于一身。特别是将九名胥吏与货真价实的知县放在一起的这一点，正是如实地显示了当时"衙蠹"的存在不同凡响。

(接上页)多撒赠耗一百四十一两。证口如碑，遗恨入骨。王侍园等证。致民编为加赠收银高知县。""一吏徐汝选票着铺行，承值供应，扣赖行价四十两。又欠吴顺楼绸价银二十两，张绣银五两，吴伯玉银十两，方天然银十两。各本人证。小民蝇头微利，半属侵渔。故民编为吃尽铺行徐知县。""一吏俞士英谋管六年分库务，任意那侵，串同监故府吏孙永华，侵银二千五百两。各认一半还库，现在究追。方君荣等证。狼攫官银，罔惜身命。故民编为秤兑拆封俞知县。""一吏唐臣兜揽乞恩，播弄官府，□借俞士英开欠立比，有钱则免，无钱则拘。各诈二三十两不等。方君荣等审。故民编为杂行比较唐知县。""一罢吏周弘训玷官嚼民，久坐图圄。乃复造款害人，把持官府。即新役进县，勒赘不遂，必多后患。如杨景西、王章善、顾云卿、刘君卿各诈银四十两，以监犯而挟制县役，手段愈辣。故民编为已出衙门总知县。""知县郭经邦锄奸不早，一味委蛇。致民编为后堂闲坐郭知县。"

这些"衙蠹"的具体形象也频繁地出现在其他官僚的题本中。以下，将以"衙蠹"问题特别敏感的江苏、浙江地方为主，介绍几个事例。

龚宝为松江府上海县的胥吏，"垄断作奸，既逞恶而肆为故婪"，于是被称为"真衙蠹之尤"。其恶形恶状可以列举如下：向杀人犯康三索取银300两和布30匹，冤枉商人戴念川与沙王五，没收了棉米等物资，向无辜的民人李宝骗取银50两，盗领陈光和储太所收到的税银800两之半数。题本说他一个人身兼三役，但是，并未具体说明是哪三种角色。不过，我们从他的恶形恶状可以推测应该是身兼了税粮与司法这两种角色。①

张君甫出身于松江府华亭县，在华亭县的仓场负责收粮业务，趁着包揽收兑之便，多次盗领。由于"身甘溪壑为蠹有年"，因此，他被称为"衙蠹"。②

陈奉乃是苏州府嘉定县的捕快。一旦发现富裕的县民，他便会冤枉对方，借此骗取金钱。③

---

① 《顺治朝题本》全宗2目录27，卷1723，8号，苏松巡按御史庐传题本(顺治四年八月二十二日)："审的，龚宝一身三役，垄断作奸，既逞恶而肆为故婪，横而无忌。如康三，戴念川，沙王五，李宝等皆其受诈受害之人，活口供质，纤无疑义。此真衙蠹之尤。"《顺治朝题本》全宗2目录27，卷1723，9号，苏松巡按御史庐传题本(顺治四年八月二十二日)"上海县衙蠹龚宝诓骗人财"："审的，龚宝为叵测之奸，恣狼藉之欲。"

② 《顺治朝题本》全宗2目录27，卷1723，10号，苏松巡按御史庐传题本(顺治四年八月二十二日)："壹名张君甫，即张万春，年肆拾壹岁，系江南松江府华亭县人。状招，万春不合，素性贪婪，惯一出入衙门，包揽收兑，为蠹仓场，积有年岁，以致收兑受累。……审得，张万春，身甘溪壑为蠹有年。"

③ 《顺治朝题本》全宗2目录29，卷1994，9号，苏松巡按御史梁应龙(顺治年间)："壹名陈奉，年肆拾玖岁，江南苏州府嘉定县人。状招，奉系老奸，积充本县捕快，不合不守法度，惯一陷盗诈财，纵盗殃民。"

张煐为杭州府海宁县的库吏。题本里称他利用"钱粮之出入，遂尔乘机作奸"，且进行业务上的盗领。①

陈文为湖州府刑厅的壮快。他在任时间长达数十年，退休后仍然维持着势力，指使诸蠹，四处皆为他的爪牙（手下），鱼肉乡里。又，范德乃是该府乌程县的捕役，刘升则是湖州府刑厅的民状，皆为贪婪卑鄙之徒，民众对其恨之入骨。他们被称为"大蠹"，在湖州府恶名昭彰。②

朱公彝为嘉兴府嘉兴县柬房的书手，原本负责书写，后来在各式各样的文件手续和脚价、草束、工食等项目，获得了总计银 200 两以上的贿赂，乃是一名"巨蠹"。③

这里也和土国宝的报告有着同样的描写，也就是说，王朝国家的征税与审判等地方行政的基本业务，皆为胥吏乘虚而入，他们滥用职权，并且收受贿赂。在国权受到侵犯，不知不觉之间地方行政的支柱亦为腐蚀的这种情况下，执政者将他们称为"衙蠹"，确实是名副其实。的确，顺治年间被检举的"衙蠹"极多。不过，未被检举，也未受到任

① 《内阁大库档案》006305，浙江巡按御史赵端（顺治六年九月二十九日）："张煐，年肆拾贰岁，杭州府海宁县人。状招，煐系本县库吏……张煐司钱粮之出入。遂尔乘机作奸。"（收入《明清档案》A010-155）

② 《顺治朝题本》全宗 2 目录 27，卷 1802，6 号，浙江巡按御史王元曦题本（顺治十三年十二月二十七日）："陈文积充刑厅壮快数拾年，大恶神奸。今虽退役，尤为负嵎老虎。提调诸蠹，爪牙四布，飞而食人。范德系乌程县捕役，刘升系刑厅民壮。皆婪恶山积，百姓怨愤，人思食肉寝皮。"

③ 《内阁大库档案》088818，浙江巡按御史牟云龙题本（顺治十六年闰三月）："一名朱公彝系嘉兴府嘉兴县人。状招，彝充本县柬房书手，素司书写。……朱公彝系嘉兴县之巨蠹也。"

何处分，照样享受"滥用职权"的"衙蠹"更是不在少数。

四、剔蠹与纵蠹

对执政者而言，检举衙蠹的不正行为，防止他们所带来的弊害，乃是一个大原则。如果将这种行动称为"剔蠹"的话，那么，现实中还存在着与此完全相反的行动，也就是"纵蠹"（维持当地秩序的地方官们放任"衙蠹"的不正行为）。

韦庆远根据《明清档案》的记载，将顺治年间地方官与吏役之间的关系分为以下三类：①地方官凡庸愚钝且无知无能，不通事务，导致吏役们得以乘机违背地方官为非作歹；②地方官进行不正行为，与吏役们勾结，到处为非作歹；③地方官与吏役的利害关系相异，互相揭发彼此的不正行为，互相欺骗，甚而将对方置之死地。[①]"纵蠹"不仅是第一、二种情形而已，当吏役的势力过大，足以与地方官抗衡，导致地方官无法管理统制吏役的时候，也会发生第三种情形。在这里，我们同样要来概观题本当中与江苏、浙江相关的具体事例。

关于第一种地方官欠缺抑制胥吏能力的情况，有不少事例。例如，苏州府宜兴县知县的刘国进"质地昏愚，不学无术，以致衙蠹姚士琳作奸肆诈"[②]，松江府华亭县知县张天麟"昏柔有余，刚断不足，不能震

[①] 韦庆远：《〈明清档案〉与顺治朝吏治》，载《社会科学辑刊》1994 年第 6 期，后收入氏著：《明清史新析》，北京，中国社会科学出版社，1995。

[②] 《内阁大库档案》120833，苏松巡按秦世祯题本（顺治九年十月十八日）。

摄群奸"①。浙江方面，亦是如此：嘉兴府嘉兴县知县师若玮"性本昏庸，才乏厘剔，屡经驳勘。虽无入己之赃，纵奸滥罚拟杖，诚不为枉"②；嘉兴府崇德县知县程佺"一本官不谙事体，一切地方公务废弛，文移任衙蠹沉阁，驿递供应疏忽，一本官钱粮拖欠正项仓口甚多，任衙蠹愚弄，不知征收起解"③；湖州府归安县知县宋国彦"职司不谨，驭下无法，以致胥役作奸"④；"遂安知县陈永泰滥膺民社，耳目不灵，操守未净"⑤；等等。一般的知县因为"纵蠹"而被弹劾的事例可说是为数众多。

至于第二种地方官与吏役们勾结到处为非作歹的情况，也有许多事例。江宁巡抚土国宝弹劾了苏州府常熟县的知县瞿四达、常州府无锡县的知县李讷、镇江府丹徒县的知县刘自清这三个人，关于他们的罪状，分别如下。首先是瞿四达的罪状："本官（瞿四达）指称本年漕粮过淮使费，托粮书程明每石加派银二分，该县漕粮一十六万零，共加派银三千二百两有奇。娄扣入己。"其次，李讷的罪状则是："本官（李讷）听任腹吏李永嘉、黄允贤，将各年分印串钱粮混乱对支，以致库吏

---

① 《内阁大库档案》038402，江宁巡抚张中元题本（顺治十二年九月），收入《明清档案》A024-035。《顺治朝题本》全宗2目录29，卷1997，114号，刑部尚书图海题本（顺治年间）亦提到了此件。

② 《内阁大库档案》006313，浙江巡抚萧起元题本（顺治九年三月二十九日），收入《明清档案》A014-051。

③ 《内阁大库档案》009044，浙江巡抚萧起元题本（顺治八年八月八日），收入《明清档案》A013-066。

④ 《内阁大库档案》015356，浙江巡抚萧起元题本（顺治九年六月二十八日），收入《明清档案》A014-151。

⑤ 《内阁大库档案》120533，浙江巡按御史赵端题本（顺治五年九月三日）。

高太时、秦联璧伪造假印，在外对给纳户，私收银四百两余。后本官查觉，不究追库吏，反将纳户一概重征。合邑切齿。"最后，刘自清的罪状则是："本官（刘自清）不守官箴外，听权蠹王孟先等拨置，出入私衙，毫无顾忌。内凭伊舅郝宁宇主持代笔，勾结衙役，擅摽朱票，不时乘舆跨马，招摇城市。故有好老爷之称。"① 又，土国宝之后，接手江宁巡抚的周国佐称常州府同知，且署理（代行）江阴县的杨廷诏乃是"纵蠹殃民，赃私狼藉，有不容一日姑息者"，对他进行了弹劾，如下："本官（杨廷诏）滥准词讼，计盈数千，信任腹书郭伯勋、章彩、张从之、朱我祥、王鼎等猫鼠同眠。"②

关于第三种地方官与吏役互相对立的情况，韦庆远列举了几个事例，也就是除了地方官剥夺吏役的财产，对其定罪之外，吏役也掌握了地方官从事不正行为的事实，反过来检举地方官的事例。例如，顺治十四年（1657）四月，浙江省巡抚衙门的书吏郑元甫等与布政使司的衙役李康侯等陷害海宁县的县丞邢其健，最后，郑元甫等获得财物，并且将邢其健置于死地。③ 虽说吏役和地方官互相勾结的现象层出不穷，但是，这个过程当中，却不时发生两者反目成仇的事件，这可说

---

① 《内阁大库档案》007096，江宁巡抚土国宝题本（顺治八年五月），收入《明清档案》A013-029。

② 《内阁大库档案》007772，江宁巡抚周国佐题本（顺治九年六月），收入《明清档案》A014-163。

③ 《内阁大库档案》007831，浙江巡按御史王元曦题本（顺治十四年四月），收入《明清档案》A030-131。另外，《顺治朝题本》全宗 2 目录 27，卷 1800，2 号，刑部尚书图海等题本"为密拿奸蠹事"（顺治十三年九月十四日），全宗 2 目录 29，卷 1931，22 号，刑部尚书图海等题本"为密拿奸蠹事"（顺治年间）亦提到了本件。

是从第二种情况延伸出来的一种变种。

不管如何，若要进行"剔蠹"的话，就必须解决州县现场的"纵蠹"问题。然而，正如吏部左侍郎孟明辅所言："夫官之害民，悉衙蠹为之爪牙也。往见不肖之官，每每滥设此辈。或任凭拨置，或假手过付，猫鼠同眠，无所不至。"①特别是在明末以来的混乱仍未平息的顺治年间，地方官在参与末端行政之际，若要不出纰漏完成任务的话，势必得仰赖胥役的力量，而这个状况在监察官的眼里，就好像"猫鼠同眠"，也就是"宛如猫与鼠同进同出一般，上下极为亲近"。题本当中，不时会出现"腹吏"或是"腹书"之类的词语。这或许显示了地方官相当信赖某些胥吏，安心之余便将业务委托给他们的这个实际状态，而在监察官眼里，这也宛如是"衙蠹为之爪牙也"。"纵蠹"不单只是地方官个人资质所引发的问题，而是与执政现场原本就存在着"衙蠹"的这个根本问题有关。

五、剔蠹的问题

具体实行"剔蠹"的这件事情，被称为"访拿衙蠹"，监察官时常会命令州县官严格执行剔蠹。但是，剔蠹这项任务当中也隐含了许多问题。

浙江巡按御史王元曦针对杭州"衙蠹"的行为，有以下的看法：

---

① 《内阁大库档案》038344，吏部左侍郎孟明辅题本（顺治十年五月六日），收入《明清档案》A017-037。

除奸原以扶善，而剔蠹乃以安民。念此穷凶极恶，盘踞衙门，窃官府之威灵，作无穷之罪逆。小民受其荼毒，非一日矣。一朝败露，得以访拿，方将尽揭其生平罪状，暴之通衢，为斯民称快。而向闻，此辈访拿之后，一片恶毒心肠，如水益深，如火愈炽，自恃其罪过已极，法难再加，遂尔横行放泼，恣意食人，将胸中所记温饱之家及有睚眦小隙者，至此凭空吓诈。稍不遂意，信口株扳，以致遭官系狱。判断之下，难分真是真非，审结之时，惟有卸赃卸罪。即或极口称冤，不无一二辨白者。然而长途解审，黑禁幽囚，六问三推，经年累月。迨至水落石出，而身家业已破荡矣。小民畏如汤火，任其狂诈，但愿饱尔贪心，免其扳累。无事便为大福，尚敢与之争论是非哉。而若辈恃此为诈害灵符，恣行无忌。毒焰千寻，迎风者无不焦额。是小民畏衙蠹于既访之后，较之未访之先，更不啻百倍也。①

又，礼科给事中张惟赤在刚才所列举的同一份上疏里，有以下的看法：

恐此辈日在上官左右，声势赫奕。若督抚按三衙门各役，郡县尚且曲意将迎，惟恐得罪。小民安敢遽然讦告。即巡按访实拿问，既拿之后，必索款于臬司。臬司转索于刑厅。刑厅无从稔知，

---

① 王元曦：《禁衙蠹访后株连》，见李渔编：《资治新书》卷五《惩衙蠹》。王元曦，字旸谷，山东掖县人，为顺治九年（1652）进士，十三年（1656），出任浙江巡按御史。参见《词林辑略》卷一。

必讯之本厅书役。然本厅书役必与此辈向结心腹之交。因密通消息，即令本人自行造款，遂将真实恶迹一字不提，反假捏无影无干之款，上报塞责。夫蠹役作恶，必名闻通国，始为巡按之所访拿。在访拿之时，非不真知灼见。及至公堂质审，率多伪款。或姓名不对，或被证差讹，一无指实。无论问官徇庇，即有执法者欲直穷到底，而其事实属无干，无从坐罪。幸免以后，招摇得意，自夸打点神通，人人畏服。故访拿一次，愈增一次之威名矣。在初访之时，非不出示令人告发。但近年巡按所访人犯，往往发下府县监禁，以致夹情保放，盛服逍遥，游行市上。愚民见之谓，彼虽访拿，现今安然无事。又孰敢犯其凶锋者。惟恐补状讦告，而此辈弥缝术巧，日后仍在衙门，则借端报复，身家立破。况每见县间各蠹，访拿问革后，反买府厅顶首矣。府厅各蠹，访拿问革后，反买充司道抚按顶首矣。衙门愈大，则肆恶愈深。[1]

接着，江宁巡按御史卫贞元针对伴随访拿而来的两个弊害，有以下的看法：

衙役之害民也，如鲇然，多□鱼亡矣。抑如莠蕃则苗槁矣。且满役者仍恋栈，朋役者暗附巢，得毋长奸而滋弊乎。则裁汰之不容缓图也。虽然，裁汰更有弊。夫上曰裁，下亦曰裁。一纸遵依，几名搪塞，而所谓心腹爪牙者终不去。是阳奉阴违之弊也。

---

① 张惟赤：《入告初编》卷一《谨陈衙蠹吞噬》。

抑上严裁，下亦严裁。有裁州县□不及府厅者，有裁府厅而不及司道者。更有□州县之署，钻府厅之衔，出府厅之门，入司道之幕者。其骗诈益工，其躲闪益巧。是去此适彼□弊也。[①]

从以上三人的证言可知"访拿衙蠹"的种种问题点。第一，对民众而言，衙蠹被访拿，未必是"福"，有的时候状况恶化，反而会惹"祸"上身。即使是民众告发了"衙蠹"，但是，由于审问所费的时间和金钱负担过大，且担心遭到"衙蠹"报复之故，他们也就不愿意冒险去协助官了。第二，由于"衙蠹"自上级衙门至州县官署皆拥有广泛的关系网（network），因此，纵然进行访拿，也难以对他们进行罢免、处分。"衙蠹"们有组织地更换诉讼记录或是销毁证据，就算是官想要审理，也找不到充分的证据，接着"衙蠹"再巧妙地更换所属单位，持续苟延残喘。第三，接获访拿命令的地方官并未忠实地实行这项任务。他们对于铲除自身"心腹爪牙"的"衙蠹"这项任务是非常消极的，结果，他们也就宁愿选择自身最为拿手的处世之道，也就是"阳奉阴违"了。

乾隆年间的苏州生员顾公燮将巡抚或是巡按御史到任后，首先访拿数人予以鞭打的这个惯例，称为"迎风板"，回顾了昔日官僚们的严厉作风。[②] 不过，黄六鸿却认为：

昔日巡方专为察吏安民而设。故访拿土豪衙蠹，载在敕书。

① 《内阁大库档案》006914，江宁巡按御史卫贞元题本，顺治十六年十一月，收入《明清档案》A035-074。
② 《丹午笔记·迎风板》。参见岸本前引书219页。

凡属州县无不骚然。所以访蠹之害惟巡方为甚。^①

如果黄六鸿所言属实的话，那么，巡按御史为了整顿吏治所实践的"访拿衙蠹"，对于现场的地方官和民众来说，反倒是一种"添麻烦的好意"。

顺治十七年（1660）七月二十七日，巡按御史由于"吏治不清，民生无益"的理由，被迫暂停，此后，再无复出。^② 这么一来，"衙蠹"在此后呈现了何种样貌呢？吏科给事中何澄在顺治十八年（1661）六月二十六日的题本里，提到了自己的见解，如下：

> 巡方既撤，恐衙蠹愈以放肆。或侵欺钱粮，或公行苞苴，或额外多派，或凌辱士民。种种不法，难以枚举。^③

由此可知："衙蠹"和从前无异，仍然在顺治年间的地方行政机构当中，宛如"心腹之患"一般，持续苟延残喘着。

结　语

发刊于清末上海的画报《点石斋画报》针对"蠹役"，有以下的文字：

---

① 《福惠全书》卷二十《刑名部·款犯》。
② 《清三朝实录》顺治十七年七月庚辰条"吏治不清，民生无益"。
③ 《内阁大库档案》006116，吏科给事中何澄题本，顺治十八年六月二十六日，收入《明清档案》A037-051。

> 天下无不爱民之官长，而无不扰民之胥吏。爱之如何？曰：
> 除莠安良也。扰之如何？曰：假公济私也。官爱之而吏扰之，小
> 民无知，辄以怨吏者怨官，然而冤矣。①

就某种意义来说，这段文字巧妙地说明了官将吏称为"蠹"的理由。对于以年轻皇帝为顶点的清朝中央以及为了实现其统治理念的巡按御史等官僚们而言，玩弄王朝权力的胥役，是绝对无法姑息的存在。因此，他们尝试一扫胥役的存在。但是，只要胥役仍然是中国传统地方行政机构当中无法欠缺的齿轮的话，他们就注定得徒劳无功。那么，官僚们好歹也要将这种胥役取名为"衙蠹"，用这种"懊悔不已的称呼"企图将自己和胥役划清界限吧。

顺道一提，整个清代，被冠上"衙蠹"或是"蠹"这个称呼的胥役大量地出现在地方官的判牍里。② 这或许反映了一种诉讼技巧，也就是起诉人或是为其代理的讼师特意将这个称呼加油添醋至诉状，以便夸大对方的恶形恶状，让官方以为这是"侵蚀国家的案件而无法忽视"，促使该案件的受理更加容易。所谓"衙蠹"的这个称呼其实掺杂着各式各样的意图，先是流传自清初，此后固定存在于整个清代。最后，胥役往往以反派角色的姿态出现于官僚们所遗留下来的行政文书里，更加扩大了胥役们的负面形象。

---

① 《点石斋画报》子集九期《蠹役成群》。

② 例如，《守禾日纪》谳语类正收录了许多标题包含"衙蠹""蠹棍""大蠹""棍蠹""豪蠹"等在内的判牍。康熙年间的判牍亦有不少标题是直接冠上呈状、诉状原来的内容。

第四章　地方官的民众认识

——公牍中的"良民"与"恶民"

江宁县赵明府政声卓越，人颂神明，洵风尘中之能吏也。

——《点石斋画报》酉集一期《令尹贤声》

前　言

所谓公牍，乃是具备地方官僚经验的中国知识分子将施政之际每回所发的公文书汇集在一起，编辑、刊行而成的个人公文书集。由于清代大量刊行了这种个人公文书集，现存于世的公牍较多，近年来，被视为反映地方社会实际状态的一种史料，再次备受瞩目。① 本章将

---

① 关于公牍的一般介绍，参见仁井田陞《大木文庫私記——とくに官箴、公牘と民衆とのかかわり》（载《东京大学东洋文化研究所纪要》13 册，1957，后收入大木干一编：《东京大学东洋文化研究所大木文库分类目录》，东京，东京大学东洋文化研究所，1959）。另外，关于清代公牍的介绍，参见山本英史《清代の公牘とその利用》（收入本书附录）。

介绍地方官僚如何在自身所编撰的这种书籍里，描述作为其统治对象的"民"，借此，期望能够获得理解清朝地域统治本质的一个线索。

顺道一提，在清代，直接统治"民"的地方官僚（也就是知府或州县官等地方官）被称为"父母官"。这是因为将人民视为"赤子"的皇帝的确就是"民之父母"，地方官则是代替皇帝来体现王朝国家统治人民原理的代官。因此，他们也必须是"民之父母"。[1] 关于地方官身为"民之父母"的必要条件，多半是要求他们要像亲生父母向孩子倾注疼爱之情一般，对待赴任地的"民"也要予以无穷无尽的慈悲。

整个清代最为畅销的官箴书之一乃是《福惠全书》，如书中所言："夫有司统理一州一邑之刑名（司法行政）钱谷（征税行政），举凡百姓之利弊，政事之张弛，靡不躬亲计虑，以期无疏略阙失之忧。"[2] 关于地方官对"民"的应对方式，《福惠全书》的著者黄六鸿认为在圆滑地执行行政工作的同时，也要对"民"躬亲计虑。又，正如书中所言："为民父母者，知百姓实多穷困，租税力役，已疲于水旱之频仍，而意外之输将。又加之借端之苛敛，奸胥猾役，需索诛求，百姓脂膏，宁有几乎。譬之，子婴痛苦，为父母者，方且拊摩顾复之无已。若又从而笞之，岂忍也哉？"[3] 又云："为民牧者，见民之耕，赁牛无资，播种无粒者，为之捐金出粟以贷之。秋敛时止偿其本而免其息。则百姓戴父母之德，

---

① 山本英史：《官箴より見た地方官の民衆認識——明清時代を中心として》，载《大阪市立大学东洋史论丛》别册特集号，2007。
② 《福惠全书》卷四《莅任部·远博饮》。
③ 《福惠全书》卷三十《庶政部·额外杂办》。

乐仁侯之利，未有不毕力农功而妇子享宁盈之庆者矣。"①黄六鸿亦强调地方官身为"民之父母"的存在意义，要求他们必须对"民"倾注无条件的疼爱之情。也就是说，这里所说的"民"，就王朝的统治原理而言，指的是理想的人民，也就是听话地服从体制的一般人民，即"良民"的意思。

然而，现实世界中并非都是这种听话的"民"，所谓"恶民"也是存在的。地方官们理所当然无法忽视他们的存在。关于地方官应该如何与"恶民"应对，黄六鸿有以下的看法：

> 夫盗亦民也。或上而失其所以为教，与下而失其所以为养，以至于此也。上失其教，则不知礼义之所（可）遵，刑罚之可畏，而民易于陷法。下失其养，则不知贫困之当守，财利之未可苟得，而民相率为盗。则是盗也，乃上之始而驱之，及其入于盗，又从而禁之戮之。不亦甚可悯哉。②

对黄六鸿而言，贼盗仍在"民"的范畴内，他主张地方官对于这些原本亦是"良民"的"民"，必须施予父母般的慈爱。

像这样将地方官视为"民之父母"的认识，并非止于黄六鸿一个人而已，而是官箴书这类书籍的著者大部分所共同抱持的看法。官箴书既是地方统治的指南书，同时也是阐明儒家精英分子规范的箴言书。

---

① 《福惠全书》卷二十六《教养部·劝农功》。
② 《福惠全书》卷十七《刑名部·贼盗上·总论》。

因此，在首次前往赴任地的新科官僚里，想必也有人热心地实践官箴书上的教诲，想要成为所谓"民之父母"。

但是，实际进行地方统治的时候，要贯彻这种理想主义并非易事。地方官自身所接触到的"民"当中，纵然"良民"也是存在的，但是，"恶民"的跋扈蛮横更为醒目。又，无论地方官如何进行教化、施予德育，这些"恶民"还是难以成为"良民"。于是，若地方官想要毫无障碍地贯彻自身的统治的话，就不得不采取与官箴书的教诲有所出入的方式去对付这些"恶民"。

这么一来，地方官对于现实生活中的"民"保持着何种认识呢？他们又是透过何种理论，来试图填补"民"的理想形象与实际状况之间的落差呢？本章将通过实际负责地方统治的官僚所遗留下来的公文书集（即公牍），尝试厘清上述问题。

首先，笔者要针对本章主要使用的公牍《守禾日纪》，进行简单的介绍。著者卢崇兴为辽东广宁人，荫生出身，自康熙十四年（1675）至康熙十七年（1678）的这段时间，担任浙江嘉兴府知府。[①] 清初的浙江被称为难治之地，尤其是位于江南三角洲南部的嘉兴府更是因较其他地方难治而驰名天下。《守禾日纪》全六卷，乾隆四年（1739）序刊本，分为疏序申详类（卷一）、告示类（卷二至三）、谳语类（卷四至六）、附（公呈等），详细地呈现了康熙中期十年间（1671—1680）嘉兴府这个地域社会的状况。

---

① 康熙《嘉兴府志》卷十一《官师上·知府》。

一般而言，知州与知县并称为州县官。州县官乃是"治事之官"，即处于州县的执政现场，直接负责民政的官员；相对于此，知府以上的地方官僚被认为是"治官之官"，即监督官僚的官员。不过，如陈弘谋所言："朝廷设官，原以为民。官必爱民，乃为尽职。故府州县官皆以知为名，又名之曰地方官，谓地方之事，府州县当无所不知也。"①知府也和州县官一样，同为地方官，就这个意义来看，亦负责扮演"亲民之官"这个角色。

一、公牍谳语类中的"民"

所谓谳语，指的是记录了地方官僚一般所负责的审判，以及向上司报告自身判断的文书。② 在这类文书里，自然而然地出现了大量的"恶民"。

卢崇兴在其中一件审判文书里，对于"刁民"孟景源有以下的描述：

> 看得：孟景源，刁民也。向将己田一业，契卖高濂，得银二百两。此契明价足，并无异议者也。乃卖田之次年，源即强取租米，颗粒无偿，以致彼此互争，控讦不已。至于刊揭绘图，架情砌款，捏造高四天王及皇帝笔帖式，门子、马夫等项名目，淋漓妆点，既属不经，尤为刁健。今据高濂请，以田价二百两，两年

① 陈弘谋：《申饬官箴檄》十则录七，收入徐栋编：《牧令书》卷一《治原》。
② 本书 258 页。

田租一百四十石，情愿入官充饷，以免日后重累。则景源之拖害，诚足令人骇目矣。孟景源侵租谎告，法应杖拟，以戢诬风。姑念事在赦前，相应援例请豁，以寝讼端者也。租仍断给高濂收领。伏候宪裁。①

首先，透过文章开头的"甲，乙也"来显示判决对象是何方神圣，乃是谳语里经常出现的一种形式。此时，虽然"乙"可能指的是阶级与职业，但是，就文书的性质来说，大部分是对于处罚对象的恶形恶状，进行某种程度的评价。这种形式在卢崇兴的谳语里特别多。正如上述的情况，将孟景源评价为"刁民"，也就是强取已卖土地的租米后，反倒控告对方的狡猾之"民"，对于这种行为，卢崇兴认为原则上应该处以杖刑。

顺道一提，卢崇兴将这种判决对象称为"民"的事例，只有这一个。一般来说，卢崇兴会特意避免使用"民"来称呼他们，而是改用其他的字眼。

第一种乃是"者"。我们从收录于《守禾日纪》的谳语当中，任选一例，如下：

审得：张成，淫而无赖者也。成之父曾为吴灿之师，成因赁灿之屋以栖焉。乃樗蒲落魄，不能谋其室家。睹灿之仆妇郑氏，而思欲淫之，为乡间邻里之所不容，而灿亦不能为之居停矣。成不自艾而迁怒于灿，驾为抄屠之词，牵及宣淫之事，以速吴灿于

---

① 《守禾日纪》卷五《谳语类·一件私刑虐民等事》。

讼。今经面质，则奸无目击其事者，而抄资毁屋，委之金长生，而长生亦供未之见也。夫欲淫人之仆妇，而反诬人以淫，赁人之屋以居，而反诬人拆己之屋，则枉亦甚矣。责而枷之，以为无良之戒。①

这里所举的张成乃是因为迁怒而驾词进行诬告的一介草"民"，亦是"责而枷之，以为无良之戒"的"不良之民"。

除了这个谳语之外，还有许多将"不良之民"形容为"者"的事例。②"者"的字义单单只是"物"或"人"而已，原来并无特别的负面含义，但是，透过上述的例子，我们可以读出一个倾向，即将带有贬义的形容词强加在某个人身上的时候，往往不会将其称为"民"，而是有意识地

---

① 《守禾日纪》卷六《谳语类·一件豪劣抄屠事》。

② 《守禾日纪》卷四《谳语类·一件号宪先饬等事》："汪建业，天赋穷奇，而已故钱仲芳及已故陆三与褚大……等，皆连来恶孽，结党横行者也。"《一件移尸陷诈事》："屠敬泉，贫而刁健者也。"《一件大盗抢杀事》："盗犯钼仲甫等一班无赖，啸聚多人，肆恶绿林，憨不畏死者也。"《一件获解事》："殷三、沈一、陈义甫等，皆王江泾巡监弓兵，藉搜监为名，肆行抢夺者也。"《一件假宦虐民事》："吴鸣羽，身充脚头，而倚富横行者也。"《一件官衿烧害事》："吕某，富而不仁，刁讼者也。"《一件检究真命事》："沈某，鄙而忍者也。"《一件盐捕护兵事》："李潮，淫而刁诬者也。"《一件势棍飞抄等事》："胡昭，即胡云昭，奸阴而无忌惮者也。"《一件灭旨欺君等事》："钱交等一班无赖，钻充甲头者也。"卷五《谳语类·一件塘报事》："流盗姚八等，皆一班无赖，聚而为贼者也。"《一件浙西第一贪污等事》："钱原隆，即汪建业，真智而愚，巧而拙者也。"《一件衿蠹镶屠事》："赵启云，淫而无伦者也。"《一件亟歼大憝事》："袁建、袁美中，刁健之徒，而叔侄济恶者也。"《倪桥一款》："汪建业，虎而翼者也。"卷六《谳语类·一件土官嚼民号宪斧碌事》："吴仲、金仲华、滕忠甫，皆藉充塘长，盘踞肆恶者也。"《一件势豪抄事》："杨大，乃枫泾镇乞食中之无赖者也。"《一件光棍扛屠事》："王星章、沈文，俱嘉善县之衙役而凶暴者也。"《一件真命冤沉事》："沈二，即沈子雅，淫而诈，刁而愚者也。"《一件扛弑反诬事》："项伟然，老而无行者也。"《一件宪剿叛萌事》："稽云，乃贪饕而罔知功令者也。"《一件报究积贼事》："朱四以亲属相盗，而李起龙等则又同伙小窃者也。"《一件指宪屠良事》："陈陞，奸贪而精局骗者也。"

使用"者"这个字眼。

第二种则是"徒"。我们同样自《守禾日纪》的谳语当中任选一例，如下：

> 看得。项伟然，狂悖不伦之刁徒也。始以老迈无依，凭其妻为炊妇，继以进退莫藉，又以戴六为居奇。倚老恃奸，数控府县，诬烝剪刺，愈肆横行。若天地鬼神，国法王章，名贤公子及邂逅佳婿之语，不几听旁人说鬼乎。该犯满纸癫辞，总见狂悖，虽刀笔利口，庭讯之下，亦惟有俯首伏罪而已。相应取录各犯口供，解宪亲夺者也。[①]

这里所举的项伟然乃是时不时就进行诬告的"民"，卢崇兴将他称为"刁徒"。

另外，亦有22例出现了"徒"这个用法。[②] 所谓"徒"，乃是"属于同

---

① 《守禾日纪》卷五《谳语类·一件扛弑反诬事》。

② 《守禾日纪》卷四《谳语类·一件活杀夫命事》："朱大，即朱瞎子，酗酒悍恶之徒也。"《一件镶宦篡抄事》："徐翰，刁诬之徒也。"《一件纵杀颠诬等事》："吴祥宇，乃刁诬之徒也。"《一件官贪蠹害事》："沈君甫，即沈世荣，与沈君荣、沈驾云等兄弟，济恶奸刁淫纵之徒也。"《一件官蠹横诈事》："沈君荣，淫徒也。"《一件吞弑乱偷事》："史寰，不仁不义之徒也。"《一件宪斩豪叛事》："陆仁沛，刁健之徒也。"《一件借尸沿剿等事》："叶华，刁徒也。"《一件发本通洋等事》："王元之，即黄公球，刁险之徒也。"卷五《谳语类·一件恳提法究事》："陈安，刁健之徒，而徐世美，好事子衿也。"《一件唆背拆变等事》："徐某，无耻愚妄之徒也。"《一件兽豪争奸等事》："徐芳，诞妄生事之徒也。"《一件大辟复横事》："浦山，刁徒也。"《一件活杀男命号宪偿事》："沈登元，狡悍之徒也。"《一件讹奸大憝事》："袁建、袁美中，刁健之徒，而叔侄为济恶者也。"卷六《谳语类·一件欺君匿产等事》："卡璧，憸壬之徒也。"《一件占媳杀男事》："龚明旸，贪淫之徒也。"《一件光棍露空横诈等事》："叶君贤，贪婪虚伪之徒也。"《一件活杀男命事》："俞阿丑，即俞赞臣，凶淫之徒也。"《一件真命事》："张俊卿、萧大、沈大等，凶徒也。"

一个系统的人们"之总称，"党""辈""类"也是类似的用法。同样透过上述的例子，我们可知："徒"这个字具备了"为了做坏事而齐聚一堂的同党"之含义。

第三种是"棍"。这里同样自《守禾日纪》的谳语当中任选一例，如下：

> 看得：沈弘素，无耻刁棍也。有妻郑氏，不能自赡，遂改号瑞山，假以亲弟身故，大伯主婚为名，托媒都明宇说合，得财礼银二十二两，于康熙十一年前七月廿四日嫁与高禹门为室。且花烛之夜，亲送过门，与之合卺，素方恬然无语。婚书炳然可凭也。未转盼即有十两之诈。岂以妻为金穴，而夫妇之间，不妨有市道乎。今复再肆狂吠，致烦宪聪。而郑氏原媒供证凿凿，即弘素亦自认年荒愿卖，并无奸拐情由。弘素无耻刁诬，法应重拟。但事在赦前，姑与援宥，然而幸矣。郑氏仍听高禹门领回，以安家室。沈弘素再不得藉端讦骗，以滋寡廉鲜耻之风，可也。①

这里所举的沈弘素亦是进行阴险诬告的"民"，卢崇兴将其称为"刁棍"。

被称为"棍"的其他例子还有八个。②从"棍"的原意，也就是"使

---

① 《守禾日纪》卷五《谳语类·一件奸拐事》。
② 《守禾日纪》卷四《谳语类·一件宪斩势恶事》："曹奉溪，刁棍也。"《一件构兵抄诈窝逃烧诈事》："胡文安、蒋丹甫，地棍也。"《一件漏税私典等事》："王焯，刁棍也。"《一件蠹棍轰屠事》："沈瑞峰，豪强地棍也。"《一件奸拐掠卖事》："陆奇，诬妄刁棍也。"卷五《谳语类·一件陷叛屠良事》："徐有生，讼棍也。"《一件掘墩扛屠事》："宗某，豪棍也。"《一件假弁女掳事》："劳大侯，兵棍也。"

用棍棒殴打的人"来看，明显可知这个字乃是"恶党"或是"无赖"的意思。① 在上述例子的情况里，沈弘素篡改卖妻的事实且诬告对方，因此，卢崇兴判断他是"刁棍"，即"狡猾之棍"，虽然沈弘素未必是隶属于某个组织的"无赖"，不过，这里的"棍"包含着与"民"相异的含义。

在《守禾日纪》总数为 199 件的谳语里，类似形式的谳语就有 72 件，除了上述的"刁民"以外，使用"者""徒""棍"的占了八成左右。他们之中虽然也有生员、胥役、兵丁，但是基本来说，我们可以将其看成是不具特别身份或资格的平民。不过，"者""徒""棍"这种用法还是明显与"民"有所区别。

那么，为什么这种用法会频繁出现于《守禾日纪》的谳语里呢？这是因为卢崇兴在无形中认为谳语里的"民"，也就是即将接受处罚的"民"绝对不可能是"良民"吗？卢崇兴处理了各式各样实际发生于地域社会的凶恶事件，对他而言，要把惹事生非的"民"全数视为"良民"，这是极为困难的。于是，卢崇兴会将这类"恶民"与"民"做切割，借由"者""徒""棍"等用法，重新将其视为判决的对象，试图化解实际存在于地域社会的"恶民"与理想中的"良民"之间的矛盾。

这里凑巧都是以《守禾日纪》当中的谳语为例，不过，这种倾向多

---

① 关于"棍"的详细含义，参见山本英史：《光棍例の成立とその背景——清初における秩序形成の一过程》，见同氏编：《中国近世の規範と秩序》，203～206 页，东京，东洋文库，2014，东京，研文出版，2014；熊绍惟译：《光棍例的成立及其背景——清初秩序形成的过程》，收入周东平、朱腾主编：《法律史译评（2014 年卷）》，北京，中国政法大学出版社，2015。

多少少也出现于同一个时代的公牍，甚至是清代一般的公牍里。就这一点来看，我们可以透过谳语这一种公文书来读出清代地方官对于"恶民"的感受。

二、公牍告示类中的"民"

所谓告示，乃是地方官僚为了向所属的士民进行训示而张贴于官署门前等处的公文书，其中虽然也包含了以下属、属吏为对象的公文书，但是，大部分是以该地域的居民，特别是"民"为对象的公文书。换句话说，这些可说是将地方官对于"民"的想法单方面记录下来的公文书。

卢崇兴到任后，立即颁布了以下的告示：

> 照得：本府世籍关东，家居京邸，族姓虽繁，雅知自好。或历登仕版，或奋绩行间，要皆相爱相成，惟以不负朝廷，不愧党间，彼此勉勖。且本府砑介性成，与人落落，一切骚人墨客星相者流，尤凿枘素不相入。家人僮仆，锁钥内署，不容出外行走。至钱谷刑名，本府留心娴习，颇谙断裁，亦无代笔幕士，假手批驳。但橋李地当孔道，易于丛奸，诚恐白昼黎邸，探知履历，窃冒交知，假名说骗。除不时密行查拿外，合行晓谕，为此示，仰阖属地方人等知悉。如有不法神奸，在外假托招摇，兜揽诓骗者，

许诸人不论时日，据实扭禀，以凭立拿，按以光棍①治罪。若道观、僧寮、青楼、酒肆、旅店、河舫知情容隐停歇不首者，一并究处，决不轻贷。②

告示的一般形式乃是先在文章的开头记下"照得"等固定的发语词，接着在文中说明某种状况，针对这个状况，"合行晓谕，为此示，仰（通知对象）知悉"，即"应当告知，以此告示通告（通知对象）使其知晓"的意思。一般来说，地方官僚大多透过告示来传达自身对于日后可能发生的违法行为将会做出何种判决。

这则题为《关防诈伪》（即"防止诈骗"）的告示乃是地方官到任后立即对当地民众所表明的一种自身信念。其目的在于让人民明白新任官僚是用毅然决然的态度去进行地方统治，且无漏洞可钻的。卢崇兴在这则告示里，宣告即将对称为"神奸"的大恶人以及藏匿不报者采取断然的措施，想必是要对存在于现实生活中的"恶民"表明毅然决然的态度。

此后，卢崇兴对于"恶民"又发布了几则告示，如下：

---

① 由于顺治十三年的议准，清廷制定了光棍例，其规定如下："凡恶棍设法索诈内外官民，或书揭张贴，或声言控告，或勒写契约逼取财物，或斗殴拴拿处害者，不分得财与未得财，为首者立绞，为从者，系民责四十板发边卫充军，系旗下人枷号三个月鞭一百。其满洲家人私往民间结伙三人以上，指称隐匿逃人，索诈财物者，亦照此例，分别首从治罪。如止一二人者，俱依为从例拟罪。"（康熙《大清会典》卷一百十九《刑部十一·律例十·刑律一·贼盗》，"恐吓取财"）此后，于康熙年间屡屡改定。参见山本前引《光棍例の成立とその背景》。

② 《守禾日纪》卷二《告示类·一件关防诈伪事》。

照得：禾俗刁健成风。凡关民间细事，每辄数十，成群结连，驾捏公呈，耸动幸准。及到公庭，言言载鬼，百无一实。斯皆由于地棍、讼师，构通造捏，希冀诈害，深可痛恨。除已往不究外，合行出示禁饬。为此示，仰合属军民人等知悉。嗣后凡有地方公事、公呈，止许五人列名呈递，不得勾引多人，混行妄渎，以冀挟众制人。如有故违，除不准外，定行重责，枷示不贷。①

照得：师巫邪教，实为地方隐忧，已经本府履行饬禁在案。今访得：有等光棍，指陷茹素乡愚，诬以邪教，吓诈不一。稍不遂欲辄打合地方保长，或构无藉，出名首县报衙，差役四出，真伪未明，而中人之产，尽饱棍蠹之壑。真可痛恨。除已往姑不究外，合行出示通行禁饬。为此示，仰合郡军民人等知悉。嗣后如有真正邪教，仍前私立香堂，聚敛惑民者，访闻告发，治以乱民之罪。如有光棍保长，不改前罪，仍以茹素乡民，指为邪教，生非吓诈，出首勾拿，许被害不时赴府喊告，以凭立拿，审实定照新例②以光棍按赃究拟施行。决不姑容，贻地方之害。各宜凛遵

---

① 《守禾日纪》卷二《告示类·一件禁饬事》。

② 所谓光棍的新例，乃是基于康熙十二年的复准所改订的条例，其规定如下："恶棍勒写文约，吓诈财物，聚众殴打，致死人命，审有实据，为首者立斩。为从助殴伤重者，拟绞监候。余仍照光棍为从例治罪。其家主父兄，系旗下人，鞭五十。系民，责二十板，系官，议处。如家主父兄出首者，免议。本犯仍照例治罪。"与顺治十三年的议准相较，可知其罚则更为严厉，例如，对于为首者的处罚改为"立斩"，至于为从者的部分，若是一般民众的话，其罚则由"责四十板发边卫充军"改为"绞监候"（参见山本前引《光棍例の成立とその背景》）。

毋忽。①

照得：四民各有恒业，安常守分，自可营生。若惰游不戒，三五成群，或聚众呼卢，或开场赌博，招集匪类，引诱良民，盗贼根株皆由此起。本府已经出示严禁，不意尚有无赖棍徒，勾连恶少，开场赌博，公然无忌，殊可痛恨，合行再申禁饬。为此示，仰阖属人等知悉。嗣后如有游手奸徒，仍前聚众开场，许地方保长密报，本府飞签立拿，罪同窝盗。若知情不举及纵容卖放，或被旁人首告，或经本府访闻，连坐十家，一体治罪，决不姑容。毋贻后悔。②

健讼、诬告、赌博这类对地方秩序的安定有所阻碍的行为往往是由地棍、光棍、无赖棍徒所主导的，而这则告示正是针对他们所采取的应对。卢崇兴承认了这类"恶民"的存在，禁止这种行为，且严厉处罚违反者，想必是要借此向他们表明自己身为地方官的坚决态度。

另外，地方官对于"良民"所发布的告示也相当多。那么，地方官对于"良民"的要求又是什么呢？这里同样透过卢崇兴的告示来一窥究竟：

照得：禾俗刁险，好讼成风。本府下车放告，收阅状词，大

---

① 《守禾日纪》卷三《告示类·一件严饬邪教真伪以靖地方以安良善事》。
② 《守禾日纪》卷三《告示类·一件再严禁赌博之禁申明从坐之条以戒惰游以端风俗事》。

抵风影之织，十居八九，浇漓健讼，已见其大概矣。今本府酌量勉准数词，现在提审，但尔民不忍一朝之忿，罔顾后求之患，往往鼠雀微嫌，辄驾大题计告，殊不知一经准理，不论理之曲直而先饱衙蠹之橐，且伺候听审，每有数月耽搁，农失耕耘，民废生业。即使小忿得泄，所损资息，已无算矣。更有轻听代书诬捏诳准，遂遭反坐。嗟尔乡民，何愚若此。真可怜而可恨也。合行劝谕。为此示，仰府属士民人等知悉。嗣后果有情关重大冤抑事情，如人命、强盗、贪官、恶蠹、势恶、土豪、十恶等项，方许据事直陈，以凭伸冤理枉。其余户婚田土斗殴钱债口角小嫌，可忍，则勉自忍耐；不可忍，则听亲友乡里调处和平。此非为让人，乃自为身家计也。本府谆谆告诫，劝化尔民。如以套言相视，恬不猛省，仍前装诬越诉者，本府惟悬反坐之条，以待尔奸民也。其各省惕，毋贻噬脐。①

在这里，卢崇兴希望健讼之"民"能够避免提告，若是不遵从指示的话，即使是"民"也会被当作"奸民"来处理，因此，警告"民"不要滥行健讼乃是本告示的主旨。值得注意的是，卢崇兴直言道：如果"民"不肯顺从的话，就要"以待尔奸民也"，也就是视为"恶民"。对卢崇兴而言，不是"良民"的"民"，就可能会成为处罚的对象。

顺道一提，在卢崇兴所发布的告示标题里，大多是透过改革或是禁令来解决某种状况（一般来说乃是行政制度上的问题，或是属吏和奸

---

① 《守禾日纪》卷二《告示类·一件劝民息讼以保身家事》。

民所引起的弊害），最后以"苏民累事"为目标，《一件严革漕弊以苏民累事》正是其中一例。① 另外，"除民害事"②、"安民生事"③等用法也频频出现。"视民如子""除暴安良"或是"除蠢安良"都是经常悬挂于地方官署的标语，同时也是地方官的座右铭。不过，这种情况下的"暴"和"蠢"里，当然也包含了不少"恶民"，也就是被形容为刁、悍、恶、奸的"民"或是不受地方官劝化的"徒"与"棍"。我们可以判断这些标语里其实隐含了如此含义，即地方官透过将"恶民"与"民"做切割的方式，拯救不包含"恶民"在内的"民"，并且立志成为"民"也就是"良民"之父母官。

然而，在地方官所发布的告示里，并非如同谳语一般对"恶民"进行单方面的裁断，而是在某种程度上亦对"恶民"进行些许斟酌。这也是告示异于谳语的一大特征。

较卢崇兴晚了十余年，在同样是浙江的杭州湾对岸担任绍兴府知府的李铎于一则题名为《剪除豪棍》的告示当中，首先提到绍兴府的无

---

① 《守禾日纪》卷二《告示类·一件严革漕弊以苏民累事》，《一件严禁酷比漕截借端勒耗以苏民困事》；同书卷三《告示类·一件严禁火耗以遵功令以苏民困事》，《一件再申漕截之禁以肃官箴以苏民困事》，《一件严禁白折加耗以苏民困事》，《一件严禁仓廒看夫计主以剔漕弊以苏民困事》，《一件严禁各属强发官价取买铺行以苏民困事》，《一件严查漕白南粮额外耗费以除积弊以苏民困事》，等等。

② 《守禾日纪》卷三《告示类·一件严禁兑换低假潮银以除民害事》，《一件严行申饬借命私擒同申诈以除民害事》，《一件严禁兑换低假潮银以除民害事》之二，《一件再禁藉漕科索以除民害事》，等等。

③ 《守禾日纪》卷二《告示类·一件严禁打印倾镕以纾民力事》，《一件严禁滥差滋扰以昭法守以安民生事》；同书卷三《告示类·一件严禁田房加价以遏刁风以奠民生事》，《一件严禁刁诬器讼以杜拖害以安民生事》，等等。

赖棍徒往往会召集匪类进行赌博、健讼、恐吓、窝贼等不法行为，并且横行地方，接着又对他们有以下的见解：

> 本府访闻，已得确实。本即严拿，置以重法，但不教而诛，心所不忍。譬如不肖子孙必借父师严训，犹望其革面回心，化顽转朴，便是良民。姑且暂从宽政。合亟示谕，为此示，仰该地方人等知悉。今后速宜反邪归正，痛改前非，尚可苟全性命。倘或怙终不悛，行径如前，本府除奸剪暴，一味认真到底，立即严拿详宪，按以光棍新例正法遣戍。本府执法如山，决不姑容留此民害。凡有灵性，速宜猛省改过，毋贻后悔。①

另外，李铎在题为《劝谕匪类》的告示里，有如下看法：

> 照得：为人在世必有一种艺业，故能守本分，孝父母。雍乡睦族，俭约自持，天报不爽，断无困厄之遭，自有安居之乐。夫何有等匪类不务本业，不习经营。始而游手好闲，继而逾垣鼠窃。或家族之中，或村乡之内，有此匪人，不知公首劝戒，每每彼此效尤。人之无良，殊可痛恨。独不思，为盗贼之人，古今来能有几个漏网，能有几个安享受用，但见事露被擒，追赃问罪。无论刑拷杖责，痛关切肤，抑且带肘披枷，身霸狱底。凡有人心，决不作此勾当。尔等清夜自思，果能改过自新，一艺一业，皆可养

---

① 《越州临民录》卷四《告示·剪除豪棍》（康熙二十八年十月四日）。

家。肩挑背负，亦能度日。含饴鼓腹，何等逍遥，魂安梦稳，如
何快乐。较之担惊受怕，犯法遭刑，相去奚啻天壤。本府为尔等
父母，不忍不教而杀，特先出示劝谕，为此示，仰诸色人等知悉。
凡从前有习于非为者，速宜猛省改过，安分营生，家族村乡，切
宜互相开导。各安养命，毋再为非作歹。如敢不遵劝诫，仍然怙
终不悛，今本府现在另置处贼盗刑具，一有窃发，即该县已经究
结，亦必仍着解府发落。轻则痛惩，重则立毙杖下，以作匪人榜
样……功令煌煌，难容轻试。各宜猛省，毋致噬脐。凛之，
遵之。①

李铎对于"棍徒""匪类"，甚至是被称为"盗贼"的"恶民"，搬出了
《论语》所说的"不教而杀谓之虐"（《尧曰》），期望透过训诫促使其反省、
洗心革面，认为"化顽转朴，便是良民"，这显示了在视其条件的情况
下，他们仍有进入"民"这个范畴的可能性。至于"本府为尔等父母"也
可说是在"棍徒"们都符合了这些条件的情况下所作的发言吧。

告示当中对于"恶民"抱有这种认识的地方官不单是李铎而已。我
们将时代稍微快转，同样是康熙年间在浙江的台州府台州县担任知县
的戴兆佳也是自知县的立场在告示里呈现了类似的看法：

照得：士农工商，各有职业。能守分，则为良民，不守分，
则为败类。邪正两途，全在人之自处。无奈，有等恶少，平日游

---

① 《越州临民录》卷四《告示·劝谕匪类》（康熙二十九年二月十七日）。

手好闲，不务生理。三五成群，耽情花柳，恣意呼卢，耍拳酗酒，无所不为。迫致家业荡然，饥寒交迫，盗心顿起。偷窃掏摸，始犹消阻闭藏，继则心雄胆大。复有地棍为窝为主，结连外来奸宄，群居萃处，昼伏宵行。公然以偷窃为生涯，地方不能安枕。台邑连年荒歉，今岁又遇暵干。新旧正杂赋税，现奉各宪严檄催征催解。是小民拮据，办纳正供，尚尔维艰何堪。尔等贼窝，作奸为祟。查新例内开，两次犯窃者发往黑龙江，给穷披甲为奴，三犯者真绞，法纪何等森严。即或事未败露，而地方乡捕人等，年有年规，季有季规，月有月规，稍不遂意，吊打频加，是惊心破胆。偷得来者，又徒饱他人之恶贯。尔等回头一想，何苦何苦。本县为民心切，嫉恶如仇。贼窝俱已访闻确实，本县逐名严拿重究。但念眼前皆属赤子，何忍不教而杀。合行出示晓谕，特开自新之路，为此示，仰一切贼窝不法人等知悉。嗣后务宜洗涤肺肠，革心革面，学做好人。凡向来为窃为窝者，许即据实赴县自行呈首。本县定当嘉与维新。从前作过事，概行宽宥，取具地方邻甲互保甘结。本人不致再犯遵依，或酌拨官田耕种，或量给小本经营，俾令各安生理。每逢月朔，赴县具结，存案查验。倘有棍捕人等借端烧诈，许即禀究。既免官刑，又无私诈，岂非至善。自今以后，敢有不遵示谕，或怙终不悛，不即行自首，或自首之后仍蹈前辙者，立即严拿，按照新例，从重治罪，断不稍为姑息，贻害地方。本县一片婆心，反覆开谕，如坐蒲团，效生公说法。尔等具有心胸，岂反不如顽石之点头耶。我言不再，各宜猛省。特示。①

另外，戴兆佳②亦在其他告示里表明了如下看法：

照得：本县恭膺简命，来牧兹土，夙夜自矢，加意抚绥，以无负圣天子视民如伤之意。但念稂莠不除，则嘉禾不植；强梁得志，则懦弱吞声。台民散处山陬，远隔城市，多有地棍结连党羽，欺压小民，武断乡曲，以非为是，陷害善良。种种不法，深可痛恨。更有一种积蠹，起灭词讼，包揽钱粮。愚民偶有争斗，便谓身家在其掌握。平居吸髓嚼肤，有事捏词恐吓。串合地棍，择懦飞噬，私窝赃贼。蠹以棍为牙爪，棍以蠹为羽翼。乡城联络，横霸一方。小民受屈无伸。本县为民父母，誓必剪除积恶，以消民害。但念教诫未施，遽申国典，殊非法外施仁之意。为此特行痛切晓谕，除真正巨魁首恶断难开宥者，如张脱天、王汝中、姜叔楷、周季赤、郑忠恒、陈从说等，现在访确拿究外，其有闻风知畏，消阻闭藏，痛改前非，反习为驯者，本县既往不追，开以自新之路。倘若怙终不悛，顽梗不化，或经本县访确，或被受害告发，一面严拿，一面通详，立置重典。身家俱破，悔之何及。尔

---

① 《天台治略》卷六《告示·一件开诚晓谕贼窝自首免罪反邪归正以安地方事》。
② 关于戴兆佳，参见光绪《台州府志》卷六十六《录三·名宦下·戴兆佳》。参见山本英史：《清代中国の地域支配》，东京，庆应义塾大学出版会，2007。

辈清夜自思，速宜猛省，戒之慎之，须至示者。①

这里同样也是对于藏匿贼盗且横行该地域的地棍们，也就是"恶民"，搬出了"但念眼前皆属赤子，何忍不教而杀"的论点，竭尽全力地进行说谕，企图将他们拉回"民"的范畴里。

接着，几乎与戴兆佳同一时期担任绍兴府会稽县知县的张我观提到以下看法：

> 会邑种种敝俗，沿习既久，难以骤易。然斯道本在人心，未尝一日而泯。惟居官者不能实宣教化，殷勤劝戒，故为民者，日趋于凉薄而不知返。语云，不教而诛为虐政。教而不改，是为顽民。若不先尽其教之之道，而遽目斯民为梗顽，此亦居官者之过也。②

其后，他还列举了 12 条自身的看法。其中"一靖地方先严光棍也"这一条饶富深趣：

> 本县赋性刚直，一见光棍，不啻豺狼。盖光棍一日不除，则民生一日不安。去一光棍，所以安千百良民也。新例首严，光棍有犯，立致死刑。本县抵任，业经痛处一二。惟恐稂莠不尽除，嘉禾犹有害，是以犹在访拿。若辈果肯悟已往之非，萌自新之念，

---

① 《天台治略》卷七《告示·一件严禁积蠹虎棍结党害民事》。
② 《覆瓿集》卷一《条告·申教令广劝导等事》（康熙五十九年五月）。

去恶迁善，即是良民。嗣后务须痛自湔洗，莫染旧污。本县与人为善之念，刻刻在兹，恶人作恶之念，亦刻刻在兹。能仰体本县即所以自淑其身也。[①]

像这种可说是地方官"温情攻势"的训诫或是说谕，不太可能有太大的实际效果。尤其是从同样的告示频繁地出现于各个时代与各个地域的这一点来看，因为这些告示而"痛改前非""改过自新"的"恶民"几乎是不存在的吧。但是，对地方官而言，这是无所谓的事情。因为告示的主要目的并不在此，而是在于表示"恶民"亦是"民"，地方官一方面贯彻"万民之父母"的立场，另一方面则是"既然为民之父母也"，为了"蠲弊除害"，只要能够处分那些不被当成"民"的"恶民"并且获得大义名分的话，这样就足够了。也就是说，纵然不教而杀总会于心不忍，但是，对于那些谆谆教诲之后仍然无法成为"民"的人们，地方官就会毫无犹豫地直接进行诛杀。

就地方官透过"父母官"的立场向"民"传达执政方针的这个性质来看，所谓告示可说是掺杂了理想与现实的公文书。

三、公牍详文类中的"民"

所谓详文，指的是一般地方官僚向上司进行报告的公文书，先详

---

① 《覆瓮集》卷一《条告·申教令广劝导等事》"一靖地方先严光棍也"（康熙五十九年五月）。

细且明确地报告管辖地域所发生的问题，再向上司请教其处理方式是否恰当，这乃是详文的撰写目的。因此，对上司要尽量避免使用抽象性描述，既要留意自己的用法是否恭敬谦虚，也要明确地主张意见，以显示自身的能力。这与以"民"为对象的训诫性告示形成了鲜明的对比。

《守禾日纪》收录了以下的详文：

> 切查：盐捕之设，专令巡缉私贩，不许结党朋充，借端生事，以为民害，屡奉各宪通行，严饬在案，迄今日久，锢弊滋生。职府莅任以来，密行察访，闻有一干白捕，假借巡监名色，撑驾三橹快船，纠合无赖。或十余人，或二三十人不等，或执器械，或挂腰牌，探有重载商船，喊抢入舱，口称搜缉私盐，捞掠一空。甚至乡村殷实之家，诬以窝屯，围门扑捉，抄劫家资，搬抢稻谷。种种厉民，难以枚举。职府察访弊真，现在密行缉究。但事干白捕害民，合行仰请宪台威灵，力为剪除，以垂经久。①

这里描写了非正规捕役（白捕）的棍徒行为，也就是以搜缉私盐为借口，向商人和地主抢夺财物的行为。卢崇兴在其后的详文里提到了区分正规捕役与非正规捕役的方法，尝试铲除棍徒对于"民"所带来的弊害。

包含上述的详文在内，《守禾日纪》所收录的详文只有 14 件，单靠

---

① 《守禾日纪》卷一《疏序申详类·一件严禁白捕横行以除嘉禾大害事》。

这些详文就想要充分地窥知卢崇兴对于"民"的看法，是非常困难的。所以，这里我们要针对同时代其他地方官的详文，进行检讨。

自康熙七年(1668)至康熙十二年(1673)的五年内，担任山西太原府交城县知县的赵吉士在寄给直属上司(即太原府知府)的一则题为《一件为奸民抗法等事》的详文里，有以下的内容：

> 抗法而法不能施，欺宪而宪莫之测，未有如张勋打死人命一案者也。张勋住居本县成村都，左邻张锦，右邻张田。其应纳钱粮户役，则在本都五甲。初控本府状内，现书交城人，本府发县审问。卑职据理执法，颇得真情，正欲检审。而张勋知卑职见闻真切，吓诈计诎，伪称阳曲县人，投控按察司。自恃舍人之尊，抗不赴官，差役莫敢拘拿。犯证在县，候审详报，而张勋差提不至，无凭审鞠。不但上件不完，其藐视卑职，欺罔上台，彰明较著。一人把持，合县成风。县官虚设，毫无管辖之名。文案徒存，难施理断之实。原籍交城，冒称阳曲，蒙蔽宪聪，致累愚弱。县令掣肘，国法安在。伏乞宪台鉴察刁情，挽回恶俗，使卑职稍得展布四体，立于民上，无令奸民欺藐蔑视。庶不负朝廷设立县令之意，而宪台之体恤下僚，惠爱百姓，主持风俗，关系世道人心者，非浅鲜矣。谨具文申请，恳祈宪台，将张勋打死人命一案，批发审结，报宪定夺。为此今将前由理合具申，伏乞照详施行。①

---

① 《牧爱堂编》卷五《详文·除害·一件为奸民抗法等事》。

由此可知，张勋将妹妹嫁给吕结之子吕五，但是，不到半年，妹妹便自缢了，未料，张勋却以"打死人命"诬告吕结。对于这样的"奸民"，赵吉士请求知府得采取坚决的态度。虽说山西太原与浙江大有差异，但是，在寄给上司的报告书里，还是可以看到一些共通点，例如，面对"奸民"的时候，无须将其视为"民"进行斟酌考量，且自始至终都在为了完成自身的地方行政，应该如何管理统制"恶民"的这个问题上面打转。另外，赵吉士亦有以下的看法：

> 治民犹治田也。治田者，不去其蟊贼，则虽终岁勤劬，而其田必荒。去盗犹去痈也。去痈者，不消之未形，则虽有万金良药，而其痈必溃。①

他认为进行地方治理的时候，铲除"害虫"或是"痈"是相当重要的。上官对于下属(特别是州县官)的要求归根究底其实就是租税的确保与治安的维持，能够确实执行这个要求的人正是理想的官僚。详文乃是给上司的报告书，也是向上司传达自身看法的文书，因此，地方官僚在详文里，理所当然会强调将对阻挠王朝统治，并且为地方行政带来障碍的"恶民"采取坚决的处置措施。就这一点而言，向上司询问自身的判决正确与否的谳语，和详文之间有着许多共通点。

不过，详文里也并非完全没有地方官自称是"民之父母"的文章。从康熙二十三年(1684)至康熙二十九年(1690)的 7 年内，担任湖南长

---

① 《牧爱堂编》卷八《详文·剿抚·一件守险分治事》。

沙府茶陵州知州的宜思恭在寄给上司（即知府）的一则详文里，有以下的看法：

> 窃惟：楚地向称名邦，人民殷富。不意自逆贼蹂躏之后，兼以饥荒洊至，一切民风土俗，世道人心，大异乎昔。幸逢宪台福星所照，剔弊厘奸，移风易俗，后乐先忧，革故鼎新，无一不与。小民另开生面重入。熙台固已无利不兴，无弊不革矣，犹且谆谆以谘询利弊，下采刍荛。此诚宪台视民如伤，不耻下问之意也。卑职方疏识暗，浅见寡闻，兼以莅任未几，虽一州之利弊，尚未周知始末，安敢矜能炫智，为湖南数十城斟酌是非。况叠奉批行司道府州县，条陈具已备极，一时痛痒，补救无遗矣。然卑职尚有数事欲陈者，非敢越俎言事，只不过就州言州。①

首先，他强调上官乃是"父母官"，接着列举了由 6 个条目所组成的"利弊六条"：①"保甲巡逻稽察之责宜均也"；②"义学之师傅宜奖励也"；③"劝惩之举劾不可不严也"；④"城内之民宜复也"；⑤"寓府刁民宜押回原籍也"；⑥"秋条之上田宜再种也"。其中的第 3 项有着极为有趣的见解，如下：

> 一、劝惩之举劾不可不严也。茶陵山川险峻，习俗浇漓。从无讲约旧规，耳不闻上谕之讲，目不睹律令之文。人心大坏，奸

---

① 《云阳政略》卷一《详文·条陈利弊六条之一》。

宄丛生。或劣衿伙党告官，或恶棍横行肆虐。卑职履任之日，即拟尽行访察，概行究革。又思不教而诛，非民父母，正拟申明乡约，渐次举行。乃蒙抚宪颁发条谕，卑职现在遵法力行，亲行讲释，劝化顽民。然有劝不可无惩，怙终不可为训。倘行之半年，以后犹有劣衿仍前把持健讼，包揽钱粮，地棍播虐乡民，肆行无忌者，是教令所不能及，则梗化之梼杌，法不容宽。许令卑职指名列迹具详。伏乞宪台大法重处，则举劾不爽，劝惩兼行。庶善民知所起，而恶民知所惧矣。所谓利所已兴，弊所已革。必俟宪台禁饬调停，始能尽善永守者，此也。①

一方面，宜思恭将告示中随处可见的套话"不教而杀非民之父母也"引用于详文，借此向上官传达自身作为地方官的理念。但是另一方面，他亦主张"则梗化之梼杌，法不容宽"，也就是说，这则详文整体来说其实是在强调向"恶民"进行处罚的必要性。

宜思恭为什么要将这样的文章加进详文里面呢？他在其他详文里提出：

州县为牧民之官，其职任以抚恤为先，其考成以钱粮为重，二项并行，常恐相悖。使催科之内不寓以抚字之仁，征比之时，徒事朴责，则虽钱粮早完，考成无误，尚失父母斯民之意。②

---

① 《云阳政略》卷一《详文·条陈利弊六条之三》。
② 《云阳政略》卷一《详文·详覆催科大略》。

一方面，当时往往要求地方官得确保征税，这也是考成所重视的部分；不过，另一方面却有许多立志成为"民"之"父母"的地方官因为"纵奸"的罪名而受到告发。从这则详文可以窥见一名官僚在王朝国家对于 17 世纪后半期地方官所要求的实际征税能力，以及立志成为"父母官"的理想之间的纠葛。

详文乃是掺杂了地方官僚的理想与现实的公文书，就这一点而言，可说是与告示类似。不过，既然这是向上官进行报告的公文书，那么，地方官僚在撰写详文的时候最后还是得强调且重视现实这个部分，也就是对于"恶民"的存在，地方官僚所进行的判决。

结　语

以上，我们以卢崇兴的公牍《守禾日纪》为中心，再加上其他康熙年间的公牍，检讨了地方官对于"民"的认识。其结果可知：收录于公牍里的三种公文书系统皆各自有其特色。

第一种是谳语。这里，对于实际存在于地方社会的"恶民"，地方官的应对方式乃是毫不留情地进行责备，也就是说，地方官以最为接近现实的方式去描写"民"。

第二种是告示。这里，对于实际存在于地方社会的"恶民"，地方官的应对方式乃是警告与劝化，姑且将"恶民"放进"民"的范畴内。不过，由于他们始终无法成为"民"，因此地方官即使日后要处罚他们，也有了较为正当的理由。也就是说，地方官以贴近理想的方式去描写

"民"当中亦有"恶民"的这一个矛盾。

第三种为详文。这里，对于实际存在于地方社会的"恶民"，地方官虽然保留了些许理念的空间，但还是试图采取较为现实的应对方式，也就是说，地方官以贴近现实的方式去描写"民"当中亦有"恶民"的这一个矛盾。

公牍乃是身为官僚的知识分子在实际统治地域社会的时候所遗留下来的公文书，看似枯燥乏味的这种公文书里，其实在其各个范畴当中，都可以窥见地方官进行统治之际，不时摇摆于理念与现实之间的纠葛和犹疑。因此，公牍具备了"描写民众的史料"之固有价值，乃是解读清朝国家统治本质的珍贵资料来源。

第五章　清初浙江沿海地方的秩序重建

宁波南田青竹屿孙姓，巨室也。平日留养佃丁健汉及温台不逞之徒，不下六七十人，墙垣坚固，枪炮齐全，海盗相戒不敢犯，意固谓高枕无忧矣。

——《点石斋画报》竹集八期《假官作贼》

前　　言

本章着眼于清朝实施海禁政策（即迁界令）前后的时代，以浙江沿海这一个地域为例，实际掌握 17 世纪后半期地方统治与秩序形成的情形。

透过宏观视角去理解东亚、东南亚的海域世界，乃是近年的研究倾向。例如，岸本美绪认为"在俯瞰 16 世纪至 18 世纪东亚、东南亚历史的时候，映入我们眼帘的是，从看似混乱的急剧膨胀、流动化转向沉静、秩序化的一个周期性巨大变化"，在如此推测下，尝试进行全面性的描绘。① 笔者基本上也是支持这个论点的，不过，这里要将焦点集中在17世纪后半期的浙江沿海，以微观视角对这个见解进行具体实证。这是因为发生于东亚、东南亚的个别现象乃是由极为多样的局面所构成，若要全面掌握这些现象的话，根据各个地域固有的状况进行考量，并且收集、累积相关资料，乃是不可或缺的基本工作。

关于清朝海禁政策的实证研究从20世纪前半期到今日，仍然蓬勃发展。② 但是，提到该政策对于地域的影响以及随之而来的秩序维持或是重建等内政问题的研究却是少之又少。近年，虽有研究论及该政策对于经济方面的影响，不过，关于地域社会的秩序形成这个问题，并未着墨太多。③

浙江沿海乃是受迁界令影响极深的地域之一，因此，本章将找出该地域的治理特征，借此，试图厘清于基层社会负责清朝地域统治的地方官僚在行政方面所受到的规范及其现实状况。

① 岸本美绪《東アジア、東南アジア伝統社会の形成、はしがき》(见《岩波講座世界歴史13：東アジア、東南アジア伝統社会の形成》，ⅴ页，东京，岩波书店，1998)或同氏《東アジア、東南アジア伝統社会の形成》(见前引《岩波講座世界歴史13》，5页)，同样的看法亦出现于同氏《東アジアの"近世"》(4页，东京，山川出版社，1998)等。

② 鷹取田一郎《台湾に及ぼしたる遷界移民の影響》(载《台湾时报》22号，1921)，谢国桢《清初东南沿海迁界考》(载《国学季刊》2卷4号，1930)，田中克己《清初の"支那"沿海——遷界を中心として見たる》(载《历史学研究》6卷1号以及6卷3号，1936)，谢刚主(国桢)《清初东南沿海迁界补考》(载《中和月刊》1卷1期，1940)，浦廉一《清初の遷界令に就いて》(载《日本诸学振兴委员会研究报告》17篇，1942)，浦廉一《清初の遷界令の研究》(载《广岛大学文学部纪要》5号，1954)，田中克己《遷界令と五大商》(载《史苑》26卷2、3号，1966)，等等。

③ 王日根：《明清海疆政策与中国社会发展》，福州，福建人民出版社，2006。

一、迁界令的实施与浙江

清朝为了对抗郑成功的海上势力，于顺治十五年（1658）强化海禁，更于顺治十八年（1661）在山东、江南、浙江、福建、广东这五省实施迁界令，强制沿海居民移居内地，以切断他们和海上势力的接触。迁界令的实施地域主要为郑成功的势力最为强大的福建，不过，浙江也受到了不少影响。首先，我们先回溯其实施过程。

身为海上势力的郑成功在父亲郑芝龙投降清朝后，仍然以其经济、军事力量为后盾，持续反抗清朝。又，顺治五年（1648）以后，郑成功一方面不时以沿海为据点派遣军队，另一方面亦继承了父亲之旧业，从事海上贸易。对此状况，清朝不得不采取政策。于是，强化海禁的政策便诞生了。

鉴于拉拢郑成功不成，顺治十一年（1654）二月，礼科给事中季开生提议"严海禁"，于是，清朝开始了强化海禁的方针。[①] 顺治十二年（1655）六月，浙闽总督佟代（屯泰）仿照明代弘治年间（1488—1505）的海禁令，要求沿海有关各省"无许片帆入海"。[②] 但是，当时仅禁止大型船只的出航，小型船只只要有票据的话，便可出航，沿海居民亦可捕鱼采薪，就这一点来看，可说是较为宽松的海禁。

---

① 《清三朝实录》顺治十一年二月己巳。

② 《清三朝实录》顺治十二年六月壬申。光绪《大清会典事例》卷六百二十九《兵部·录营处分例·海禁一》，顺治十二年题准。

正式的海禁开始于顺治十三年(1656)六月十六日，清朝要求浙江、福建、广东、山东、天津的各总督、巡抚、镇将禁止所有的出海行为，并且严格取缔违反者，其内容如下：

> 海逆郑成功等，窜伏海隅，至今尚未剿灭，必有奸人暗通线索，贪图厚利，贸易往来，资以粮物。若不立法严禁，海氛何由廓清。自今以后，各该督抚镇，著申饬沿海一带文武各官，严禁商民船只，私自出海。有将一切粮食货物等项，与逆贼贸易者，或地方官察出，或被人告发，即将贸易之人，不论官民，俱行奏闻处斩，货物入官，本犯家产尽给告发之人。其该管地方文武各官，不行盘诘擒缉，皆革职，从重治罪。地方保甲，通同容隐，不行举首，皆处死。凡沿海地方，大小贼船，可容湾泊登岸口子，各该督抚镇，务要严饬防守各官，相度形势，设法拦阻，或筑土坝，或树木栅，处处严防，不许片帆入口，一贼登岸。如仍前防守怠玩，致有疏虞，其专汛各官，即以军法从事。该督抚镇一并议罪。尔等即遵谕力行。①

然而，根据郑成功的部下、日后降清的黄梧的以下说法可知，这个海禁未必彻底实施：

---

① 《清三朝实录》顺治十三年六月癸巳。参见康熙《大清会典》卷一百一十八《刑部十·律例九·兵律一·关津》，顺治十三年六月十六日上谕。另外，原档存于《内阁大库档案》(《内阁大库档案》038189，收入《明清档案》A028-002)，不过，关于内容的部分，并无太大的差异。

郑成功未即剿灭者，以有福、兴等郡为接济渊薮也。南取米于惠、潮，贼粮不可胜食矣。中取货于兴、泉、漳，贼饷不可胜用矣。北取料于福州、温州，贼舟不可胜载矣。今虽禁止沿海接济，而不得其要领，犹弗禁也。夫贼舟飘忽不常，自福、兴距惠、潮，乘风破浪，不过两日耳，而闽粤有分疆之隔，水陆无统一之权，此成功所以逋诛也。①

最后，清朝采用了熟悉状况的黄梧之献策②，顺治十八年（1661），命令户部实施迁界令。虽然尚无法确认与此命令直接相关的文献是否存在，不过，透过以下的上谕还是可知其内容：

前因江南、浙江、福建、广东濒海地方逼近贼巢，海逆不时侵犯，以致生民不获宁宇。故尽令迁移内地，实为保全民生。今若不速给田地、居屋，小民何以资生。著该督抚详察酌给，务须亲身料理，安插得所，使小民尽沾实惠。不得但委属员，草率了事。尔部即遵谕速行。③

所谓迁界令，指的是清朝中央为了对抗郑氏的海上势力，强制将

---

① 《清三朝实录》顺治十四年三月丁卯。
② 江日昇：《台湾外记》（台湾银行经济研究室编：《台湾文献丛刊》第60种），201～202页，台北，台湾银行，1960。
③ 《清圣祖实录》顺治十八年八月己未。另外，《内阁大库档案》顺治十八年十二月十八日的条目里，亦收录了2件同样内容的上谕（038181、038185，收入《明清档案》A037-098，A037-099）。

相关地方的居民全数移居至内地，并且造墙为界的政策，较其前身的海禁令更为严格，更为彻底。顺治十八年（1661），分别实施于江南、浙江、福建；康熙元年（1662），实施于广东；康熙二年（1663）则实施于山东。①

顺道一提，如学者所言："实施迁界的地域除了以上两省（山东、江南）的一部分以外，还涵盖了浙江省的宁波、台州、温州三府，福建的沿海全域，广东的七府二十七州县。"②迁界令的主要对象虽然是福建与广东，但是，浙江亦是受其影响极深的地域之一。又，如方志所言："顺治十八年，以温、台、宁三府边海居民迁内地。康熙二年，奉檄，沿海一带，钉定界桩。仍筑墩堠台寨，竖旗为号，设目兵若干名，昼夜巡探编传烽歌词，互相警备。"③浙江的主要实施地域乃是温州、台州、宁波三府。④ 而且，如"浙江受迁界之祸者为温、台、宁三府，而舟山为最烈，舟山之易名定海，即因迁徙之后，而更斯名者，其受祸之烈可知"⑤所言，宁波府当中，又以舟山等岛屿所受的影响最大。

---

① 光绪《大清会典事例》卷七百七十六《刑部·兵律关津·历年事例》。

② 田中前引《清初の"支那"沿海（一）》81页。

③ 雍正《敕修浙江通志》卷九十六《海防·国朝防海事宜》。

④ 认为浙江省当中，宁波、台州、温州这三府最为重要的看法，自迁界令实施以前就已经存在了。浙江巡抚佟国器在顺治十六年（1659）五月六日的上奏文里，提出："浙省拾壹郡……其滨海者有杭州、嘉兴、绍兴、宁波、台州、温州陆府。陆府之中，宁、台、温叁府最重。则以支港错杂，易于入犯，岸口深广，便于泊舟，故宁、台、温号称三区应设重兵防御。"（《抚浙密奏·谨陈浙海形势逆贼近日情形并设兵机宜》，不分卷）。浙江巡抚朱昌祚则指出：因为迁界令的影响被迫移居的宁波、台州、温州人数分别为11 000余人，46 000余人，34 000余人（《抚浙移牍》卷一《复总督赈济迁民》）。

⑤ 谢前引《清初东南沿海迁界考》814页。

我们回溯到正式实施海禁令的前两年，也就是顺治十一年（1654）的时候，当时就任浙江巡抚的秦世桢针对浙江的种种问题，有以下的看法：

> 海防有禁，片板不许出洋。况当鲸氛未靖，尤宜加谨提防。近闻沿海地方多有居民，以樵采捕鱼为名，私自出关下海，乘机远出外洋。倘因此透漏内地消息，潜通奸细往来，关系封疆，贻误匪细。是欲杜奸宄窥伺之端，宜先申船只下海之禁，合行严饬。为此牌仰各道，通行属县沿海地方，凡居民濒海船只，总不许假借采捕名色，擅自出洋，以滋奸衅。①

接着，秦世桢提到以下情形：

> 海孽不逞，逆我颜行。凡属臣民，同仇志切。若能严我备御，困彼穷洋，直是釜底游魂，旦夕可供刀俎。无何，有等奸徒贪射微利，蹈险私通，凡米粮鞋帽绸布等物，搬运贸易。甚有奸细潜入内地，购买接济。有司不知禁防，弁亦有知而故纵者。似此借寇资盗，大干法网，合行严禁。②

在顺治十三年（1656）实施海禁令以前，早已对沿海居民的出海行为进行了管理统制，但是却未彻底实施。沿海商人将所需物资搬运贸

---

① 《抚浙檄草》卷一《禁航海船只》。
② 《抚浙檄草》卷一《申严通海》。

易给"海贼",借此获利,而官兵亦默认此行为,从中需索,乃是其原因所在。秦世桢担忧部分沿海居民可能会与海上势力互通有无,提供军需给他们,导致支援海上势力的人愈来愈多。他的担忧毋庸置疑促进了海禁令的强化,而日后的迁界令以物理方式切断人、物之间的往来,可说是更为彻底地实践了海禁令的政策,因此,迁界令的主要目的其实在于剥夺沿海居民与外部势力进行接触的机会。

浙江总督刘兆麟针对实施迁界令后的浙江状况,有以下的看法:

> 浙省宁绍台温沿海一带,地方设汛分防。毋容一人偷越,不许片板下海。凡有违犯者,奸民枭示。汛守弁兵,地方印捕知情故纵,卖放丛奸,一并处斩。疏虞无获,从重革职治罪。煌煌功令,各宜凛遵。①

单看这个告示的话,实施于浙江沿海的迁界令似乎达到了当初所预期的效果。可想而知的是,实施迁界令后,负责警备的弁兵怠惰职务,导致"奸民"乘机越界的事情不时发生。不过,与实施迁界令之前相较的话,越界的情况已经较受遏制了。

但是,江日昇针对迁界令实施后的状况,有如下的详细报告:

> 时守界弁兵,最有威权。贿之者纵其出入不问。有睚眦,拖出界墙外,杀之,官不问。民含冤莫诉。人民失业,号泣之声载

---

① 《总制浙闽文檄》卷一《申饬海汛慎防偷越》。

道。乡井流离，颠沛之惨非常。背夫弃子，失父离妻，老稚填于沟壑，骸骨白于荒野。①

根据江日昇的报告可知，迁界令的实施，不仅让官兵们更加无法无天，还给被迫移居内地的一般人民带来了重重苦难。

对付郑氏的有效对策乃是迁界令，但是，彻底实施迁界令对于沿海居民的负面影响反而更大，结果，清朝在实施数年后不得不调整当初的方针了。

二、迁界令的放宽与浙江

迁界令在康熙四年（1665）以后，采取较为和缓的处置，首先是山东，接着亦下令放宽浙江、福建、广东三省的迁界令。② 据称"康熙八年己酉……奉旨展界，民赖复业"③，因此，放宽迁界令的时期应为康熙八年（1669）。

其具体内容尚未清楚，不过，就"奉旨展界，民赖复业"的内容来看，至少迁界令当中最为人诟病的部分，即"将相关地方的居民全数移居至内地，并且造墙为界"的政策应该是暂停了。但是，对于沿海居民的出海与贸易，清朝仍然坚持着严禁方针。因此，这说到底只是一个

---

① 前引《台湾外记》232 页。
② 《清圣祖实录》康熙五年一月丁未，福建总督李率泰上疏，同康熙七年十一月戊申，广东广西总督周有德上疏等。参见田中前引《清初の"支那"沿海（二）》90～92 页。
③ 前引《台湾外记》251 页。

暂时措施，海禁的方针尚未废止。反倒是"同时间，顺治十八年的禁令更为严格了"①，不让沿海地方与外部有所接触的海禁原则其实是毫无变化的。

尽管海禁原则并无变化，但是，由于一时之间放宽迁界令，至少浙江沿海的状况有了极大的变化。关于这一点，清朝中央有以下的看法：

> 前以沿海迁徙，恐致民人失所，故特令展界，许民复业，以资生计。今闻，沿海地方奸民，仍与海寇交通，潜相往来，妄行不绝，反致良民不安。虽屡经禁饬，而该管各官，阳奉阴违，视为故事，因循怠玩，奸弊日滋。甚至有地方汛守官兵，纳贿故纵，通同容隐，以致奸宄益炽。又海寇船只，时常登岸，劫掠频闻。汛守各官漫无剿御，殊非法纪。②

清朝中央针对放宽迁界令后所造成的种种问题，向负责现场的督抚、提督提出了四个问题：①如何才能严禁奸民的通海？②如何才能防止贼寇的登岸？③如何才能编制训练战船水师？④台寨的修筑是否有助于防卫？③ 这里值得注意的是，清朝中央在第一个问题的开头就提到了禁止"奸民"通海的对策。这是因为放宽措施后，早就令人忧心不已的"奸民越海通贼的问题"再度爆发，对清朝中央而言，解决这个

---

① 田中前引《清初の"支那"沿海（二）》91页。
② 《总制浙闽文檄》卷二《条议防海机宜首疏》。
③ 《总制浙闽文檄》卷二《条议防海机宜首疏》。

问题可说是迫在眉睫。

对于这个问题，浙江总督刘兆麟于康熙九年（1670）七月，有以下的答复：

> 臣等窃以民人透越作奸者，其类有三。一系迁移之民，资生之策，私带网缯等物，偷渡出界，捕鱼食用者。此无聊之穷民也。一系地方奸徒，羡慕渔利，或于界内界外，私造船只，每逢渔汛，出洋捕鱼，发卖鳔鲞者。此射利之奸民也。一系他处奸徒，贩卖内地货物，越界贸易，希图重价，或换取洋物，携入内地发卖者。此则作奸犯法之奸商也。虽从前未必各汛皆有其事，而揆情度理，总不外此三者。盖穷民偷渡，止为口食之计，人数无多，夜行昼伏，弁兵不及觉查。罪固莫逭，而其情可矜。若捕鱼发卖之奸民与贸易货物之奸商，所纠之伙必多，所带之物必广，势必勾连土棍，贿嘱弁兵，窝隐交通，恣其出入，则其奸叵测，而为患渐深矣。是必安插穷民，务俾得所，以清出海之源，而严查奸商、土豪、衿棍、宦仆，以绝通海之孽，庶民不生心，而奸不肆志也。①

他认为：民间有三种人不肯遵守禁令，除了为了维生不得不出海的"穷民"以外，借由渔获希图射利的当地"奸民"以及透过贸易获得巨利的外地"奸商"乃是最大的问题，他们与界内的土豪、棍徒以及驻扎当地的士卒互相勾连，因此得以自由出入。

---

① 《总制浙闽疏草》卷二《条议稽禁奸民第一疏》。

刘兆麟在接获上谕后,向治下人民发布了严禁越界的告示,当中具体地列举了违犯者可能进行的行动,如下:

> 尔民或愚懵无知,或旧习难改,或利令智昏,或容情扞法。有聚众越界,采捕鱼虾者。有收买犯禁货物以伺出洋者。有海上潜来贼徒,竟敢容留歇宿者。有暗约贸易,携物藏置海边者。有因故旧亲戚在于海外而仍通书信往来者。有假称捕鱼而乘船偷出外洋者。此等违禁之事,目今虽未有犯,恐奸民故智,难免复萌。①

接着,刘兆麟再次对治下人民发布了严禁越界的告示。其中认为人民不肯遵守禁令的主要原因如下:

> 不轨奸徒,嗜利如饴,走死若鹜。或贩买贸易,或接济通洋。有奸民贿嘱汛防官兵,利其赀财,而故意纵放者。有不肖劣弁串通玩法,兵民置货营运,而瓜分余利者。要见内无细作,则外奸何由觊觎。官兵若能巡缉无私,则奸徒亦断断不敢轻蹈法网。此自然之理也。②

在浙江沿海,由于迁界令暂时放宽,顺治十三年(1656)正式实施海禁令以前就已经存在的种种问题再次爆发了。

---

① 《总制浙闽文檄》卷三《饬禁透越》。
② 《总制浙闽文檄》卷四《再禁透越奸弊》。

发生于康熙十二年(1673)十一月的三藩之乱在隔年康熙十三年(1674)的时候，波及东南沿海地方，导致迁界令被迫喊停；接着，该年五月，郑经入厦门，迁界令实质上等同废止。不过，康熙十五年(1676)，随着福建的耿精忠投降清朝，重新评估迁界令的议论也再次出现了。康熙十七年(1678)，重新实施迁界令。① 但是，作为刘兆麟的接班人，于康熙十二年(1673)就任浙江总督的李之芳针对康熙二十年(1681)的状况，明白指出："今台、宁各汛日报，贼艅艘游移内洋，屡次登犯。"②由此可知，想要完全达成当初预期的效果，绝非易事。因此，想要从界内去阻止与其照应的不法分子，也是极为困难的。

三、放宽迁界令后的秩序重建

那么，在一连串的海禁政策及其实情当中，对地方进行秩序重建之际，沿海地方的地方官僚们遭遇到哪些难题？又是如何解决这些难题的呢？

刘兆麟针对放宽迁界令后的浙江沿海地方的状况，有如下的看法：

> 宁、绍、台、温等府为滨海严疆，最称险要。今者外有游魂未靖，内多奸宄潜生。兼之新奉展界垦荒，招徕流遗，初集防范，更宜严毖。是以本部院特疏条议，海边派船巡哨，以御贼船窥伺，

---

① 《清圣祖实录》康熙十七年闰三月癸卯、丙辰。
② 《李文襄公别录》卷六《文告纪事·严禁奸民通海告示》(康熙二十年九月)。

内地编立保甲，以杜奸民透越，沿海无主田地，拨给穷民开垦，官给牛种籽粒，安插得所以靖出海之源。①

对于放宽迁界令后的秩序重建，刘兆麟认为继续留意外来"游魂"的同时，对于潜伏界内的"奸宄"加强警戒，乃是沿海负责官员的要务。但是，他认为："浙闽乃财赋奥区，濒海重地。虽则承平已久，然而幅惧辽阔，灾祲相仍。"②其接班人李之芳也称："浙属山陬水澨，向来每易藏奸。近日不轨之徒，讹言煽动，勾党散札。屡经发觉，今边圉戒严。恐有外来奸细潜迹窥探。或本地狂徒，乘机窃发，必须严谨查察，弭患未萌。城池库狱关津隘口，皆当留心倍加防护。"③由此可知其中乃是困难重重。

在这种状况下，浙江沿海地方的官僚们相当清楚破坏界内行政规范与秩序的民众是何方神圣，于是，开始对应该进行何种管理统制，产生了浓厚的兴趣。在他们所留下的行政文书里，往往将需要进行管理统制的民众称为"奸民"或是"奸徒"，甚至使用了原来意指无赖的"棍"或是"棍徒"作为这些民众的名称。

刘兆麟对于杭州"奸民"的样态，作了详细的描述：

省会人烟稠杂，奸宄丛生。有等游手好闲不事本业之徒，专一结交匪类，靡恶不为。诸如放赌拈头、火囤扎诈、包告包准、

---

① 《总制浙闽文檄》卷五《饬沿海招集迁民稽察透越》。
② 《总制浙闽文檄》卷一《申饬两省武官》。
③ 《李文襄公别录》卷三《军旅纪略·饬各道察拿奸宄》（康熙十三年四月）。

伙告伙证、诓撞太岁、造使假银、捏造诽谣、匿名榜帖等事。是其平居之生意也。次而剪绺白闯、拐骗掏摸、偷鸡吊狗、放火打抢、白昼邀夺、黑夜穿窬等事。是其小试之端倪也。甚而涂面盘头，逾垣入室，明火执械，劫财伤人。①

接着，他又说：

> 杭城乃省会之区，路当冲要，人居稠密。兼之五方杂处，兵民莫辨，真伪难稽。近访有等棍徒小厮，结党成群，散处于人烟辏集之处，窥伺于郊关野僻之间。睊有单身乡愚，或进城完纳钱粮，或负货往来贸易，或肩背包裹，或身带银钱，公然抢夺，彼传此递，转眼无踪。更有各处船埠马头，此辈假扮舟子，拉扯客商，名为装载，半路停舟，搜夺银物，到手立时，驱逐登岸，孤身客旅，受害无伸。似此路人遭殃，不一而足。地方邻里明知而不敢拦救。见者侧目，闻者寒心。会城市肆，官埠马头，辄敢横行无忌，以至郊原旷野村居僻壤，流毒间阎，又不知凡几许矣。当此光天化日之下，岂容憝不畏死之徒贻害地方。②

正如"浙省民情刁险成习"③所言，这种状况不只是杭州城内，同时亦是浙江沿海地方稀松平常的事情，"奸民"透过这些"不法行为"获

---

① 《总制浙闽文檄》卷五《缉拿土棍》。
② 《总制浙闽文檄》卷四《巡缉不法奸徒》。
③ 《总制浙闽文檄》卷四《访拿讼师讼棍》。

得收入来源，并且得以"贩卖内地货物，越界贸易"。

有趣的是，刘兆麟认为"浙省五方杂处，习俗浇漓，奸诈易丛，人心莫测"，于是将身处界内的"奸民"分为三种类型：以异籍而流毒诳财，以土棍而害人撞岁，冒旗营而扎诈公行。[①]

其中，对于地方官僚而言，第一种自外地潜入的"奸民"乃是最需警戒的存在，不过，在放宽迁界令的背景下，想要在省会杭州或是沿海都市完全阻止这些棍徒的行动，绝非易事。他们为了建立自己的立足之地，往往和作为当地"奸民"的地棍（土棍）狼狈为奸。

第二种的土棍也相当重视与外地棍徒之间的关系，于是，"害人撞岁"的现象更是层出不穷。[②] 结果，如"游棍非串同地棍，不足肆其奸，地棍非假借游棍，不能行其诈，此辈相需表里，遂无不可为之事"[③]所言，两者之间形成了强固的共生关系，导致地方官僚们防不胜防。

不过，刘兆麟所提到的第三种，也就是与军队勾结的"奸民"，亦是特别值得注意的存在。关于这一点，接下来将稍微进行详细说明。

刘兆麒针对"奸民"与营兵之间的关系，有以下的说明：

近闻，各营有无借游棍，冒充兵丁名色，或竟顶名食粮，狐

---

① 《总制浙闽文檄》卷六《禁缉诓诈奸徒》："浙省五方杂处，习俗浇漓，奸诈易从，人心莫测。……或以异籍而流毒诳财，或以土棍而害人撞岁，或冒旗营而扎诈公行。"
② 《总制浙闽文檄》卷六《饬禁棍徒诈骗》。同卷六《缉拿放火奸徒》，《李文襄公别录》卷五《文告纪事·关防诈欺告示》（康熙十二年十月）等。关于土棍与游棍之间的关系，参见山本英史：《清代中国の地域支配》，214～215页，东京，庆应义塾大学出版会，2007。
③ 《总制浙闽文檄》卷五《访拿指诈奸棍》。

假虎威，播虐闾里。有合伙开铺，欺压乡愚者。有放头局赌，诓骗殷懦者。有放印子钱而盘算小民者。有窝藏土妓而扎诈火囤者。甚且私造营船，昼则兴贩私盐，强载客货。夜则悬刀插矢，劫掠民间，放肆横行，无所不至。更有埠头船只，避当官差，投营庇护。及遇营兵需船，又向县官折干，仍将营船装载，莫可谁何。再则闻报盗贼劫掠，不遵定例，不即发兵，追擒迁延观望。及闻贼遁，始借追缉为名，复又沿乡骚扰，指扳良善，猎诈乡村。小民受兵之惨，甚于受贼之劫。种种荼毒，殊堪发指。此皆土棍钻入营伍，朋比勾引，以至作孽如是。若不严加禁饬，民害何止。[①]

迁界令的实施无疑提高了为了防卫沿岸而驻留此地的军队之士气。又，如前所述，康熙十二年（1673）发生三藩之乱，靖南王耿精忠于隔年康熙十三年（1674）攻打浙江的台州、温州、处州，导致整个浙江蔓延着紧张的氛围，军备更是随之增强。[②] 在这个背景下，身为营兵的绿营在浙江沿海地方的影响力逐渐扩大，正因如此，官兵与军属们的蛮横行为所带来的弊病也开始出现了。[③] 然而，刘兆麒认为借此作威作福的并非一般官兵，而是"此皆土著劣兵，地方恶棍，假威肆虐"[④]。又，李之芳也提出："营厮既开夺取之端，即有无藉之徒，乘机假冒，

---

① 《总制浙闽文檄》卷二《饬禁营伍纵兵》。
② 《李文襄公别录》卷五《文告纪事·晓谕安民》（康熙十三年四月）。
③ 楢木野宣：《清代の绿旗兵——三藩の乱を中心として》，载《群马大学纪要》（人文科学编）2号，1953，后收入同氏：《清代重要职官の研究》，东京，风间书房，1975。
④ 《总制浙闽文檄》卷一《禁约营兵不许生事扰民》。

真伪莫辨。"①据说绿营的士兵多出身游民、无赖，这是因为招募之际，只是机械性地对一对定员数而已，不太过问人才技艺，因此，才会导致游民、无赖居多的现象，他们仗着官兵的权威到处作威作福。② 增强沿岸防卫后，需要招募更多的士兵，这对当地的"奸民"们来说，乃是进入军队实现私利的绝佳机会。③

针对"奸民"与官兵互相勾结所进行的恶行恶状，刘兆麒具体列举了以下的营债：

> 杭城有等奸恶棍徒，专一勾合营兵，广放私债，藉其威焰，规取厚利，两下烹分。当放债之时，则止于七折八折，勒写足数之券。及索偿之际，则利至五分六分，甚且至于十分。票上转票，息上盘息，不须半载周年之间，竟至倍蓰什佰于本赀矣。彼欠债之人，无聊困乏，只顾目前。而放债之人，则预先探其某为亲戚殷实可欺，某为至交家道可扰，延至本利积累之候，封占房屋，抢掠女妻。犹且不敷券数，则逼其抜亲累眷，代为偿还。或佩刀乘马，辱詈盈门，或毁器拿人，棰楚备至。甚有短见自尽，轻弃性命于莫偿者。更有公然告理，逼勒官府，代彼追讨者。天昏日黑，惨不忍言，人怨神恫，毒难尽述。甚有多年冷债，而送与营

---

① 《李文襄公别录》卷五《文告纪事·示禁悍兵旗厮骚扰》(康熙十三年五月)。

② 佐佐木宽：《绿营军と勇军》，见《木村正雄先生退官记念东洋史论集》，350～351 页，东京，汲古书院，1976。

③ 据说为了尽早补充更多的士兵，当时招募到的士兵皆为土著居民。参见罗尔纲：《绿营兵志》，229 页，北京，中华书局，1984(北京，商务印书馆，1945，初版)。

兵以索逋，亦有放赌拈头，而即以博输为实。借此又险恶奸棍设心陷人，几于不可方物矣。不思营兵籍隶戎行，不但分身无术，抑且粮饷有限，何从积蓄余财。其为地棍串通借端牟利，不问可知。所以放债之人与勾引居间之人皆属一气贯通，巧设机阱者也。若非力行禁遏，则水深火热，长此安穷。[①]

所谓营债，乃是各地军营中的士兵利用其特殊背景所发放的一种高利贷，其历史悠久，早在三国时代已有，据说宋代以后，史书里的相关记载愈来愈多，由于以武力为后盾进行催缴，被视为违法的行为，遭到禁止。[②] 值得注意的是，还有一种人专门撮合"奸民"与官兵相识。关于这部分，李之芳有以下的说明：

> 浙省无藉恶棍，每多驾营滚利，违旨殃民。本部院屡经禁饬，悍兵恶棍，全不悔祸自悛，流毒闾阎，日甚一日。……惟是推原祸始，旗营与民人原不相识，乃有一种纤棍，勾通引诱，辄堕

---

① 《总制浙闽文檄》卷一《禁营兵借放民债》。

② "营债"一语最早出自《三国志·魏志·高柔传》，到了宋以后，相关的史书记载越来越多。又，针对军营的弊害，《宋史》卷一百九十三《兵志七》记载："其弊有六。一曰上下率敛，二曰举放营债……似此虽具有条禁，而犯者极多。"由此可知，举放营债已经被认为是当时的一个弊害了。张忠民《前近代中国社会的商人资本与社会再生产》(上海，上海社会科学院出版社，1996)102～103页亦简单提到此事。另外，康熙初年担任浙江巡抚范承谋幕友的魏际瑞在其文集《四此堂稿》卷十《驻防满洲急宜撤去》中指出："愚民无知者，有急或借营债，其本或八折，六折，或四五折，其利重至十分，二十分，或三十分，一时无还，利又作本，例换文书，照例起利，百姓有借银二三十两，未及一年，算至二三百两者。"认为营债之所以能够流行，乃是因为民间欠缺借贷资本。

牢笼。①

顺道一提，放宽迁界令后，以上刘兆麒和李之芳所指的"地棍"或是"土棍"越来越明目张胆，而这一群对于地方官僚所希冀的沿海地域秩序重建带来了"负面"影响的内地"奸民"究竟是何方神圣呢？从地方官僚们的证言可知：第一种乃是在沿岸和码头，以来自外地的客商或是当地的商人、纳税人为对象进行诈骗和掠夺的存在；第二种则是开设赌场，经营高利贷或是妓院，向有钱人家敲诈财物的存在；第三种乃是利用船舶进行私盐买卖和贸易的存在。除了杀人、强盗、放火等罪大恶极的罪犯以外，尚有一群人趁着沿海政治军事情势的变化企图大赚一笔，他们以沿海地域为活动的中心，拿一些本钱去进行非法生意，就这一点来看，他们其实就是一群冒着风险的当地商人，或是与其相关的土著居民，抑或共同瓜分其中利益的无赖。想必是因为他们各个处于不安定的立场，才会与外来的势力保持密切关系，甚至假借营兵的权威来保障自身的活动。

接着，刘兆麒说：

> 问其党羽，大抵挂名营伍，投诚穷迫，而总以无赖土棍为奥援也。问其结聚，大抵深房僻巷，冷静庙宇，城内城外，无处蔑有。而要之窝赌局场，为尤甚也。有招揽者，有探听者，有应援者，平日则量材而用，临时则遇事生风，得财则见者有分。地方

---

① 《李文襄公别录》卷六《文告纪事·严禁营债告示》（康熙二十一年七月）。

侧目而视，有司莫之敢撄，以致殷懦人家，日不安席，夜不安枕。将来流祸尚忍言哉。①

由此可知：对于这种"奸民"，不只是当地居民，就连地方官也是束手无策。

四、迁界令解除后的秩序重建

康熙二十二年(1683)八月，台湾郑氏降伏于清朝。早在康熙二十年(1681)二月，福建总督姚启圣与巡抚吴兴祚就相继要求废止迁界令了。② 接着，康熙二十三年(1684)四月，在工部侍郎金世鉴的请求下③，该年十月，于九卿会议作了以下的决定：

> 今海外平定，台湾、澎湖设立官兵驻札。直隶、山东、江南、浙江、福建、广东各省先定海禁处分之例，应尽行停止。若有违禁，将硝黄、军器等物，私载在船，出洋贸易者，仍照律处分。④

此后，浙江亦解除了迁界令，一方面，地方官僚们无须将神经耗费在取缔那些"奸民"与海上势力的互相勾结上面了。但是另一方面，由于解禁后来自外部的人与物逐渐流入浙江，对于这种全新局面，地

---

① 《总制浙闽文檄》卷五《缉拿土棍》。
② 《清圣祖实录》康熙二十年二月辛卯。
③ 《清圣祖实录》康熙二十三年四月辛亥。
④ 《清圣祖实录》康熙二十三年十月丁巳。

方官僚们不得不将注意力放在与过去截然不同的秩序重建上面。

浙江当中的宁波乃是受到迁界令强烈影响的地域，因此，可想而知的是，迁界令的解除给这个地域亦带来了极大的变化。康熙二十七年(1688)出任宁波府知府的张星耀负责迁界令解除后的宁波的地方行政。他的公牍《守宁行知录》生动地传达了当时宁波的模样。①

首先，关于展海(即迁界令解除)后宁波的一般情况，张星耀在告示与详文中写道：

> 宁郡自海禁大弛之后，商贾云集，五方杂处。兼密迩普陀，又为进香孔道，往来如织，尤易隐藏。②

> 丛林为纳污之所，海外尤为藏奸之地。普陀山寺悬隔岛洋，自展复以来，聚集缁流，盈千累百。且往来烧香者，又复绎络不绝。恐其间不无贤奸杂处，稽查不可不严。③

> 镇关为浙省门户。近日开海以后，商艘番船不由定海，率皆扬帆抵郡，所恃以稽查防范者，惟镇海一关是赖。④

> 沿海地方，仰荷皇仁浩荡，许令百姓驾船出海贸易采捕。此

---

① 张星耀，直隶武强人，自康熙二十七年(1688)至康熙三十四年(1695)的这段时间担任了宁波府知府。《大清畿辅先哲传》卷三十《贤能三》。参见乾隆《宁波府志》卷十六下《秩官·国朝文职官制》。
② 《守宁行知录》卷二十六《示檄·申严禁例》。
③ 《守宁行知录》卷二十五《示檄·缉奸杜害》。
④ 《守宁行知录》卷一《详文·谘访浙省》。

诚遐迩沾恩，莫不鼓舞欣忻。岂今不轨之徒，机乘在洋船只或孤舟可制，人少易欺，竟无忌惮，肆行攘夺，以致劫失屡闻。[1]

海洋辽阔，相距数省。江浙闽广之船去来错杂，且或贸易外番，或就洋采捕，住留靡定，行驶无常。其汛防战哨各船避外洋之风潮，而住泊于附近岛岙，瞭望难周，巡剿莫及，势所必至。[2]

宁郡地冲边海，洋船络绎，四方商贾，杂遝往还。况际此隆冬，奸宄更须防范。[3]

由此可知，迁界令解除后的宁波与过去相较，自外洋入港的船舶飞跃性地增加了，于是，来自各地的商人与游民纷纷来到宁波，甚至还有前往普陀山参拜的香客，导致"奸民"混入其中的机会增加，地方官必须更加警戒提防。

那么，这些"奸民"进行了什么活动呢？张星耀提到宁波"奸民"的实际状态，如下：

宁郡自海禁大弛之后，闽广各客航海而来，临不测之波涛，涉汪洋之瀚海，其为冒险经营，更莫言状矣。……无如奸牙狡侩不存天理良心，视耽耽而欲逐逐，接货到家，即行打算。或那东

---

① 《守宁行知录》卷二《详文·请严泊船》。
② 《守宁行知录》卷三《详文·谘询防海》。
③ 《守宁行知录》卷二十一《示檄·禁止夜行》。

掩西，张冠李戴，或遗新换旧，李代桃僵。及至水落石出，而拖欠不还，席卷潜逃，竟无着落。遂使客旅孤踪，忍泣吞声。……即有一二不甘，告官追究，而因循不察之官府，非为情面注销，即置终岁不结审。幸而执法追比，则又将敝衣破物，抵死搪塞，较量资本，十不得一。①

首先，这里所指的"奸民"其实就是"奸牙狡侩"，即以沿海的码头为舞台的恶劣牙行(掮客)，这里具体地呈现了他们对外来客商虎视眈眈的模样。② 另外，张星耀在一则题为《严禁异棍》的告示里指出：

宁郡东渡门外，自海禁大弛之后，商贾云集。本府恐有奸猾牙侩吞骗客赀，严行出示禁约。又檄地方官一体查究。及至放告日期，凡控有牙人拖欠客货等词，靡不即为批发。是本府之待尔等远商，良不薄矣。岂尔等商人，全不仰体本府优恤之心，习尚拳勇，一味生事，扰害地方。种种不法，本府已访闻，确有实据。③

这里所说的"异棍"正是客商。客商在沿海地域也同样被叫作"异

① 《守宁行知录》卷二十三《示檄·严禁牙人》。

② 关于清初牙行所导致的商业秩序破坏行为，以下论文有详细的说明：韦庆远《清代牙商利弊论》(载《清史研究通讯》1985 年第 4 期，后收入同氏《明清史辨析》，289～298 页，北京，中国社会科学出版社，1989；山本进《明末清初江南の牙行と国家》(载《名古屋大学东洋史研究报告》21 号，1997，后收入同氏《明清时代の商人と国家》，194～202 页，东京，研文出版，2002)。

③ 《守宁行知录》卷二十二《示檄·严禁异棍》。

棍"，乃是与掮客业者不相上下的"奸民"。又，内外的"奸民"未必是互相对立的存在，如"奸徒诈冒，串通地棍，借端骗害，煽惑愚蒙"①所言，若是利害一致的话，双方共谋的现象也是有可能的。接着，张星耀又说：

> 近访，有等不法光棍，歃血订盟，焚表结义。三五成群，酗酒撒泼，肆行无忌。夫聚游手之徒于一处，小则扛帮斗殴，大则闹街霸市，金钱乱费，驯至为非。更有一种凶徒，罔知法纪，以众凌寡，以强欺弱，有事辄聚众相打。凡此皆地方大害，法所难宥者也。②

由此可知，这些"奸民"结盟后，往往会形成暴力团体，让事态更为严重。

随着迁界令的解除，宁波出现了许多问题，尤其是以沿海地域为舞台的当地掮客以及外来客商等在全新的环境下，更是日益嚣张。对地方官僚而言，这乃是必须重新解决的问题。

那么，张星耀是如何对付这些"奸民"的呢？首先，他对于当地的掮客业者乃是采取以下方法：

> 嗣后务当凛守禁约，信实通商。约期毋逾时日，授受不爽分毫。使远人慕义，主客相安。是即为尔等衣食之源。何必用此奸

---

① 《守宁行知录》卷二十一《示檄·关防诈伪》。
② 《守宁行知录》卷二十二《示檄·严禁歃盟》。

狡诳骗之术，敢有藐法如故，仍行局骗。再使异乡孤客来府呼吁者，本府立刻锁拿，于追完客本之外，仍将本人重责枷号，驱逐出境，弗使再行垄断，骗陷客资。尔等商人亦当仰体本府一片热肠。①

另外，对于来自外地的客商则是采取以下的方法：

> 凡属外来客商，当凛遵禁令，恪守法纪。遇有交易，平心和气，不许三五成群，借醉咆哮。更不许呼朋引类，哄诱子弟。敢有定更之后，沿街行走以及聚众殴打，横行非法，再蹈前辙者，许地方里民协同擒送。本府照光棍例，通详究治。本府冰心铁面，言出如山。先行诰诫者，是望尔等之保守身家，和气生财，慎勿故违自罹法网也。②

张星耀的应对方式乃是尝试透过警告与说谕来减少不法行为，也就是要求掮客、客商双方必须遵守法令，若是违法的话，就要依法严办。使用"冰心铁面""言出如山"等惯用表现来强调官府的"认真态度"，可说是其特征。

话说回来，放宽迁界令之际被视为问题的"奸民"活动之一，也就是高利贷与妓院经营，在迁界令解除后，呈现了何种状况呢？关于这个部分，张星耀有以下的看法：

---

① 《守宁行知录》卷二十三《示檄·严禁牙人》。
② 《守宁行知录》卷二十二《示檄·严禁异棍》。

地方之害最坏于有娼，风俗之衰莫甚于无耻。相沿既久，恬不知非。而又有奸棍豪徒包揽觅利，遂致蟠结败坏而未有已。宁郡自开海以来，商贾云集，然里民未见殷饶，洋估每伤亏本，多由有限之金钱，耗入妓馆，无多之衣食，填在青楼。尤可恨者，贷钱放债，据为垄断之场，倚势恃强，视为膏腴之穴。①

由此可知，在宁波，高利贷业者与妓院经营者互相勾结，导致"奸棍"或是"豪徒"将其视为膏腴之穴的状况持续地发生着。对此，张星耀发出了以下的警告：

本府不为不告之诛，爰申再三之令，为此示，仰阖郡兵民人等知悉。自示之后，各宜痛改前非，速行出境。如有仍前藏匿，强留他所，或被告发，或经访闻，民则尽法重惩，兵则移营究处。非惟原券抹销，抑且直穷到底。本府铁面如冰，有言必践，各宜凛遵，毋致噬脐。②

由此可知，被称为"奸棍"或是"豪徒"的人们当中，除了"民"以外，还包含了"兵"，从他们涉及放债一事，我们可以判断，迁界令解除后的高利贷业当中，仍然存在着"营债"性质的部分。张星耀对于这种"奸棍""豪徒"，亦是使用"铁面如冰"或是"有言必践"这类惯用表现来予以警告，并且声明自己不会进行"不告之诛"。

---

① 《守宁行知录》卷二十四《示檄·包娼放债》。
② 《守宁行知录》卷二十四《示檄·包娼放债》。

另外，在张星耀出任宁波府知府的期间（康熙二十七年—三十四年，1688—1695），李铎则担任了同时期的绍兴府知府（康熙二十八年—三十一年，1689—1692）与杭州府知府（康熙三十一年—三十五年，1692—1696），他所编著的公牍《越州临民录》以及《武林临民录》都具体地呈现了迁界令解除后绍兴府与杭州府的状况。

首先，关于绍兴的情况，李铎指出："绍郡襟山带海，奸宄易于出没，尤宜加意防范。是保甲之法不可不举，而夜行之禁不可不严也。"[①]又，杭州府的情况则是"杭郡人居稠密，烟户万家。而所属各县襟山带海，水陆杂处。其间奸良莫办，稽察务宜严密。所赖印捕各官平日力行保甲，昼夜巡查，则防范有素。庶几匪类无所容身，奸徒无托足之地矣"[②]。李铎所认为的绍兴、杭州两府的情况与宁波府极为相似，都是因为"奸民"潜入该地域，所以同样需要严加戒备。接着，他针对绍兴府的"埠棍"，即在码头作恶多端的"奸民"，则有以下的描述：

> 曹娥、蒿坝、梁湖、百官为宁台孔道，商贾往来如织[③]。且迩来定关开海，客货较前更多，挽输络绎不绝。是以穷民每借搬运营生，而船户亦赖装载度日。商人量货给资，小民出力糊口。两利之道，诚甚便也。今本府亲访得，此地有等积奸埠棍，因埠头久奉禁革，遂尔巧借饭铺为囮。凡遇商货到坝，耽耽虎视，无

---

① 《越州临民录》卷四《告示·申严保甲夜巡》（康熙二十八年八月二十八日）。
② 《武林临民录》卷二《信牌·申严保甲》（康熙三十一年九月十九日）。
③ 在雍正《敕修浙江通志》卷五十七《水利六·绍兴府》中，出现于本文的四处地名（曹娥、蒿坝、梁湖、百官）乃是坝或堰。

论船钱脚价加三加四扣除不等，甚至指使水手脚夫揽夺行李，抢得一人一货到店，便可分肥肆诈。以致孤行商客，货物星散，瞻前不能顾后，忍气吞声。无奈遂令往来垣道视若畏途。此所以有客人好做，梁湖坝难过之民谣也。病商剥民，殊可痛恨。①

接着，他对于杭州府的"牙埠"，则有以下的描述：

杭郡当水陆要冲，商民贸易往来如织。向因各处埠头皆系积棍霸充，招接客货，写船揽载，埠头高价勒索，及到船户之手未得其半，商民交困。是以历奉宪禁，酌定雇船每两止许付牙用一钱余外，不许多勒分毫，每于月终亲诣查问。如有积棍暗充，额外多索指难情弊，即行严拿解究，按月具结申送在案。惟是积奸牙埠盘踞垄断，积习已深。凡遇船只到埠，先收其舵橹风帆，尽为藏匿。迫至揽载，任意重扣。稍不依从，令其泊舟河干，摈斥不问。船户若欲弃此他图，则业已留质难去。如守候以待，则囊空觅食无门。倘商贾不遂其重索，则停顿货物，迟滞行程，势不得不饮恨吞声以顺其欲。是使茕茕舟子胼手胝足，不能觅微利以糊口。彼行商远客栉风沐雨，复遭此牙埠之辣手。而此辈颐指气使，坐享厚利。言之殊可痛恨。②

这里所谓"埠棍"或是"牙埠"指的是在码头承包货物搬运作业，并

---

① 《越州临民录》卷四《告示·禁埠棍扣克》（康熙二十八年十一月二十五日）。
② 《武林临民录》卷三《告示·严禁牙埠扣克》（康熙三十二年四月十日）。

且以货物贩卖的中介为业的掮客。迁界令解除后，随着来自外地的贸易船只日益增加，掮客的任务也变得重要，同时他们所带来的弊病也越来越明显了。[1]

李铎也提到了绍兴的"私债"，除了"有等奸恶之辈，惟利是图，天良丧尽"[2]以外，同时指出了以下现象："甚有倚托势宦，挂名营伍，准折子女，陷良为贱，逼献田房，使无立锥。种种豪恶吸尽民膏，为富不仁，大干功令。"[3]接着，关于杭州的"放债"，李铎也提到了几乎同样的情况[4]，特别是省城里的"纤棍"向部分有钱人家，介绍一些借钱的好去处，结果造成他们为高额利息所苦的情况[5]。这里特别值得注意的是，这种"奸民"乃是利用高利贷累积大量资本与土地的"为富不仁"（《孟子·滕文公上》）者。又，他们亦将高利贷视为安定保障自身处境的权力武器，除了一直以来的军队以外，"势宦"（即本地的乡绅势力）也是他们的依附对象。这或许代表了一件事情，即在迁界令解除，戒严时代的紧张感日益缓和的浙江沿海地方，逐渐恢复威信的乡绅再次被评价为"奸民"足以依附的对象了。

基本上，李铎对于这种"奸民"的应对方式与张星耀并无太大差异。

---

　　① 关于处于这种状况下的明末清初的江南，上田信《明末清初、江南の都市の"無頼"をめぐる社会関係——打行と脚夫》（载《史学雑志》90 编 11 号，1981）有详细的考察。
　　② 《越州临民录》卷四《告示·禁私债重利》（康熙二十八年十月一日）。
　　③ 《越州临民录》卷四《告示·禁私债重利》（康熙二十八年十月一日）。
　　④ 《武林临民录》卷三《告示·严禁私债重利》（康熙三十二年三月十九日）："甚有倚势托力，准折子女，逼卖田产。种种刻剥民膏，真属为富不仁。"
　　⑤ 《武林临民录》卷二《信牌·严禁纤棍放印子钱》（康熙三十二年九月二十日）。

也就是说，他仅透过告示声称要严厉处罚那些破坏秩序规范的人们而已。①

不过，透过这种陈腐的惯用表现不断地警告"奸民"的方式，究竟对于事态的解决能否奏效呢？最后，我们要再次引用张星耀的文章：

> 邑宰一官，天子命来令斯土，原于民有父母之称。上不爱下，是为旷职。下不敬上，斯为逆民。苟非披毛带角之伦，未有不识尊卑之分者。不意，尔慈素称文学名邦，犹有互乡。如廿三都者，前开堂一事。其衅起于迎龙。迎龙之非，本府已经示禁，反覆譬晓，想所共闻。夫迎龙不可，何况执械。执械不可，何况无端。挥拳于兵役，喧嚷乎县堂。破案毁鼓，不几令天日为昏，居然叛逆形径哉。本府原拟通详各宪，穷究余党，按律拟戍，以昭国典。因念蚩蚩赤子原属无知，一经执法，株连扳扯，必无噍类。更恐光棍刁徒乘机索诈，既已不免于法，又复重伤于财。虽自作之孽，岂不堪痛堪怜。本府稔知实繁有徒，姑开三面。但将冯成、董丙、翁五三犯枷示，无非使尔等知法不可犯，官不可欺，县堂不可哄，官物不可毁，兵役不可殴。尤欲使尔等知县官不通详之恩，本府不诛求之意，悔罪改过，好义明纪，为善士为良民。若不知宽宥出于格外，以为法止于枷责，刚愎不悛，则刑法绳之于后，反负本府从前忠厚待人之心。合行示谕，为此示，仰慈溪县士民人等

---

① 《越州临民录》卷四《告示·禁埠棍扣克》；《武林临民录》卷三《告示·严禁牙埠扣克》。

知悉。嗣后务听本府之言，须明礼讲让，爱亲敬长，尊上急公，忍争息斗，以廿三都冯成等为戒。乘此清平盛世，击壤鼓腹，共乐尧天，是本府之所深望于尔民者也。①

这是一则向宁波府慈溪县的"奸民"行动进行警诫的告示，单从文本推测的话，应该指的是集团行使的暴力最后发展为殴打兵役或是骚扰破坏县署的行动。这一则告示，道尽了地方官，特别是知府对于"奸民"的心境。张星耀认为人民为赤子，地方官则是其父母，"因念蚩蚩赤子原属无知，一经执法，株连扳扯，必无噍类"，因而延缓执法。不过，他强调将三名主犯处以枷示，乃是为了让人民理解"法不可犯，官不可欺，县堂不可哄，官物不可毁，兵役不可殴"。在清初的江南，地方官僚对于地方势力所采取的行动乃是以选出代罪羔羊与表演、示众、威胁、重复、杀一儆百等为特征②，迁界令解除过后的浙江沿海地域的地方统治情形亦是原封不动地沿袭了这个传统。

结　语

本章针对迁界令实施前后的浙江沿海地域的地方统治情形，进行了概观。最后，将上述内容整理如下。

清朝为了对抗郑氏的海上势力，于是强化海禁政策，自顺治十八年(1661)开始实施了强制沿海居民移居的迁界令。过程中虽然采取了

---

① 《守宁行知录》卷二十五《示檄·特行诫谕》。
② 山本前引书 175 页。

若干放宽措施，但是，到康熙二十三年(1684)为止的 20 多年，基本上都是遵守着切断海上所有交通的原则。浙江成了其实施对象的五省之一，特别是宁波、台州、温州这三府被视为主要的地域。

当时未必彻底地遵守迁界令的原则，但是，封锁海上交通对于沿海地方的影响是不容小觑的。因此，放宽且废止迁界令之后，沿海地方再次出现了全新的环境变化，结果造成沿海地方的地方官僚们在管理行政方面，面临了全新的难题。

首先，人与物骤然流入沿海地方，再次成为一个问题。接着，以客商为肥羊的当地掮客，反过来自外部挑起争端的客商，在其间暗自活动的无赖组织或是流民，保障他们部分行动的军队以及乡绅等本地势力互相结合后，搅乱了地方官僚们一直以来所冀望的安定秩序。地方官僚们将上演这场闹剧的人们命名为"奸民"或是"棍徒"。他们的行动即使是在实施迁界令的状况下，也仍然持续进行着，放宽且废止迁界令后，更是一发不可收拾了。

"奸民搅乱秩序"的事实不仅是浙江，而是整个清代的各个地方官所共同面临的问题，不过，到了清朝的地域统治得以确立的 17 世纪后半期，沿海地方由于商业贸易的飞跃性发展，呈现了特别的样貌，浙江被视为是"难治"之地的部分理由正是在此。

作为本章研究对象的东亚海域世界自 16 世纪后半期至 17 世纪前半期，终结了一度白热化的动乱时期，不过，在独立势力消失踪影的另一面，该地域反倒成了中国商人热络进行戎克船贸易的舞台。[①] 迁

---

① 尾形勇、岸本美绪编：《中国史》，293～294 页，东京，山川出版社，1998。

界令解除后的浙江沿海"奸民"的情形正是这个时代背景下的产物。对清朝而言，吸收这种全新的环境，将其整顿有序，并且安定内政的时机总算到来了。然而，当时负责浙江沿海地方的地方官僚们对于这种秩序重建的时机，仍然持续墨守成规。基本上，他们的态度与实施迁界令以前相较，并无太大变化。他们并未考虑到迁界令解除后的时代变化以及浙江沿海地方特有的地域结构，也没有顺应这个变化或结构去构筑一个根本性的政策，结果导致地方官僚们将他们认为是"扰乱秩序"的商人或是与其相关的种种人物，一律定义为"奸民"。对于这些奸民，就只是使用一些陈腔滥调，不断地重复传统的规范而已。因此，"奸民扰乱秩序"的这个现实并未获得改善，就这样继续存在于浙江沿海地方，整个清代，视浙江为"难治之地"的看法也从未改变。

第六章　健讼的认识与实际状态

——清初江西吉安府的情况

崇川张某狡黠好讼，人畏之若蛇蝎。

——《点石斋画报》巳集三期《讼师恶谑》

前　言

　　刊行于康熙三十三年（1694）的《福惠全书》乃是清代颇具代表性的官箴书，其后，不仅在中国，甚至在江户时代的日本，亦有众多的读者。该书收录了一段记载，如下：

　　　　地方官纵能听讼，不能使民无讼，莫若劝民息讼。夫息讼之要，贵在平情，其次在忍。以情而论，在彼未必全非，在我未必全是。况无深仇积怨，胡为喜胜争强。我之所欲胜，岂彼之所肯负乎。以此平情，其忿消矣，而何有于讼。以忍而言，彼为横逆，从傍自有公论，何损于吾。或别有挑唆，无如息气让人便宜自在。

彼即受辱，吾宁不费钱乎。以此为忍，其念止矣，而何至于讼。虽然平情乃君子之行，容人亦非浇俗所能。惟恃上之有以劝之耳。然劝之道，亦甚微矣。世风偷薄，嚣竞成习。三尺童子皆有上人之心，一介匹夫每多傲物之态。反唇诟语，辄起争端，至性天伦遽为残毁。苟或区区文告，而日相勉导焉，彼亦文告视之而已。要即因其讼而默寓以劝之之意乎。①

上文乃是或多或少出现于清初（即 17 世纪后半期）官箴书的一种文字表现，由此可知，当时的地方行政，往往将劝民息讼的前提，也就是"健讼"（妄行诉讼）视为社会问题。那么，对于负责当时地方行政的长官而言，他们是如何理解息讼以及作为其相对概念的健讼的呢？并且，其实际状态又是如何呢？

认为中国某些特定地域存在着健讼风气的这个看法，自宋元以来，早已源源不绝了，与此相关的研究成果也相当丰富。② 其中，关于健

　　① 《福惠全书》卷十一《刑名部·劝民息讼》。

　　② 关于宋元时代的健讼，参见宫崎市定《宋元时代の法制と裁判机构——元典章成立の时代的、社会的背景》（载《东方学报》24 册，1954，后收入《宫崎市定全集》第 11 卷，东京，岩波书店，1992）；赤城隆治《南宋期の诉讼について——"健讼"と地方官》（载《史潮》新 16 号，1985）；陈智超《宋代的书铺与讼师》（收入《刘子健博士颂寿纪念宋史研究论集》，京都，同朋舍出版，1989）；许怀林《江西史稿》（南昌，江西高校出版社，1993）；小林义广《宋代吉州の欧阳氏一族について》[载《东海大学纪要》（文学部）64 号，1996，后收入同氏《欧阳脩——その生涯と宗族》，东京，创文社，2000]；植松正《元朝支配下の江南地域社会》（收入《宋元时代の基本问题》，东京，汲古书院，1996）；大泽正昭《主张する"愚民"たち——传统中国の纷争と解决法》（东京，角川书店，1996）；同氏《〈清明集〉の世界——定量分析の试み》（载《上智史学》42 号，1997，后收入同氏《南宋地方官の主张》，东京，汲古书院，2015）；程民生《宋代地域文化》[郑州，河南（转下页）

讼发生的原因，列举了各式各样的缘故，如人口众多、物流增加、土地买卖的活跃、地主的土地占有、移民的流入，甚至是与工业、农业等当地产业之间的关系等。但是，本章之所以提出清初健讼的这个问题，最初的目的并非在于重复探讨其原因，也不是在于主张该状况自宋元至清初的一贯性、不变性。所谓健讼，乃是人们的主观看法，亦是对于现存状况的一种认识。因此，本章将对清代特定地域的诉讼实际状态进行检讨，特别关注以下几个问题，即认为健讼基于某种原因形成于宋元时代的这个认识是如何维持至清代的呢？又，这个认识是在何种实际状况下展开的呢？透过这些考察，来厘清清代地方社会诉讼结构的部分面貌。

一、地域与史料

首先，针对本章所关注的特定地域，即吉安府，进行若干说明。吉安位于江西省的中部，也就是赣江与其支流禾水的交汇之处，宋代称为

（接上页）大学出版社，1997］；青木敦《健訟の地域的イメージ——11—13 世紀江西社会の法文化と人口移動をめぐって》（載《社会経済史学》65 巻 3 号，1999）；小川快之《宋代信州の鉱業と"健訟"問題》（載《史学雑誌》110 編 10 号，2001）；同氏《宋代饒州の農業、陶瓷器業と"健訟"問題》（載《上智史学》46 号，2001，后收入同氏《伝統中国の法と秩序》，东京，汲古書院，2015）；龚汝富《江西古代"尚讼"习俗浅析》［載《南昌大学学报》（人文社科版）2002 年第 2 期］；小川快之《〈清明集〉と宋代史研究》（載《中国：社会と文化》18 号，2003）；刘馨珺《明镜高悬——南宋县衙的狱讼》（台北，五南图书出版股份有限公司，2005，特别是第四章第三节《"健讼"的罪与罚》）；等等。另外，关于明代的健讼，参见小川快之《明代江西における開発と法秩序》（收入大島立子編：《宋—清代の法と地域社会》，东京，东洋文库，2006，又收入小川前引书）。

江南西路吉州，元代乃是吉安路，明代以后则是吉安府。吉安府为江西省十三府之一，洪武二年（1369）以后，领有庐陵、泰和、吉水、永丰、安福、龙泉、万安、永新、永宁九县。基本上，清代亦沿袭此原则。①

话说，《宋史》有以下记录：

> 江南东西路……其俗性悍而急，丧葬或不中礼，尤好争讼，其气尚使然也。②

又，北宋的诗人、书法家黄庭坚曾经说过：

> 江西之俗，士大夫多秀而文，其细民险而健，以终讼为能。由是玉石俱焚，名曰珥笔之民。虽有辩者不能自解免也。惟筠为州独不嚣于讼，故筠州太守号为守江西道院。然与南康、庐陵、宜春三郡并蒙恶声。③

由此可知，江西自宋代已是经济、文化中心之一，但同时也因是健讼之地而广为人知。又，民间所谓讼学存在于以江西为中心的地域，并且自宋代连绵持续至元代。④

其中，吉安尤有好讼风潮，素有难治的评价。知县段缝在至和元

---

① 乾隆《吉安府志》卷二《地理志·沿革考》。另外，吉安府在乾隆八年（1743）新设莲花厅。
② 《宋史》卷八十八《地理志·江南东西路》。
③ 黄庭坚：《豫章黄先生文集》第一《赋十首·江西道院赋》。
④ 参见宫崎前引书第 206 页。

年(1054)新设永丰县之际所写的文章里说：

> 今天下号难治，惟江西为最。江西号难治，惟虔与吉为最。
> 其所以为难者，盖民居深山大泽，习俗不同。或相尚以讼，相好
> 以酒，视死如戏玩，较利如析毫。[1]

由此可知，宋代的江西尤为难治之地，其中，吉州（吉安）与虔州（赣州）更是恶名昭彰。

一般认为，这种健讼的认识随着明初里老人制的成立，会暂且平息，在明代中后期里甲制崩坏后，才再次形成。[2] 不过，江西的情况却是，在整个元明时代，都持续被认为是健讼之地。特别是吉安，在进入元代以后，仍然一如往昔，诉讼极多，15世纪末的时候，健讼已经成为严重的社会问题。[3]

16世纪的吉水人罗洪先[4]称：

> 土瘠民稠，所资多业邻郡。其俗尚气，君子重名，小人务讼。
> 兼之军、民杂袭，豪猾猋腾，吏治鲜效。庐陵、泰和最称难理。

---

① 同治《永丰县志》卷三十三《艺文志·记·新建永丰县记》。此外，这则记事也出现于光绪《江西通志》卷六十八《建置略二·廨宇二·永丰县》。

② 中岛乐章：《明代後期、徽州郷村社会の紛争処理》，载《史学杂志》107编9号，1998，后收入同氏《明代郷村の紛争と秩序——徽州文書を史料として》，东京，汲古书院，2002。

③ 小川前引《明代江西における開発と法秩序》。

④ 罗洪先，字达夫，嘉靖进士，隆庆初（元年，1567）卒。谥文庄，一作文恭。《明史》卷二百八十三《儒林二》有传。参见万历《吉安府志》卷二十四《理学传》。

永宁、龙泉稍稍易与云。①

自清初顺治至康熙前期，江西人口极少，与万历六年(1578)的585万余人相较，大约减少了400万人。其原因被认为是明清交替时期以及三藩之乱所带来的兵荒马乱，导致民众纷纷移居至外省。到了雍正、乾隆年间，由于来自福建、广东的移民越来越多，于是，江西的人口有所增加。②就吉安府而言，从下表可知丁数的增减情况，也就是说，与万历十三年(1585)相较的话，顺治十七年(1660)丁数普遍减少，到了康熙年间(1662—1722)仍未恢复。这与江西整体的情况大致吻合，不过，吉安府在雍正八年(1730)的时候，人口仍未增加，到了乾隆三十八年(1773)，虽稍有恢复，但大多数的县几乎尚未超过16世纪末的丁数。至于本章主要讨论的时代，也就是康熙三十三年(1694)前后，当时，三藩之乱得以平息，社会秩序与生产力正要起飞，但是，人口尚未恢复至原来的水平。

地方志中的吉安丁数变迁③

县份	万历十三年	顺治十七年	康熙年间	雍正八年	乾隆三十八年
庐陵	137 744	83 977	93 166	86 475	130 586

---

① 罗文恭：《舆图志》，见康熙《西江志》卷二十六《风俗·吉安府》。

② 许前引书567～586页。

③ 乾隆《吉安府志》卷三十三《赋役志·户口考》。这里仅列举了能够互相比较的丁数，而表格中乾隆三十八年(1773)的数字乃是丁与口的合计数字。另外，康熙年间永丰的数字记为"人口"。当然，地方志所记载的个别数字是否真的呈现了各自的实际状态，尚须深入讨论。

县份	万历十三年	顺治十七年	康熙年间	雍正八年	乾隆三十八年
泰和	49 921	35 699	45 915	46 414	70 930
吉水	68 900	28 742	50 371	50 371	51 364
永丰	43 344	27 522	43 344	30 785	32 759
安福	32 604	27 675	28 032	39 008	28 275
龙泉	14 551	18 181	10 829	11 165	13 967
万安	21 791	19 056	18 158	18 450	29 256
永新	28 358	17 955	18 840	19 798	28 639
永宁	4620	缺	4626	4668	4777

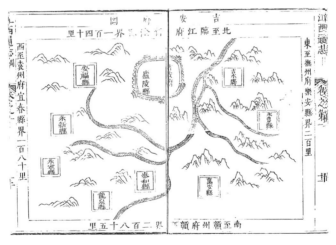

康熙《江西通志》吉安府图

接着，针对本章主要使用的史料《守邦近略》，进行若干说明。该书收藏于美国国会图书馆(Library of Congress，Asian Division Reading Room，B668.21-C37)，清康熙三十三年(1694)刊本，四集，八册一函。管见所及，不论是日本，或是中国大陆的主要收藏机构均未见此书的踪影，因此，应为孤本。不过，美国国会图书馆并未将此书指定为善本。

作者张官始，字抑斋，浙江仁和县人，为顺治十七年(1660)的举人，康熙三十一年(1692)春天，由国子监助教转任为江西吉安府知府。康熙三十三年(1694)十月，由于治下吉水知县杨峤的亏空问题，张官始引咎辞任。①

该书收录了总计154件公牍，第一集有47件，第二集有44件，第三集有29件，第四集则有34件，除了收录于第一集的37件告示以外，其余的117件皆为判牍。张官始在卸任后立即刊行出版该书，可见进行编辑的时间并不多，因此，我们可以判断该书所收录的判牍较为接近实际状况。当我们针对作为健讼之地的江西，特别是其中极具代表性的吉安进行考察的时候，该书可说是传达了清初该地诉讼实际状态的珍贵史料。

二、江西地方官的健讼认识

张官始的健讼认识

关于张官始对于健讼的认识，可以从《禁止健讼》这一则告示略知一二。张官始首先在告示里写道：

---

① 关于张官始，乾隆《吉安府志》卷二十《职官志·府职官表》有传。另外，参见乾隆《杭州府志》卷七十一《选举·举人》，《守邦近略》赵隐水樵氏康熙甲戌(1694)序。

民间讦讼，最为可矜。焦心劳身，费财失业。而愚人无知，甘于轻试。每见健讼之徒，未有不破家荡产，受刑被系。后虽追悔，噬脐何及。无论呈状一入公门，每为墨吏居奇。即清廉奉法，听断无私，而提解待审，道路之跋涉，居停之守候，所费已多，旷业已久。且一经涉讼，书胥役隶无不输情尽礼，嘱托帮衬。绅衿尚且不免，而况在小民乎。①

民众涉讼的话，往往会"破家荡产，受刑被系"，是相当不划算的。接着，一旦开始打官司，民众就会浪费时间和金钱，成为胥役的饵食。即使是绅衿，亦无法避免。尽管如此，民众仍然不愿停讼，张官始认为这是因为有一群好讼者于其中教唆，如下：

查有一种倔强之徒，好刚斗胜，以挺身告状为才能，以熟识衙门为谙练。又有一种贪恶之人，妄想索诈，遇事则放风熏吓，不遂则叠告无休。更有一种教唆讼棍，心犹虎狼，迹同鬼蜮。原无恒业可安守，哄人告状作生涯。逞驾虚词，播弄诡计。又多首鼠两端，原被俱归掌握。甚至鸠众公举，匿名揭告纷纷。此等狡黠，真不可一日容于盛世者也。②

张官始将这群人分成三个种类。第一种乃是倔强之徒，他们"以挺身告状为才能，以熟识衙门为谙练"。第二种则为"贪恶之人"，他们

---

① 《守邦近略》第一集《禁止健讼》。
② 《守邦近略》第一集《禁止健讼》。

"妄想索诈，遇事则放风熏吓，不遂则叠告无休"。第三种为"教唆讼棍"，他们"哄人告状作生涯"。

为了对付他们，张官始提出了以下的对策：

　　本府念切民瘼，合行饬禁，为此示，仰阖郡士民人等知悉。除真命逃盗大案宜赴首告外，凡系户婚、田土、债负、忿争等情，应听亲党调和，万勿轻于涉讼。各安生业，保守身家，何乐如之。如万不得已而举词，除虚诬越控不准外，其应准者，公庭之下，本府惟有矢天誓日，据理公评，不畏权势，不欺懦弱，不受贿嘱，不徇私情。尔民静听审理，慎勿央求势豪，慎勿听信衙役，慎勿落局输财、被人撞岁，慎勿纠党公举、操纵起灭。本府断不肯丧心昧理，而以曲为直，以是为非，以执法听讼之堂为垄断把持之地者也。至于所在地方有教唆词讼、陷害平民者，乡保人等不时据实首报以凭。尽法痛惩，详宪决配。尔等毋谓新任初临，惯作好言，以邀名誉。本府赋性耿介，积久不移，慎勿尝试。凛之！凛之！①

作为其对策，首先，张官始建议户婚、田土、债负、忿争等民事案件"应听亲党调和"，借此减少诉讼。若是逼不得已必须涉讼的话，他亦承诺将会亲自严正审理这些案件。在审理之际，他要求人民"慎勿央求势豪，慎勿听信衙役……慎勿纠党公举"。同时，张官始也在告示

---

　　①　《守邦近略》第一集《禁止健讼》。

里提到"本府断不肯丧心昧理，而以曲为直，以是为非"，这一点极有意思。由此可知，张官始认为人民涉讼时往往会采取以上的行动，并且对新任官僚怀抱着过于天真的想法。

由于以上的状况，张官始上任之初，便认为吉安府弥漫着健讼的风气，因此，发布了上述告示，试图禁止这种情形。

其他江西地方官的健讼认识

那么，与张官始在同个时代治江西的地方官僚是如何看待这种情况的呢？自康熙二十年十二月（1682）至康熙二十三年（1684）五月逝世的这段时间，担任两江总督的于成龙[①]对于两江地方的状况，有以下的描述：

> 两江地方，俗尚健讼。小忿辄装大案，远事捏称新冤，载鬼张弧，问官无从诘审。揆厥所由，皆缘好恶讼师。不照本人，据事直书，采捏株连，希图耸听。及准理之后，两造茫然。更且从中主唆，恐吓诈骗，未及对簿，而原被之家，几倾于讼师之手。[②]

于成龙将"俗尚健讼"列举为包含江西在内的两江地方弊害之一，并且将其原因归诸"好恶讼师"的身上。由此可知，在张官始赴任吉安府的十年以前，江西地方就已经被认为是健讼之地了。

---

① 于成龙，山西永宁人。《于清端公政书》的《两江书》收录了他担任两江总督时代的告示。关于于成龙，参见本书 19 页，关于《于清端公政书》，则一并参见本书 263 页。另外，康熙二十一年（1682），江西总督并入两江总督。

② 《于清端公政书》卷七《两江书·兴利除弊条约之一》。

自康熙元年(1662)开始担任江西北部广信府推官达六年之久的黎士弘[①]曾向治下七县发布了一则劝民止讼的告示，其中说道：

> 信属俗薄风浇，好争健讼……仍恃强斗险，些小角气即起讼端。[②]

由此可知，他认为"好争健讼"在广信府各县已经是一种常态的现象了。

另外，我们将时代稍微快转，来到雍正年间位于吉安府东邻的建昌府，自雍正五年(1727)闰三月起担任该地知府达十七个月的魏锡祚[③]指出：

> 人非宣尼，焉能使民无讼。矧建郡为刁健之地，讼师刁笔实繁。有徒辄以细故兴词、牵告多人。[④]

又，他亦指出：

> 狱讼之繁兴，悉由讼师之播弄。讼师一日不除，良民一日受害。为治者欲使民安衽席，其可不先去民之残贼。欲期民臻无讼，

---

① 黎士弘，福建长汀人，顺治年间的举人。参见康熙《广信府志》卷七《职官志》。其著作《理信存稿》刊行于康熙八年(1669)。

② 《理信存稿·告示·行七县止讼告示》。

③ 魏锡祚，山东莱芜人，进士，雍正六年(1728)，升任江西省驿盐道。参见同治《建昌府志》卷六《秩官表·郡官》。魏锡祚的著作《盱江治牍》为雍正六年(1728)自序刊本。

④ 《盱江治牍》卷下《临别赠言·一慎狱讼》。

莫可不力杜讼之根源耶。①

由此可知，魏锡祚同样认为建昌府是"刁健之地"，并且将讼师的存在视为诉讼繁多的主要原因。

接着，自康熙三十一年（1692）六月至四十一年（1702）二月，担任江西巡抚长达十年之久的马如龙②（也就是张官始出任吉安府知府这段时间的顶头上司）发布了以下告示：

> 昨当开告之期，披阅词状仍多。有以赦前旧事翻新复告，妄冀准理，已将此等巧棍当堂重责。但恐前项刁民故蹈前辙，自罹法网。更有一等棍徒，串同衙役，包揽词讼，诈骗钱财。种种不法，深可痛恨。③

由于恩赦释放了康熙三十四年（1695）十二月十七日以前的所有罪犯，马如龙担心民众会因赦前旧事而向已经获释的罪犯重新提告，于是发布了一则告示，要求民众不要妄行诉讼。不过，从上面列举的另一则告示来看，马如龙要求民众不要妄行诉讼似乎并未奏效。又，他提到了吉安府安福县的情况：

---

① 《盱江治牍》卷下《饬究讼师》。

② 马如龙，陕西绥德州人，历经浙江布政使、按察使后，出任江西巡抚。参见《清史列传》卷九《大臣画一传档正编六·马如龙》。其著作《抚豫文告》十五卷为清康熙刊本，大量收录了江西巡抚任上的告示。

③ 《抚豫文告》卷十三《再饬刁讼》。

　　　　吉郡安福县有等棍徒，不耕不读，以教唆词讼作生涯，以肇
　　衅酿祸为长技。窥瞰素封之家，遂起鹰鹯之念。或贴昭告坏人名
　　节，或串结奸党伙告伙证。遇有一线微隙，即起万丈波涛。①

　　马如龙将教唆词讼者称为"棍徒"，其后列举了"无赖匪类""富不仁
之徒""豪强势要恃青衿为护身之符"，认为他们都给健讼带来了推波助
澜的影响。接着，他还指出：

　　　　各属捐纳监生及无赖劣氽公然契拜府县，称门投刺执贽往来。
　　竟有不肖官府贪图小节纳礼接交，以致时节生辰逢迎谄媚。既已
　　出入不常，遂致横行无忌。或告追积年旧债、利外重苛，或兜揽
　　民间词讼，枉直作曲……②

　　马如龙将兜揽民间词讼的这个行为列举为当地的生员或是监生等
士人们的恶习之一，并认为他们亦是导致健讼现象愈演愈烈的一个
关键。

　　由上可知，清初江西的官僚们也抱持着与张官始极为类似的认识。
那么，所谓健讼追根究底到底是什么呢？这些官僚们所抱持的健讼认
识可以分为三种层面：第一种乃是数量的认识，即诉讼的数量异常繁
多，超出了行政处理能力的范围；第二种则是质量的认识，即内容荒
诞不实的诉讼造成了社会秩序的混乱；第三种乃是第三者介入国家所

---

① 《抚豫文告》卷九《严禁光棍诓骗》。
② 《抚豫文告》卷九《申饬士习》。

定的诉讼制度，侵蚀该制度的这个状况导致数量与质量的问题每况愈下。基本上，这乃是沿袭自宋代以来的种种看法，即使在人口相对减少的清初，地方官僚仍然认为这个地方持续存在着健讼的问题，甚至越来越严重，而且相较于诉讼当事人，介于其间的讼师与士人才是挑起健讼的主因。

若是如此的话，实际的诉讼究竟如何呢？以下将透过《守邦近略》里的判牍，以所谓"健讼之徒"所涉及的诉讼为中心，来考察吉安府的诉讼实际状态。

三、判牍所见的诉讼实际状态

○枭扬埋冤事①

审看得：曾帝居乃健讼习徒、目无三尺者也。邹曰仁坟山，名为横坑，海螺形。曾姓坟山，名为廖溪，面人形。地虽接壤，但邹坟在于水之南，曾坟在于水之北，各有界限。今岁清明，邹族祭扫，忽见坟后新立窨堆，惊讶理说，词控该县（万安县）。而曾简如自知过界之咎，凭中萧公旭、张逸士等五人，情愿撤回窨堆，立约调处，其事可以已矣。嗣因邹族胶执，以为伤伊祖坟来脉，欲其致祭。简如不从，复致互相告讦。该县随委巡检往勘，两造争执不下。该县覆令亲勘。而曾帝居者遂驾枭扬冤霾之词，

① 《守邦近略》第一集《枭扬埋冤事》。

上控宪辕（按察使司？）。批府审明解报。卑职以山界必须踏勘，随于提犯檄内即令该县确勘起解。兹据宜令绘图解覆前来。详称，勘得扫平之处实系土堆，并无坟冢。细加窥察，亦无挖掘情形。当唤山邻公正询问。据有鱼鳞册籍，称是横坑。又质之当日作中人等金供并非坟冢。及细询，曾帝居祖坟向在南坑。种种悖谬等语，卑府细加研鞫，公庭之下，不独山邻与挽留诸中人，咸供窨堆之处实系邹姓界内，即帝居所控之干证张斐石者亦供邹地。其挺身硬证者，惟张次日一人。及至再三盘诘，理屈词穷，亦称邹地矣。而帝居仍坚供，戊申年间迁葬祖母张氏之坟，被其扫灭。查子孙葬父母，向皆合葬，以妥先灵。帝居何故而止迁其祖母。据称，迁葬于戊申年（1668），则已经二十余载，何以向无一言，忽至今日而扫灭。其为诬妄，灼然可见。窨堆过界，自知公论难逃，魃然撤去，遂驾词枭扬首控司役。其意以为词有衙役，则易于准理，问官恐蹈徇庇之嫌，可断此地为己有耳。岂知鱼鳞册籍照然可据，山邻中证人等皆众口一词。帝居虽具百喙，亦奚辩之有。曾帝居按以告平治他人坟墓之律满杖坐诬加等，城旦洵不为枉。扫平之地，断还邹族。其余山界，各照旧址管业。余属无辜，俱应免议。今将该县送到山图同一干犯证山邻人等解候。

曾帝居以隔着于水的墓地纠纷为由，妄自提告，被张官始斥退。判牍中并未明确提到曾帝居与曾简如的关系，但应为同族。张官始之所以将曾帝居称为"健讼刁徒"，乃是因为曾帝居向上级官厅供称"迁葬祖母张氏之坟"，实为谎言，且将衙役牵连在内，心想问官为了避嫌，应该会受理此案。由于张官始并未详细说明诉讼的内容，因此，这里只能暂行推测，也就是说张官始应该是因为曾帝居透过不实的指控来追究问官之责，并向上级官厅提告的这些行为，才会将他视为"健讼刁徒"吧。不过，尽管如此，透过证据和证言，就会发现曾帝居的指控并非基于事实。即使得以受理，曾帝居亦无胜诉的可能性。

○根究兄死事①

看得：龙士惠乃健讼习民也。故兄龙曰友贫无所依，适闻新邑（永新县）衙内春米之陈吉生患病辞归，曰友愿顶此役，遂浼工书王上达作渔父之引。佣工仅有月余而已，支工银半载。嗣因衙中犒赏酒肉，曰友贪欲，醉病在床，以致一旦痰瘀而殒。讯其同佣工之尤君斗、颜吉林，咸称寝食与俱，素无仇隙。身殁之后，所支工银现在，则无谋财故杀可知矣。且未死之先，伊弟士惠闻工役西俚之报，知兄醉病，携豆豉而往视。既死之后，进署抬尸，而出向王上达告贷银两，买棺收殓，随即掩埋。众口一词，供吐凿凿。岂期，士惠听讼师金孟伯主唆，于该县回署之日，忽具根究兄死一词。随经安福县官相验，止右肋二根微青，报系远年跌伤，此外再无别故。其醉病而死，更无疑矣。士惠前在署府审时，已经投递息词。今奉宪驳，庭鞫之下，复供出。邻佑童战英、王一清、周竹友以为县令嗔其控告，殃及邻佑，俱受责惩，投词之后，即差刘吉、李芳押令看守，恐其上控。随拘讯童战英、王一

---

① 《守邦近略》第二集《根究兄死事》。

清，则一为比漕而责，一为守夜而责。其周竹友则并未受责也。又拘讯刘吉、李芳供称，前署府审后，行县押保，伺候上司批详，并非初告之时，押令看守。抄录县票为据。种种虚妄刁诈可知。龙士惠所告不实，本应究拟，姑念兄命暴亡，急不择音，且原词内止称根究兄死缘由，并未指为打死，前审已经悔息。况家有八旬老母，恃此一子奉养，姑予杖惩，以儆刁健。可否网开一面，出自宪恩，非卑府所敢擅便也。其在逃之讼棍金孟伯，檄行严缉，获日另结。

为了根究在永新县衙门担任佣工的兄长之死因，龙士惠具词提告。龙士惠之所以被称为"健讼刁民"，乃是因为他受到讼师金孟伯的教唆，且虚捏供词。龙士惠虚捏供词的意图在于，想要营造出永新县知县为了不让龙士惠上告而施加压力的假象，误导旁人以为兄长之死其实与县令有关。龙士惠是在讼师的教唆之下才会提告，因此，他本人称不上是"健讼刁民"，也许是因为受到讼师教唆的这个行为，才被视为"健讼刁民"的吧。

○蝗国嚼民事①

看得：张瑞十系好讼之刁徒也。本年六月初二日，有乐安县民邓老子、邓官保，与永丰县民罗佐二，同在滕田墟牙人宁传二行内卖布。而张瑞十则未与焉。佐二布长，老子布短，客商皆愿

---

① 《守邦近略》第二集《蝗国嚼民事》。

买佐二之布，以致老子布无售主。迁怒佐二，不容独卖，遂两相雀角。强将佐二之布夺去，用屠刀割裂。佐二喊鸣地方。比有本处保长宁泮二心窃不平，因将老子掌嘴，断还布钱四百文，赔偿佐二。斯时傍观之宁长庚、宁淀二、宁招生、宁赏二、张德吾、宁庚生、宁连一等见其行凶无忌，皆言非理，亦从公起见也。讵老子不咎己非，挟隙报复。由是商同张瑞十，以蝗国嚼民事，罗列滕田多人，具控院宪（巡抚）。蒙檄抄词发审。随经叠催，始据各犯解到。研审之间，据瑞十所告干证巡检冯绪京供。胜田小墟，止有宁传二现充布牙，宁连一久充牛行。弹丸山窟，安得有牙行三十余家。再严讯各犯，如宁泮二乃保长也。宁绍周系钱铺也。宁长庚烛铺也。宁黑生、宁赏二俱卖酒者也。宁周生、宁士求、陈夷婆皆卖烟者也。宁淀二则卖米也。宁引寿、宁庚生则训童也。宁清生、黄掌珠系裁衣也。宁招生茶铺也。宁新生饭铺也。宁大寅腐佣也。高贵生柴佣也。张德吾闽人寓居者也。宁连一久充牛牙者也。宁廷五、宁三寿行内走使人也。宁维四系瞽目，卖草鞋度活者也。仍查未经到案十名，内如宁世四、宁夫一、宁二阳，则已物故。宁昌二、宁文名系患病卧床，不能动履。宁和尚、宁任生、宁遵十、宁全寿、宁石生则系捏扮鬼名，并无其人。现有乡长李仲桂供词凿凿。更可异者，以黄、张、陈、高数姓之人俱改姓为宁，希图一网打尽。虚驾多人，惟求准理而不顾日后之逐名研审，可谓大胆包天者矣。据瑞十供称，到滕田卖布行家，用潮银小戥，求伊换补，反行毒殴。如此情果真，止应告开行之宁传二，何得牵告三十余人，捏称私牙三十余家。区区山洼小墟，焉得牙行如此之多乎。揆情度理，自是夸张为幻。况有各犯坚供不爽也。张瑞十所告，若实被犯私充，合杖六十。今审情虚，应依诬告人杖罪，加所诬罪三等。邓老子特强裂布，又唆瑞十上控。宁泮二既为保长，宁传二现开布牙，自应从中劝释。乃泮二则助罗佐二打老子数掌，以致起衅。传二坐视相殴，不行救阻。均合依不应，杖决。余审无辜。其宁连一等二十名，查原词内并不列名。后经瑞十诉出。今审一干人犯俱系别项营生，委无开行助殴情弊。岁暮大寒，哀吁免解。合并声明。

对滕田墟的商人们心怀不满的邓老子商同张瑞十具控巡抚，却被判为诬告。判牍里并未交代张瑞十的来历，以及他与邓老子、罗佐二两人的纠纷有何关联。不过，被保长断还布钱四百文的邓老子曾经与张瑞十共同向巡抚告发滕田墟 30 余名商人的"不法行为"，可见张瑞十应为讼师。但是，他们所控告的 30 余名商人当中，有许多假名与别名，张官始认为他们"惟求准理而不顾日后之逐名研审，可谓大胆包天者矣"，因此，张瑞十虽为讼师，却鲁莽行事，其作成的诉状破绽百出，即使得以受理，也是一下子就被揭穿了。由此可见，将张瑞十称为"好讼刁徒"并不恰当。只是，他以不实的内容向巡抚告状的这个行为，被视为是严重的事情。

〇瞒粮吞赋等事①

　　看得：邹昇腾乃惯逞刀笔、肆行诈害之凶徒也。乡里不齿，道路侧目。睚眦细故，牵告无遗。其视官法，直为彼报怨之具、扎诈之囮耳。有张赤臣者，先年被访在监。昇腾亦缘事因禁。曾代赤臣作一诉词，索谢拂欲，遂将赤臣请示垦荒一事，藉此为题，诬以隐熟作荒，欺瞒赋税，捏造派费，钻营假单一纸，狡称途间所检，系赤臣亲笔，奔控前宪，希图吓诈。历经该县并署府封验赤臣笔迹，询明各犯口供，审虚坐诬，招详在案。今蒙驳讯，卑府提集对簿之际，虽张赤臣先已物故，不能起九原而问之。而所指丘天爵诈赃得银，则绝无影响，龙泮先供素不相识。李文、胡子开、刘子韩、齐闻等，皆因角口小忿，驾以弥天大谎。再鞫伊所告干证罗素、解元生等，咸供并无过付，指天誓日，唾骂陷累，如出一口。而昇腾亦俯首无词，当堂写供捏单诬首手印一纸，直认不讳矣。邹昇腾应以诬告加等，坐赃折半论。城旦允宜。余俱无辜，相应省释。至于劝论垦荒，卑府屡经示晓，仍祈宪台颁示申饬。庶旷土可辟，而民累得以少苏尔。

　　自张官始描写该人物的手法来看，邹昇腾显然是一名讼师，因为这一名讼师索取谢礼不成，便诬告对方。尽管这是一件由讼师本人引起的诉讼，但是，其手法却极为粗糙。只要稍微调查的话，就会立刻发现这是一起诬告，因此，张官始将这种小角色形容为"惯逞刀笔"，

---

① 《守邦近略》第二集《瞒粮吞赋等事》。

实在是不太自然。另外，除了报复张赤臣以外，有无其他目的，这一点也尚未真相大白。

○豪衿结党事[1]

审勘得：刘大懿与刘仁庆坟界相联，以致争讼。前经宜、杨二令会勘，仍未明晰。奉宪行卑府亲临确勘，遵即减从扁舟前往，督同该县亲诣坟山。看得：刘大懿之墓与刘仁庆之九世祖坟相隔仅去丈许。戊午年间大懿葬母于此地，仁庆等默无一言。而去岁傍母葬兄，则仁庆等叠控。使此地果属仁庆，当戊午年葬母之时，何以置之不问乎？今仁庆等欲赖此地为己产，遂指大懿新坟之东，旧葬其族宗绥者，认为伊族春四之墓，新坟之西小堆高不盈尺者，认为伊九世祖母廖氏独葬之墓。揆其意，以为东西两傍皆伊旧墓，则居中之新坟为仁庆之地，无疑耳。殊不知伊九世祖与廖氏合葬碑石耸立墓后，有目者所共见。岂高不盈尺之小堆，又为廖氏独葬之墓乎。且验其宗谱，春四之下有葬七都大湖坪六字，与原刻字样不符。明系续刊，情弊显然。再查铲去宗绥墓碑，尚存"立寄"二字，未尽磨灭，依稀可辨。立寄乃宗绥之子也。何得冒认为春四之墓耶？登地确勘，诚如督宪之明鉴，昭昭不爽。刘仁庆、刘世睦诬告盗葬，照律加等杖徒，洵不为枉。监生刘天瑞，生员刘纯仁、刘宪祖、刘宁岗、刘泰、刘世珣，武生刘宁机等七名，既经褫革，姑予免议。刘大懿审属无辜，相应省释。覆看得：刘

---

[1] 《守邦近略》第二集《豪衿结党事》。

大懿与仁庆争坟一案，前经卑府亲诣坟山勘明招详，蒙前宪橄驳。遵经行委吉水、万安二县，并经历赵作楫三面会同，前诣踏勘去后。今据绘图回覆前来，卑府细绎两造口供，深知刘仁庆之刁诬，而愈服督宪之为神明洞鉴也。奉前宪批驳，以萧叔美当日供称，长山岭与大湖坪离有半里之路，该府图内应开离廖氏之坟半里，何止载一丈之地。查地之远近，昭然在目。卑府于去冬亲勘时，用丈量弓口，目击所量，实止隔丈许。忝为一郡之守，而何敢饰词以欺宪。今此番萧叔美供词亦坚称止离二丈，则非隔半里可知矣。又奉前宪批驳。廖氏与以立合葬之碑，咸称刘季良毁。碑重竖，则廖氏与以立果否合葬，自应究诘。何竟不虚衷研究。夫现竖之碑，刊刻廖氏合葬，固有目者所共见。今又验得，所毁旧碑尚存半截，有九世祖以立妣等字。据此，旧碑妣字则其为合葬也，更无疑。而仁庆乃指高不盈尺之小堆，以为廖氏独葬之墓，其为诬妄，不待辨而明矣。又奉前宪批驳。大懿供，父母俱葬于戊午年，哥子葬于辛未年。而萧伦英供，戊午年葬一棺，辛未年葬两棺。供词互异。夫大懿与伦英之供，虽有两棺、一棺之不符，然曾经戊午年葬过，则确然不爽矣。使大懿果占其地，何不告于戊午年初葬之时耶。至于大懿新坟之东旧有一冢，确系伊族宗绪之墓。虽墓碑为仁庆铲去，而尚有铲不尽者。留"立寄"二字于碑侧。立寄乃宗绪之子。有伊家谱可据。今仁庆冒认为伊春四之墓。及验其宗谱，春四之下，葬七都大湖坪六字与原刻字样不符，明系争坟而续刻，岂尚容狡饰哉。总之，仁庆欲诬其占地，遂指大懿坟地之东宗绂之墓为己墓，大懿坟地之西高不盈尺之土堆为廖氏之墓，东西两傍皆其墓地，则居中者自当属仁庆之地耳。岂知铲未尽之字迹犹存，毁不尽之半截碑可据。东西两傍皆非其所有，而大懿又可不辨而明矣。卑府凡当庭鞫之时，靡不矢天誓日，何敢因宜令通详而故为瞻徇。查此案往返驳询已经两载，兹又当春作方兴之际，应否俯照原详转请，结案自在宪裁，非卑府所敢擅便也。

刘大懿与刘仁庆因墓地而发生纠纷。一方面，刘仁庆主张刘大懿葬兄之处乃是己地，于是迭次上控；另一方面，刘大懿则是反控刘仁庆"豪衿结党"。最后，多名生员、监生受到褫革资格的处分，也就是说，张官始认为这是士人们互相串通，企图侵占他人土地的事件。刘仁庆的身份不明，不过，极可能是一名士人。这里值得注意的是刘仁庆销毁证据的手法。首先，他在族人刘春四的名下记入"葬七都大湖坪"的字样，然后将这份遭到窜改的族谱呈交出去。接着，为了表示该坟地并非刘宗绂之墓，还铲毁了刘宗绂的墓碑。这种以文字作为证据，借此强化自身主张的手法，可说是知识分子特有的行为模式。只是，刘仁庆等人虽然耗费工夫窜改族谱、铲毁墓碑，但都是一些只要彻底进行实地调查的话，就会东窗事发的小伎俩。事实上，张官始在对照原本的族谱，以及尚存于墓碑的字样后，马上就揭穿了刘仁庆的满嘴谎言。

○势占挖冢事①

　　审看得：劣衿陈健冒认他人之祖，盗葬他人之墓，铲碑毁志，历历可据。真丧心蔑理、败检逾闲之徒也。同姓陈对四者乃故宦陈孟隆之后裔，孟隆之墓在于秋田。孟隆之嗣现有三支，陈对四系水南一派，词中陈念溪系桐溪一派，陈文瑞系葛溪一派，是也。孟隆在日曾徙居水南庙前，故县志于陈孟隆下有"徙居水南庙前"数字。夫何陈健者，旧年母故，垂涎对四之旧坟，形端穴吉，遂认孟隆为己祖，挖伤伊坟，安葬其母。犹虑对四控告，假以刷印志书为名，携板归家，私将志板刮去孟隆下"徙居水南庙前"六字。该县礼书张世昌、刷匠王仰一供证凿凿。板上之字既伊刮去，则墓碑"水南"等字亦健阴行凿去，断可知矣。揆其意，以为去水南等字，则水南非孟隆之裔，而可自认为裔，不妨葬其地耳。殊不知该县有未毁之原志，对四有未凿之碑模，确然可据。陈健虽有阴谋诡计，恣肆凿毁，其如旧存之碑志不可灭也。即据健称，孟隆为祖，而子孙伤犯祖冢，更属不合矣。试看天理昭昭，王法凛凛，而陈健自恃富衿，欺对四之贫懦，逞凶若此，真堪发指。陈健合依盗葬有主坟地之律，应请褫革杖惩，将母棺勒限移葬，仍修葺所伤坟面。至于陈复念系伊兄，所为相应免议，余属无干，概行省释。

生员陈健谎称自己是乡绅陈孟隆的后裔，将其母埋葬于陈孟隆的

---

① 《守邦近略》第一集《势占挖冢事》。

后裔陈对四之旧坟，导致陈对四以"势占挖冢"控告陈健。这里，陈健将地方志中的记载作为证据的这个行为相当有意思。陈健将志板从县衙带回自家，为了不让众人知道水南派乃是陈孟隆的后裔，刮去了陈孟隆名字之下的"徙居水南庙前"六字，亦从墓碑上凿去"水南"的字样，企图湮灭对陈对四有利的证据，让自身的立场能够占上风，这也可说是知识分子的一种行为模式吧。不过，这个案件也和上一个案件一样，就湮灭证据的周全性或是巧妙性来看，都如同儿戏一般。因此，仅是如此，便称他们的行为"狡猾"，实在有些勉强。

○胆欺府县等事①

看得：高中信之控史叠山等也，缘史复亨之父史汉之砍伐叠山林木，争论成仇，因令疯病人屡至叠山之家图赖。叠山兄弟畏祸潜避，而史复亨疑其上控，机乘中信于去年三月内，有弟贞俚三毛被史赤臣指为故仆之裔，卖与叠山之兄史柔远为仆，中信曾与叠山兄弟构讼。遂令中信以囚良拷诈上控宪辕（按察使），欲为犄角之势。蒙宪批示。赴职公审，随檄永新县拘解。研鞫之下，洵知中信之控词，皆诪张为幻也。据称，史叠山等于十月内，将伊弟贞俚擒入虎穴，非刑吊拷，勒写卖身婚书，逼用手印。及讯贞俚被擒之时谁人见证，则并无指证之人。讯其写契用印之时何人作中，则指称史内则。随将内则再四穷诘，而内则立誓自明，坚供并不见契。迨再讯，贞俚亦称手印并不曾用。则中信之妄诞

---

① 《守邦近略》第三集《胆欺府县等事》。

可知。况叠山及伊兄史君任、弟史进德皆于九月内避疯子图赖之祸，已往永宁。史柔远领运北去，至仲冬方回。则十月在家勒写婚书之说，更不攻自破矣。高中信本应究拟，姑念乡愚无知，听人唆使，重责示惩。史复亨身列宫墙，乃将此蜃楼之词，挺身首证，则其因砍木而唆讼，制人于未发之先，引党为声援之助，乃情理之必有者。况中信亦供，同彼往省，资助盘费乎。应行学戒饬，以儆顽劣。史赤臣擅卖贞俚，于去年二月间词控到府。檄发该县查报，已经永新赵令责惩，追还婚约。其案已结，似可邀宥。余犯审属无辜，均应请释。史汉之强砍山木，现据该县申详，应俟另案审结。

这一起案件看似因为高贞俚被史叠山强卖为仆，其兄高中信对其提告；不过，实质上却是因为史汉之砍伐史叠山的林木，其子史复亨疑心史叠山上控，于是唆使高中信与史叠山构讼。这是一起生员唆使他人提告，进行不实控诉的典型案件。只是，对于唆使他人提告的史复亨，张官始仅联络学校，建议学校对其饬诫而已，并未严罚。

以上透过收录于《守邦近略》的判牍，介绍了几个与"健讼"相关的具体案件，并对其实际状态进行了概观。这里再次将江西官僚们所抱持的健讼认识，稍作整理：①诉讼繁多；②内容荒诞不实；③讼师与士人涉讼，尤其是他们毒辣、狡猾的手法往往导致前两个问题每况愈下。不过，从别的角度看，在具体检讨了吉安府诉讼的实际状态后，我们可以发现被称为"健讼刁徒"的人，其实远远不及上述官僚们所指的那般毒辣、狡猾，又，所谓荒诞不实的诉状内容也多半手法单纯，一下子就露出马脚了。那么，为什么会发生官僚们的健讼认识与实际状态并不一致的乖离现象呢？

四、认识与实际状态之间

所谓"诉讼繁多"

据说，康熙年间的浙江会稽县知县在八个月内就处理了7200起诉讼案件，多的时候，甚至一年内还会收到一万份以上的状纸。[①] 如果我们假设这个数字也适用于江西吉安府各县的话，那么，九县的诉讼案件总计为64 800至90 000件，在张官始担任知府的两年半内，诉讼案件应为162 000至225 000件。其中我们并不清楚知府必须处理的案件有多少，但是，毋庸置疑的是，收录于《守邦近略》的117件诉讼案件不过是全体的0.05％至0.07％而已，照数字来看，这仅是冰山一角。

为什么民众会频频涉讼呢？打官司既花钱，又会单方面蒙受讼师的弊害，因此照理来说，民众并无好讼的必要性，然而，现实却是恰巧相反。民众好讼的原因各式各样，其中之一正是因为官方反过来要求民众提告。在张官始的判牍里，经常出现这种内容，即长年未曾主张过土地或奴仆所有权的人，事到如今才提告。不过，张官始认为这种行为有失常理。反过来说，这意味着若是平常民众并未事事主张其所有权的话，那么，官府就不会承认其权利。因此，在这种背景下，

---

① 夫马进：《明清時代の訟師と訴訟制度》，收入梅原郁编：《中国近世の法制と社会》，441页，京都，京都大学人文科学研究所，1993。

民众纵使知道诉讼需要大笔费用，但是也不得不频频涉讼了。

单从为数众多这一点来看，我们可说这个时代、这个地域确实是诉讼繁多。但是，这种"诉讼繁多"即使在清初的中国，也绝非仅止于江西等特定地域而已，这已经不再是当时治理过江西的官僚们异口同声所指的江西特有现象了。

如前所述，张官始曾在告示里列举了三种在吉安主导健讼现象的人，即倔强之人、贪恶之人、教唆讼棍。① 不过，这则告示其实与章士鲸的告示《饬禁刁讼并访拿讼棍示》极为雷同：

> 此致讼之由有三。一种倔强之徒。见理不明，好刚斗胜。略有小事，以出头告状为才能，以熟识衙门为体面。此由情性之乖戾也。一种贪恶之人。意想诈人，遇事生风，讦私扬短。未告则放风熏（薰）吓，已告则使党圈和，不遂其欲，叠告无已。此地方之喇唬也。更有一种教唆讼棍，心实虎狼，迹同鬼蜮（域）。原无恒业，专哄平人告状。讼端既兴，则运用笔锋，播弄诡计，代为打点。愚者落局倾财，彼则暗中分扣。又多首鼠两端，原被俱收掌股。甚至鸠（纠）众公举，匿名揭告，谋代调停，撞吓大钱。迫词虚伏法，罪坐出名之人，而彼乃居然事外，有利无累。此等狡黠真不可一日容于盛世。②

---

① 本书第 202～203 页。

② 《未信编》卷三《刑名上·章程放告》附劝息讼示三首之一《饬禁刁讼并访拿讼棍示》，亦参见《福惠全书》卷十一《刑名部·词讼·劝民息讼》附。括号内的文字引自《福惠全书》。

章士鲸为浙江临安人，顺治八年（1651）的举人，自康熙十四年（1675）至康熙十九年（1680）年的这段时间，担任直隶正定府获鹿县知县。[①] 这则告示收录于康熙二十三年（1684）刊行的《未信编》，其后重新收录于《福惠全书》，乃是在清初广为人知的一篇文章。因此，很明显，张官始乃是将这篇文章作为底稿，而完成了前述告示。

那么，为什么他要用这篇文章来说明吉安的状况呢？在健讼的事例层出不穷的江西，实在没有借用其他地域（甚至还是不以健讼出名的直隶某县）的告示来说明江西状况的必要性。这就显示了张官始本人并未将这种健讼行为视为是江西特有的现象。

对刊行于清代的江西地方志"风土""风俗"等部分进行浏览的时候[②]，可以发现将健讼列为当地风俗之一的文章确实不少。但是，这些文章多半直接转引自明代以前所刊行的地方志或是文集，关于健讼的部分，几乎未见重新补充清代的文章或是提到清代风俗的文章。这个事实意味着当时已经不需要将健讼视为清代江西的风土、风俗而对此大书特书了。

顺道一提，除了江西以外，负责其他地域的地方官僚们也不时认为自身所治理的地域乃是"健讼之地"。例如，浙西杭州府知府李铎于康熙三十一年（1692）发布的告示里称："本府莅杭以来，见好讼之风纷

---

① 关于章士鲸，参见宣统《临安县志》卷六《选举志·举人》，乾隆《获鹿县志》卷八《官师志》。

② 如光绪《江西通志》，光绪《吉安府志》，同治《建昌府志》，同治《赣州府志》，等等。

纷不已。"①浙东宁波府知府张星耀同样于康熙三十一年（1692）左右发布的告示里称："宁民健讼，相习成风。本府五载之中，不啻五申三令，无如锢弊已深。迄今不改。"②华中湖南长沙府茶陵州知州宜思恭在康熙二十三年至三十年（1684—1691）间发布的详文里写道："茶陵之民，最称健讼。"③又，陕西凤翔府郿县知县叶晟在康熙二十五年至三十年（1686—1691）间发布的告谕里则写道："有种愚民本无识见，或因一时忿怒，妄听棍徒教唆，架捏虚辞。"④山东济南府齐河县知县李淯在康熙三十年至三十六年（1691—1697）间所进行的条议里写道："游惰者众，健讼者多。"⑤接着，华南福建汀州府知府王廷抡在康熙三十四年至四十一年（1695—1702）间所总结的详议里写道："闽省风俗浇漓，小民好争健讼。"⑥这些地方官僚的任期与张官始治吉安府的康熙三十一年至三十三年（1692—1694），相隔未满十年，因此，我们可以将他们视为同一个时代的人，也就是说，在这个时代，从北到南各个地域

---

① 《武林临民录》卷三《告示·劝民息讼》，康熙三十一年八月十六日。关于该书的解题，参见山本英史：《清代康熙年间の浙江在地势力》，收入同氏编：《伝统中国の地域像》，东京，庆应义塾大学出版会，2000。

② 《守宁行知录》卷二十四《示檄·再行劝民》。关于该书的解题，参见山本前引论文。

③ 《云阳政略》卷一《详文·条陈利弊六条》之五。

④ 《求刍集·告谕·严禁刁讼以安民生事》。

⑤ 《治祝公移·条议·申覆桑抚台条议》。关于该书的解题，参见三木聪：《清代顺治、康熙年间の判牍史料四种について》，载《北大史学》45号，2005。

⑥ 《临汀考言》卷六《详议·谘访利弊八条议》之二。关于该书的解题，参见三木聪：《長関、斗頭から郷保、約地、約練へ——福建山区における清朝郷村支配の確立過程》，收入前引《伝统中国の地域像》，后收入同氏《明清福建農村社会の研究》，札幌，北海道大学图书刊行会，2002。

的地方官僚们都认为自身所治的地域存在着"健讼之风"。

在宋代，基于某种理由，"健讼之风"仅出现于特定地域，然而，入清以后，这种健讼之风却普及、扩展至江西以外的地域，成了常态现象。因此，江西"诉讼繁多"的这种实际状态到了清初，已经是过去式了。尽管如此，清初的地方官僚仍然将江西视为"诉讼繁多"之地，这是因为他们沿袭了自宋代以来的成见。

所谓"内容荒诞不实"

针对17世纪末吉安的诉讼状况，张官始有以下的描述：

> 本府叨守吉郡半载，于兹每逢放告之期，览诸呈状。或小忿而张大其词，或一事而株连人众，或将从前已结之案冷灰复燃，或牵局外无辜之人网罗陷害。种种虚诬，难以枚举。[①]

想必这段话反映了张官始治理吉安半载以来的感触。他特别强调诉讼内容荒诞不实，甚至陷害无辜之人，导致事态更加恶化。

就"荒诞"这一点来说，张官始实际所受理的以下案件格外具备代表性：永丰县的典史控告监生"豪监凶殴"，但是，事件的真相却是，典史捆绑了监生，并且用自己的头部撞击对方的时候，监生瞬间用指甲抓破了典史的额头。于是，典史对整个事件加油添醋，将监生描述为一名用石头凶殴典史的"豪监"。[②] 本章第三节所列举的判牍里，亦

---

① 《守邦近略》第一集《奖励无讼》。
② 《守邦近略》第四集《豪监凶殴等事》。

有"枭扬埋冤""蝗国嚼民""瞒粮吞赋""豪衿结党"等题名，而这些夸张的题名未必能够传达实际状态。

就"不实"这一点来说，正如张官始时常将诉状内容形容为"海市蜃楼之诳"一样，这种不实的诉状亦频频出现于他所审理的案件中。本章所介绍的判牍里随处可见具体的事例，例如，被告人名单里面包含了架空的名字，或是将死人牵连在内，为其做证的证人其实并不存在，等等。最后，这些人被视为"胆大欺官"，被判诬告罪的例子也不少。

那么，为什么有这么多荒诞不实的诉状呢？为了吸引官府的目光，乃是理由之一。不过，还有另一个理由则是，官方不一定能够看穿这种荒诞不实的内容。原则上，诉状将由该行政单位的最高负责人直接受理且进行判决，若是县的话，即为知县，若是府的话，则是知府，不过，有的时候也会发生佐贰官擅自受理案件的例子。[①] 张官始对于亲笔写下的判语，再三强调这是"事事亲裁，笔笔手定，并不假借他人"[②]，或是"一切案牍，皆出亲裁"[③]，反过来说，我们可以推测：事事无法亲裁反而才是家常便饭。许多荒诞不实的内容都是实地考察的话，就能察觉的，即使如此，大部分的官僚却未进行充分的调查，在未识破其伎俩的状况下，贸然受理案件，对其内容囫囵吞枣就做出判决，或是将判语任凭他人处理等。这些地方长官的行为导致"恶弊"越来越猖狂，这也让诉状当中荒诞不实的内容更加泛滥。

---

① 《抚豫文告》卷七《严禁衿棍》，同卷十《禁佐贰官擅受民词》。
② 《守邦近略》第一集《禁通线贿》。
③ 《守邦近略》第一集《饬示停讼》。

然而，我们必须考虑的是，为了让官府受理此案，这种荒诞不实的内容确实发挥了效果，但是，这是否真如官僚们所言，会引发"陷害无辜，恶化事态"的状况呢？在前面的判牍事例里，虽然存在着想要透过荒诞不实的诉状来陷害无辜的事例，但是，他们最后都以失败告终。地方官僚出版自身判语的目的五花八门，例如，为了将种种判例留给后人以供参考，或是为了记录自己身为地方官僚的事迹，甚至是为了夸示自己是如何巧妙地解决了难案，不管是何种目的，他们在编辑判牍之际，往往都会挑选出重要的判牍，将其收录于其中。若是如此的话，我们实在无法想象张官始仅将一些只要稍作调查就会真相大白的案件全数收录于《守邦近略》。又，我们也难以想象张官始就像阎罗王一样，具备了能够拆穿所有荒诞不实的案件的力量。这么一来，当时的诉讼里存在着"荒诞不实"一事，并不如我们所想的(也不如当时的官僚们所想的)会导致社会秩序的混乱，其实未经深思熟虑的诉讼占了绝大多数。尽管如此，地方官僚们还是将这种诉讼视为健讼行为，这是因为他们认为这是欺官叛国的行为，无法轻易容忍。

所谓"第三者涉讼"

关于健讼的第三种认识，也就是与原告、被告毫无关系的第三者介入诉讼，引发各种弊病的这一点，我们应该如何思考呢？

一般来说，这种人叫作"讼师"，负责为诉讼当事人代书，并且代替当事人与胥吏、差役打交道。根据夫马进的研究可知，所谓讼师已经深植于前近代中国的诉讼制度与政治制度之中，地方官将其视如蛇蝎，国家也一贯认定讼师是非法的，不时强调他们是教唆他人诉讼，导致委托人倾家荡产的存在。尽管如此，讼师仍未消失，这是因为他们已是一般民众的社会生活中无法欠缺的人物，且构成了当时诉讼制度中不可或缺的部分。又，夫马进也认为，这种诉讼制度与科举制度有着极为密切的关系，讼师多为以生员为中心的士人阶层。[①]

张官始的上司，即江西巡抚马如龙在某一则告示里，批评了省内的生员、监生，并且针对其"恶行"，列举了六个类型：①把持词讼；②放债剥民；③占人田地、钻掘坟茔；④勒人子女、据为奴仆；⑤结交蠹役而出入公门；⑥包揽钱粮而抗赋不纳。[②] 这六个类型凑巧以江西为主题，不过，与此类似的内容其实也频频出现于当时其他地方官僚的报告中，甚至其中可见某种固定的类型。也就是说，士人干预诉讼制度的这个事实，已经成为当时当政者们的一般看法。在注重文书，并且以代书状纸为要件的诉讼制度之下，士人成为诉讼制度的主体，乃是自然而然的趋势。对于仕途绝望的知识分子而言，讼师就和塾师一样，都是他们重要的谋生手段。[③]

透过《守邦近略》所见的吉安诉讼实际状态，也可见这个结构。无数的诉讼都有讼师的踪影，又，以生员为中心的士人还参与策划了与自身毫无关联的事案，导致诉讼更加复杂。但是，这些行为是否真的如马如龙的斥责（或是以张官始本人为代表的江西地方官僚们所作的谴

---

① 夫马前引论文 430～439、466～475 页。

② 《抚豫文告》卷六《查访纳监劣衿》云："无如此辈功名到手，便欲施为。或把持词讼，或放债剥民，或占人田地，钻掘坟茔，或勒人子女，踞为奴仆，或结交蠹役而出入公门，或包揽钱粮而抗赋不纳。"

③ 夫马前引论文 466～472 页。

责）一般，是一种"恶行"呢？就这个含义来说，透过《守邦近略》的诉讼实际状态所见的讼师与士人阶层的行为，绝非是恶质的。

笔者曾经考察过征税制度中的税粮包揽行为，而清代17世纪后半期诉讼制度的结构其实与此酷似。也就是说，制度企图排除的对象其实正是构成该制度本身不可或缺的要素，若是将此对象排除在外的话，该制度本身就不得不解体了。① 岩井茂树所厘清的清朝国家财政情形，亦与此有着一脉相承的地方②，想必这种结构正是清朝国家整体统治结构的一种缩影吧。的确，在宋代，讼师就已经出现了，我们或许也能够在宋代找到生员成为讼师的事例。但是，正如税粮包揽这个行为在历经明末清初社会经济的洗礼后，在清代反倒成为实际发挥机能的征税制度一样，诉讼里的包揽行为也是扎根于清代，成为实际发挥机能的诉讼制度。明末清初，科举制度以及与此伴随而来的学校考试制度有了进一步的发展，在这个背景下，身为中枢的士人阶层也大量增加了，士人的数量和质量皆决定了清代诉讼制度的情形，就这个意义来看，这可说是具备清代特色的一种制度。

清代吉安府的讼师或是士人的行为，恐怕亦无法偏离这一个社会背景吧。尽管如此，为什么他们被地方官视为蛇蝎，就连国家也一贯认定他们是非法的呢？这是因为在王朝直接统治人民的这种国家体制之下，官方实在无法容忍第三者介入其间，只要官方依然遵循着这种表面上的原则，那么，他们的行为就不得不被称为"健讼"。

---

① 山本英史：《"自封投柜"考》，载《中国：社会と文化》4号，1989。
② 岩井茂树：《中国近世财政史の研究》，京都，京都大学学术出版会，2004。

结　语

自道光十八年(1838)至咸丰二年(1852)的这段时间，历任了江西诸县知县(赣州府兴国县、南康府安义县、吉安府泰和县、饶州府鄱阳县)的沈衍庆曾在道光二十四年(1844)五月，向泰和县的士人们，发布以下的晓谕：

> 士为四民之首，表率攸资。泰邑素称声明文物之邦，硕辅名儒，光昭史册，不一而足。近则人心浇漓，风俗颓坏，日甚一日。此固守土者之责，抑亦乡士大夫之忧。本县承乏以来，已将一载，黾勉求治，夙夜孳孳，罔敢自逸。而讼狱未曾休息，匪类未尽驱除，民风未见敦厚，士习未克振拔……若恃符唆讼抗粮诸弊，名为士而实非士。①

沈衍庆将这种状况视为"近来的风俗"，不过，这其实是整个清代一直持续下来的传统，基本上，发布于19世纪中叶的上述谕告里，对于健讼的认识也是沿袭着这个传统。

但是，这种风俗并非吉安府泰和县特有的现象，亦非江西特有的现象，在清代的诉讼制度与科举制度得以发挥机能的地方，这种现象多少都会发生，只要这些制度还存在的话，这种风俗就不会消失。对

---

① 《槐卿政迹》卷一《示谕·再谕士子》(道光二十四年五月)。

于士人阶层的渎职行为，清朝一方面严厉地进行道德方面的批判，另一方面却是透过科举以及一连串的学校考试制度，大量制造出这种对仕途断念、反过来汲汲营营于渎职行为的集团。透过光绪《大清会典事例》卷三百八十三《礼部·劝惩优劣》的各个条目可知，整个光绪年间都是不停地重复向暗中包揽税粮以及诉讼的生员、监生进行警告。这显示了清朝政府在处理问题方面的一贯性，以及对于违法者的处罚过于姑息养奸。由此可见，清朝政府处理问题的方式就宛如父母斥责孩子一样，绝非采取严厉的制裁，而是仅仅重复训告，借此勉强维持王朝国家的面子。

只是，官僚们并未涉及这种状况的背景，而是透过"江西乃是健讼之地"这种传统认识，来理解诉讼的状况，他们向治下属民所发布的告示也鲜明地反映了这种观念。他们所认为的"健讼"，正是一种"海市蜃楼"。

第七章　卸任的知县

当明府去之日，沿路店铺各设香案，约有千余家。而各乡镇之绅董设筵把酒，更无论矣。

——《点石斋画报》亥集十一期《去思弥永》

前　言

汪辉祖提到"官声贤否，去官方定，而实基于到官之初"①，由此可知知县到任之际的重要性。不过，潘杓灿却有以下看法：

> 诗曰："靡不有初，鲜克有终。"晚节末路之难，古今共之。盖习久者易怠，志满者易骄，处成功不慎，而使怠骄萌，不几山亏一篑乎。尤贵豫先时之计虑，留后日之讴思。②

---

① 《学治续说》卷一《官声在初莅任时》。
② 《未信编》卷六《几务下·升迁》。

甚至是吴遵也认为"居官固难善始，尤难令终。盖志每怠于宦成，谤多起于去任"①，除了"善始"之外，还强调了"令终"之难。

　　名为考成的勤务评定无疑对知县的卸任带来了极大的影响。根据清朝的规定可知，对于京官，每三年，各个衙门的长官就会将记有部下成绩的文书交给兵部与吏部，依照其结果来决定进退，至于外官（即地方官僚）的话，会将其称为"大计"。对于成绩不好的人，会有六种评价，分别为"不勤""罗软无为""浮躁""才力不及""年老""有病"。② 此时，除了因负面评价而被迫异动的例子以外，若是做出了一些成绩得以荣升，或是圆满引退得以告老还乡的话，这个评价无疑会左右其日后的官僚生涯，或是作为乡绅的人生。身为直属上司的知府，甚至是布政使与巡抚也会参与评定。因此，知县对于"官"（上司）必须加倍用心。不过，就算是上司上奏为他们美言几句，若是遇到像雍正帝这种通晓地方官僚动静的皇帝在奏文下方留下了"软弱人，只可称职耳"③之类的评语的话，有的时候，上司的美言也是会被推翻的，因此，身为知县更是时时刻刻不得松懈。

　　是否完成了身为皇帝代理人的两大任务（即征税与审判），乃是对于官僚的基本勤务评价，但是，通过这个基本勤务评价的知县与官箴书所提倡的理想知县（也就是"民之父母"）未必是一致的。官箴书尤其

---

　　① 《初仕录·崇本篇·保终》。

　　② 临时台湾旧惯调查会编：《清国行政法》第 1 卷下，257 页，东京，汲古书院，1972，再版（1905，初版）。

　　③ 《宫中档雍正朝奏折》第 25 辑，765 页，雍正帝对于浙江理事同知车柏的评价，参见山本英史：《清代中国の地域支配》，282 页，东京，庆应义塾大学出版会，2007。

重视赴任地的民众所进行的评价，换句话说，就是知县是否"民之所好好之，民之所恶恶之"。《论语》所谓"修己以安人"(《宪问》)代表了一种儒生精英的目标，能够做到"民之所好好之，民之所恶恶之"的知县正是达成了这个目标，亦与官僚个人的名声息息相关。因此，其成功与否被理解为极为重要的事情。而当中的实际状态又是如何呢？

本章作为《新官上任》的最终章，将透过完成任务，即将离开赴任地的知县以及其周遭的人们的行为，来厘清"卸任的知县"的实际状态。

一、《福惠全书·升迁部·总论》的垂训

如同赴任之际的须知一样，黄六鸿在其官箴书《福惠全书》里，针对知县卸任之际的须知，也是洋洋洒洒地写了一整章，其总论说道：

> 夫司牧之官，终日鞅掌于簿书，卒瘁于政事，只凭风力之操持，未暇计筹于善后。及一旦幸获升迁离任有日，而清夜扪心，自问造福于地方者何事，施惠于百姓者何人。恐福之未或造，惠之未或施，作孽既多，含怨不少，而奸民黠棍将有起而议之者矣。
>
> 司牧者于此，纵难挽救于从前，犹可弥缝于今日。其政关钱谷刑名，谋之乎己者，毋使稍留缺略。事涉绅衿庶役，及之乎人者，尤须格外周旋。诸宁存去后之思，切勿惹濒行玷。
>
> 虽不敢攀辕卧辙，冀吾民借寇之求，或亦得免窒户坏砖，为共歌推谢之去，斯可矣。
>
> 至于事临别之上官，宜如循墙考父，三命滋恭。款新任之同

寅，比之令尹子文旧政必告。庶乎远迩上下咸安琴崔以相随，前后始终无愧图书之数卷，不亦美乎。①

接着还列举了二十四个条目，指出卸任之际的注意事项：①"清钱粮"——税务的清算；②"造交盘"——账簿的交接；③"查仓谷"——仓谷的检查；④"查库贮"——库存的检查；⑤"查税契"——税契的检查；⑥"结钦宪件"——上司案件的结算；⑦"清监仓"——牢狱的清算；⑧"简词讼"——诉讼的整理；⑨"请署篆"——签名盖章的清算；⑩"接新官"——新官的迎接；⑪"发家眷"——家眷出发；⑫"销号件"——事件的处理；⑬"吊案卷"——记录的回收；⑭"毁刑具"——刑具的毁弃；⑮"备文册"——账簿的准备；⑯"买补驿马"——驿马的填补；⑰"谕铺行"——对于业者的命令；⑱"还借办"——债务的偿还；⑲"赏吏役"——对于吏役的褒奖；⑳"辞乡绅"——向乡绅辞别；㉑"辞文庙常祀"——至文庙等辞别；㉒"出衙"——出发；㉓"交代"——交接；㉔"辞上司赴新任"——与上司辞别，前往新的赴任地。

实际上，《未信编》卷六《升迁》亦列举了种种条目，即"清钱粮""造交盘""发兑支""查积谷余粮""查税契""结钦部宪件""简词讼""销号件""修学校""清监狱""免赃赎""晓谕行铺""禁止亲随拆毁衙署""印簿册牌票""请署员""焚毁簿书""还借办""接新官""赏吏役""交印""谢上司""出衙"。黄六鸿在执笔的时候，应该已意识到《未信编》这一本书的存在，不过，其内容却是自身的独创，并未沿袭《未信编》。

---

① 《福惠全书》卷三十二《升迁部·总论》。

关于事务处理上的种种注意事项，他强调在各个方面都要留意，尤其不可以忘记与上司和当地的乡绅郑重地道别，对于帮了不少忙的吏役，也要予以褒奖。其详细内容如下：

辞别上司，礼节仪文，尤宜从厚加谨。毋谓离任便系客官可以大意而行。每每获罪上司，致有不终之失。可不戒哉。①

夫乡绅在任相与有年，素承岁时馈问。其将离任，自应视爵位之崇卑与交情之厚薄而略申别敬，宜命礼房将本治乡绅，现任京外及告致闲住在家，以及举贡监衿，居恒往来者，通行查开折子送宅。再将宅内岁时礼节底簿详查，其爵尊者，或备杯币羊酒扁额，亲诣致谢。稍厚者羊酒扁额，再次扁额，俱差人致谢。扁额金绿墨字之不一，俱鼓吹往送。其余不应送者未能遍及。如邻境有应致意者，亦酌量行之，以尽临岐缱绻之忱而已。但羊酒扁木俱给与价值，取领存处。制扁匠役亦给饭资。总之善后宜周，勿因惜小费而致敛怨商民也。②

夫在任多年，各有该管经承自能乞恩沽惠，其忠厚朴实者，不敢以琐事轻干。本官于离任时，所有难携粗重木器及旧屏散篦之类，或效力班头与守门皂隶，挑水打扫火夫，酌量多寡，均匀

---

① 《福惠全书》卷三十二《升迁部·辞上司赴新任》。
② 《福惠全书》卷三十二《升迁部·辞乡绅》。

赏给。一以酬劳，一以使若辈叨去后之思也。①

对于在知县执政之际拥有极大影响力，必须与他们建立良好关系的"官""吏""士"三大范畴，这里同样强调了最后关头绝对不可以出错，也就是"有始有终"的道理。不过，黄六鸿更为在意治下民众对于知县的评价。就这一点来看，汪辉祖也具有相同的看法，如下：

> 居官时不患无诔词，而患无规语。民即怨诅，不遽入耳。迨去官，而贤否立判。民有恋惜之声者，贤吏也。苟其不贤，道路相庆，虽迁擢去，不能防民之口。去以他故，诟詈随之。候代需时，有莫为之居停者矣。故治柄在手当时时念有去官之日，自然不敢得罪于群黎百姓。②

> 事君不忠，谓之不孝。守身云者，非全躯保妻子之谓也。致身之义，安危一理，非遭授命之时，当懔全归之念。不惟败检玩法，方为辱亲。即肆虐百姓，道路有口，秽及父母，辱莫大焉。闻诸吾师孙景溪先生（尔周）曰："牧民者能立身行道，扬名于后世，以显父母，百无一二。但与部民相安，毋贻父母恶名，幸矣。"官惟州县去民最近，辱亲亦惟州县官最易。诗曰："无忝尔所生。"子曰："君子怀刑。"孟子曰："守身为大。"尝以三言自儆。其

---

① 《福惠全书》卷三十二《升迁部·赏吏役》。
② 《学治臆说》卷下《当思官有去日》。

庶几乎。①

由此可知，地方政治的前辈们建议新手知县"万里之程必始于跬步"的同时，也强调卸任的时候，获得地域居民的好评并且画下"完美的句点"，这亦是官僚生涯里的一件重要大事。

二、攀辕卧辙与窒户坏砖

黄六鸿在刚才引用过的《福惠全书》卷三十二《升迁部·总论》的文章里，提到"而清夜扪心，自问造福于地方者何事，施惠于百姓者何人"。他亦在《福惠全书》的序文里写道：

> 夫是书也，及政治之事也。而颜之福惠，何居？曰福者，言乎造福之心也。惠者，言乎施惠之事也。夫人有是心，而后有是事。无是心，而即无是事。故在上者，必先存有造福地方之心，而后能有施惠百姓之事。②

从黄六鸿在书名里加入了"福""惠"二字，就可以知道：他相当重视如何在地方造福施惠之事。不过，他也提到"恐造福之未，或施惠之未，或作孽既多含怨不少，而奸民黠棍将有起而议之者"，也就是说，他格外重视造福施惠的成果好坏对于民意的影响。想必这与他本人所

① 《学治臆说》卷下《守身》。
② 《福惠全书》自序。

耳闻目睹的以下事件有所关联：

> 近闻有不肖官员离任起行，地方含恨，竟闭城门不容放行。
> 且更喧拥市衢，襒夫人之衣，而殴及舆从者。呜呼，居官至此可
> 不耻哉，可不畏哉。①

那么，在知县卸任之际，黄六鸿视为理想的民众行为"攀辕卧辙"
究竟是什么呢？小畑行简将其解释为"民众对于知县的思慕已经到了抱
住车辕不让其动身，躺在车辙不让其通过的地步"②，此行为开始于东
汉时代，因此，《后汉书》收录了许多相关地方官的事迹。

第五伦，京兆长陵（陕西咸阳之东、汉高祖陵）人，曾任江苏会稽
郡的太守。第五伦贵为俸禄二千石的高官，却亲自斩刍养马，妻执炊
爨，并把大部分的禄米都给了贫民。又，对于假借鬼神之名诈骗民众
的巫祝，他进行严厉的调查，使民众安居乐业。永平五年（62），第五
伦因坐法而被传召至都城，关于当时的情景，有以下的描述：

> 老小攀车叩马，啼呼相随，日裁行数里，不得前。伦乃伪止
> 亭舍，阴乘船去。众知，复追之。及诣廷尉，吏民上书守阙者千
> 余人。③

---

① 《福惠全书》卷三十二《升迁部·发家眷》。
② 和刻本《福惠全书》卷三十二《升迁部·总论》，366 页，东京，汲古书院，1973。
③ 《后汉书》卷四十一《第五伦传》。

孟尝，会稽上虞人，担任合浦太守，他因呈报患病之事而被传召，于是，发生了以下的状况：

> 吏民攀车请之。尝既不得进，乃载乡民船夜遁去。隐处穷泽，身自耕佣。邻县士民慕其德，就居止者百余家。①

侯霸，河南郡密县人，担任淮平郡守，获得极高的评价，至王莽败亡之际，侯霸固守城墙，保全了所有郡民的性命。更始元年（23），更始帝遣使征召侯霸，于是，民众进行了以下的行动：

> 百姓老弱相携号哭，遮使者车，或当道而卧。皆曰"愿乞侯君复留期年"。民至乃戒乳妇，勿得举子，侯君当去，必不能全。使者虑霸就征，临淮必乱，不敢授玺书，具以状闻。会更始败，道路不通。②

另外，刘宠乃是东平陵的县令，由于为政仁惠，深受民众喜爱，后因母疾而离任，关于当时的情景，有以下的描述：

> 百姓将送塞道，车不得进，乃轻服遁归。③

铫期，颍川郏人，光武帝来到颍川召署铫期后，据说发生了以下

---

① 《后汉书》卷七十六《循吏·孟尝传》。
② 《后汉书》卷二十六《侯霸传》。
③ 《后汉书》卷七十六《循吏·刘宠传》。

的事情：

> 百姓聚观，喧呼满道，遮路不得行。①

此后，这种类型的记录更是代代相传，直至《明史·陈镒传》，仍然沿袭了类似的模式。陈镒，江苏吴县人，永乐十年（1412）的进士，被授予御史的职位。景泰二年（1451），陕西发生饥荒，由于军民万余人异口同声称"愿得陈公活我"，他三次镇守陕西，前后长达十年之久，陕西的民众将他视为父母一般，每次卸任或是复任的时候，据说都会发生以下的事情：

> 每还朝，必遮道拥车泣。再至，则欢迎数百里不绝。②

由此可知，所谓"攀辕卧辙"照字面解释的话，指的是"攀附车辕，卧躺车辙"的行为，描写民众期望长官能够留任，阻止其离去的时候，多使用这个成语。

清末《点石斋画报》的一则文章提到：担任上海县知县的陆春江在卸任之际，各个乡镇的绅董们聚集至大码头前来送行，要求陆春江脱靴，陆春江再三婉拒后，终于命令从者脱靴，最后总算得以动身出发。③ 所谓"要求脱靴"，指的是当地的民众要求即将离去的官僚脱靴，

---

① 《后汉书》卷二十《铫期传》。
② 《明史》卷一百五十九《列传第四十七·陈镒》。
③ 《点石斋画报》亥集十一期《去思弥永》。

借此妨碍其卸任，表示思慕之意，这种描写可说是"攀辕卧辙"的一种变形。

又，效命于东汉光武帝的寇恂曾经平定河内，当他卸任之际，发生了一则关于"借寇"的轶事。寇恂的传记里有以下的记录：

> 恂从至颍川，盗贼悉降。而竟不拜郡，百姓遮道，曰"愿从陛下复借寇君一年"。①

这里同样可见当地居民"遮道"，要求朝廷让寇恂暂留该地的行为。此后，当实施善政的地方官在卸任之际，民众表达慰留或是思慕的这种行动，亦会使用"借寇"一词。以上这些史料全数出自正史，因此，我们暂且将其理解为"史实"。

另外，关于所谓"窒户坏砖"，小畑行简将其解释为"若是作恶多端的官僚的话，人们就会窒塞门户，破坏砖瓦"②，指的是民众透过窒塞门户与破坏砖瓦的方式，对即将卸任的地方官暗自进行批评的意思，乃是与"攀辕卧辙"完全相反的行动。仁井田陞曾经针对相关的谚语"怀砖"，做如下介绍："从前，在山东的青州，知县来到此地，民众皆怀砖叩首迎之，不过，当知县结束任期准备离开的时候，民众反而会以砖击之。"并且如此解释："'怀砖'这个谚语多被理解为人心浇薄、民情势利的意思，不过，相较之下，我认为以下的意思比较适当，即民众

---

① 《后汉书》卷十六《寇恂传》。
② 和刻本《福惠全书》卷三十二《升迁部·总论》，366页。

对于官吏的责任感，不抱太大的期待，也并未单纯到会被官吏哄骗的地步。这种'以砖击之'的心情应该不是仅限于古代青州的民众而已吧。"①其典故乃是基于《洛阳伽蓝记》的文字："宾客从至青州云'齐土之民，风俗浅薄，虚论高谈，专在荣利。太守初欲入境，皆怀砖叩首，以美其意。及其代下还家，以砖击之'。言其向背速于反掌。"②该书亦写道：

> 太傅李延实者，庄帝舅也。永安年中，除青州刺史。临去奉辞，帝谓实曰："怀砖之俗，世号难治。舅宜好用心。"③

"风俗浅薄"的重点乃是在于民众向地方官进行批评的这个风俗上面。就笔者的浅见，黄六鸿所谓"窒户坏砖"并无其他典故，不过，想必"坏砖"与"怀砖"皆是民众基于同样目的所进行的示威行为。因此，简单来说，黄六鸿在《福惠全书》卷三十二《升迁部·总论》所列举的地方官理想的卸任画面，其实就是"知县卸任的时候，即使民众并未赶到现场用夸张的方式阻止其离去，不过，只要他们不批评知县任内的政绩，并且希望知县暂时留下来的话，就可以算是圆满的句点"吧。顺道一提，关于黄六鸿卸任时的情景，他本人亦是巨细靡遗地记录如下："及罹先君大故，读礼而南，微独黄童白叟卧辙攀辕，即三班六房亦呼

---

① 仁井田陞：《大木文库私记——特に官箴、公牍と民衆とのかかわり》，载《东京大学东洋文化研究所纪要》13 册，1957，收入大木干一编：《东京大学东洋文化研究所大木文库分类目录》，159～160 页，东京，东京大学东洋文化研究所，1959。

② 《洛阳伽蓝记》卷二《城东》。

③ 《洛阳伽蓝记》卷二《城东》。

号洒泪。"①"及鸿离任之日，邑乡绅士民攀辕泣送者相望于道。"②

民众抱住车辕并且卧躺车辙，祈求知县留任的画面，流传至后世，在清代，成为实施善政的地方官在卸任之际的理想情景。对清代的地方官而言，这个情景乃是一种象征，所谓"父母官"往往将民众的爱戴视为一种理想，并且期待有朝一日也能出现"攀辕卧辙"这种理想画面。不过，关于这种民众的行动，如果只是要慰留那些为该地带来利益的地方官的话，他们实在无须攀附车辕且卧躺车辙，这种刻意的行为仿佛在演戏一般，甚至还是超越时空的老套戏码。下一节，我们将检讨地域社会的居民们是基于何种心理来进行这些行动的。

三、彰显德政的实际状态

康熙年间担任浙江嘉兴府知府的卢崇兴在其公牍《守禾日纪》里，收录了作为附录的四篇"士民公呈"，即《杭州府士民公呈》《嘉兴府士民公呈》《嘉兴七邑士民公呈》《湖州府士民公呈》。所谓"士民"，指的是任地的绅士、庶民，"公呈"则是联名上书的意思。也就是说，这些文章乃是该地居民（包含了士大夫和一般民众）的联名上书，在卢崇兴即将卸任之际，嘉兴府的人们以治下居民的立场，对其政绩进行赞扬。首先，我们来看《嘉兴府士民公呈》，如下：

---

① 《福惠全书》卷三《莅任部·驭衙役》。
② 《福惠全书》卷四《莅任部·忍性气》。参见山本前引书176页。

切惟生我者父母，治我者亦父母也。郡守者，盖祖父母也。某等生居禾郡，时际荒残。知府卢乃能知疾痛，善抚育，覆载所及，雨露均施。……今止备陈其实政深入民心者而言之。①

对于卢崇兴担任知府的评价，该文还洋洋洒洒列举了十条，如不苛求于征税、改革漕运的弊病、减少诉讼等，可见他们极为赞扬卢崇兴的施政。接着，还有以下内容，要求其继任者"不要劣于卢崇兴"：

夫为官不过清、慎、勤。有此十行，足以仰副圣谕、宪意，亦云称职。虽有余德，不必尽述。某等下民，安敢言其上之美恶。但实受惠，某等正在嬉游无已。倘奉升擢别省，目下兑运必迩，蠹弊复起。使某借寇无从，值此兵戈之后，里民仍受朘削。幸荷宪天大老爷抚绥德意，无日不以得人佐理为念，勉励各属，不过察其才能，鉴其实效。今卢太守有此实政，足以仰副宪怀。某等遥望悬鞀建铎之心，为此千里匍匐，敢献刍荛。伏祈俯从舆请，据情上达，备将本省员缺就近推补。庶今冬漕、白等弊，便可永除苏困，使禾郡里民，终始载福，皆宪天知人安民哲惠大德也。全浙生灵幸甚，激切连名上具。②

《嘉兴七邑士民公呈》乃是来自府下七县士民的上呈，《杭州府士民公呈》与《湖州府士民公呈》则是邻府士民为其声援的上呈，这些公呈皆

① 《守禾日纪》附《嘉兴府士民公呈》。
② 《守禾日纪》附《嘉兴府士民公呈》。

在赞扬卢崇兴身为嘉兴府知府的政绩,内容并无太大的差异。

地域社会的居民为了彰显地方官的政绩所进行的行动,不仅止于这种公呈而已,甚至愈演愈烈,有的时候还会建立德政碑或是赠送万民伞。前者亦叫作功德碑,任地的士民将地方官的政绩刻于石碑,以留下半永久性质的记录。后者同样也是任地的士民对于地方官德政的赞扬,他们将绣有赠送者名字的伞送给地方官,借此表达该名地方官为当地居民造福,宛如遮风避雨的存在一般。另外,据说还有一种类似的"万人衣"。这种习惯随着地方官的历史,自古流传至后世,拥有悠久的传统,从未废止。

《点石斋画报》指出:

> 贤有司之去任也,或脱靴以志爱,或卧辙以攀留。小民爱戴之忱,有甚于慈父母者矣。而求之今日,则不可多得。虽其间万人伞、德政牌不乏一二绅衿贡谀献媚,而循良未著实迹,颂扬者半,诅咒者亦半。此其人要不可论。①

针对清末不可多得的民众慰留地方官之行动,文中描写了福建海澄县知县何淮浦卸任之际,前来送行的民众将街道挤得车水马龙的情景。

对于标榜着"民之父母"的地方官来说,当地居民在其卸任之际,积极地从事联名上书或是德政碑的建立、万民伞的赠送等行动,或许不是一种困扰。另外,尽管其内容极为雷同,但是卢崇兴还是将这四

---

① 《点石斋画报》戌集七期《循吏可风》。

篇士民公呈收录于《守禾日纪》，就算这不是卢崇兴本人的意思，但是，对于编者来说，这些公呈其实具备了为卢崇兴的执政锦上添花的效果。①

不过，作为营造这种情景的主角，地域社会的居民们未必和地方官站在同一个立场上。朝鲜王朝后期的实学思想家丁若镛所撰写的《牧民心书》有以下的描述：

> 按善政碑之虚实相蒙，已自魏晋之际，早有此弊。故禁令严峻，民不得擅立之也。②

由此可知，建立善政碑（德政碑）的"弊害"早在魏晋之际，就已经存在了。那么，其"弊害"具体来说是什么呢？我们将时代快转至清末，《点石斋画报》刊登了以下的文章：

> 前署厦防同知秋丞嘉，未莅任月余，忽见街中家家悬挂秋青天、秋司马、官清民安灯笼。论者几疑有何德政，较之孔圣期月三年为速，实系罕闻。嗣经吴观察密访，舆论佥云，有一二劣绅逢迎，传谕地保，多做灯笼，挨家分送。凡悬灯之户，厅主均用名片道谢。始知官清民安，原来如此。可谓不明义利，丧尽廉耻矣。尤其甚者，凡该处绅商，皆勒令致送牌匾，颂扬德政。虽间

---

① 《点石斋画报》贞集八期《优伶颂德》。其中描述了共同租界会审衙门的委员张赓三从戏院老板那里得到了写着"公正廉明"的匾额以及记有演员名字的万民伞，因而欣喜万分的模样。

② 《牧民心书》卷四十八《遗爱》。

有不肖劣绅谄媚迎合、徇情致送者，有贡商金益和等不服诛求，据情控告。于是向之粉饰惟恐不及者，至此遂大白于天下。嘻，近世州县每当离任之时，无不有人恭颂德政，其果有政绩可纪者有几人哉！予故观于此而有慨焉。[①]

这篇文章忠实地呈现了那些想要巴结秋丞嘉的乡绅们为了提供恭颂德政的灯笼与匾额，向民众勒索其费用的实际状况，明显可知，德政的恭颂绝非出于该地居民的本意。

同时间，《点石斋画报》也提到了一名深悉此弊的强硬派官僚，如下：

> 官场积习，每当交卸之日，往往有地方绅士制送万民伞、德政牌等，贡谀献媚，以志去思。苏俗此风尤甚。竟有书吏人等，向乡民敛资勒索者。长洲县王芸庄大令深悉此弊。当交卸时，有附近阳山一带乡农高抬牌匾，导以执事，恭送至署。大令见而怫然挥之。使出乡民，惶恐无地，大声啰唣，致触大令之怒。自持竹板一根，下堂驱逐，遂一搅而散。后即出示晓谕。大旨谓本县自莅斯任，毫无功德及民，方滋惭愧，乃有某都某图乡民某某等送牌匾前来。深惜尔等以有用之钱作此无益之事，甚为本县不取。若能安分耕种，年年早纳太平之税，不受追呼之辱，则本县受赐良多。为此晓谕阖属居民，毋再蹈此覆辙云云。似此风清弊

---

① 《点石斋画报》亥集九期《德政何在》。

绝，可想见贤令风猷矣。①

在浙江绍兴府知府的任期结束后，紧接着担任杭州府知府的李铎于康熙三十四年(1695)遭受弹劾之际，向士民发布了一则告示，其中一节的内容如下：

> 尔士民无知罢市，吁宪挽留，诚属多事。更可异者，本府离绍已久，去杭何关于绍。而绍之士民亦匍匐过江，纷纷哀吁请留，殊不思王命已颁，谁敢有违，挽留徒劳心力，若习以为套，反觉招嫌。即爱戴果真，亦属何益。②

李铎认为杭州的士民为了挽留自己而发起的罢市行为，乃是一种帮倒忙，就连已经卸任长达三年之久的绍兴府之士民也跟着匍匐过江挽留自己，更是让他感到相当不对劲，因而怀疑其背后是否有其他目的。

这么看来，对于收录于《守禾日纪》的"士民公呈"，我们也可以如此解读：与其说联名上书的士民是要赞扬卢崇兴的德政，不如说他们是想透过赞扬卢崇兴德政的方式，来表达地域社会对于继任者的期望。

雍正帝的上谕里，明确地指出了地方士民请求地方官留任的目的，如下：

---

① 《点石斋画报》亨集四期《贤令丰裁》。
② 《武林临民录》卷三《告示·谕止杭绍士民挽留为晓谕事》(康熙三十四年十二月十日)。

凡官员离任，每有地方士民保留。如果该员在任实有政绩，惠泽在人，爱戴出于至诚，理应赴上司具呈陈请。即或清正廉干之官，冤抑被劾，百姓为之抱屈者，亦可赴阙申理。乃迩来积习，无论官员贤否及离任之有无冤抑，概借保留为名，竟不呈明上司，辄鸣锣聚众，擅行罢市，显然挟制，其中买嘱招摇，种种弊端，皆于地方生事。如果保留尽系真情，何以升任官员不闻有人爱戴者耶。此乃刁风恶习，例所严禁，断不可纵容使长。……凡保留官员者，多非出于真情，皆买嘱逼迫而然也。嗣后官员离任，士民有擅行鸣锣聚众罢市者，除将刁恶之人分别首从，从重治罪外，其被保之员，即系好官，然既买嘱百姓，亦必严加治罪，以儆刁风。①

雍正帝已经看穿了这种请求官员（即地方官）留任的行为，并非出自当地居民的本意，多半是借保留为名的一种搭便车行为，关于首谋，一种乃是借此聚众罢市的"刁恶"之人，另一种则是透过买嘱逼迫，要求当地居民进行慰留行动的地方官本人。假借大义的名分，企图实现其他要求的民众示威行动，以及假借舆论的名义，避免自己被罢免的地方官，这些都可说是悠久历史所培养出来的传统。

清朝对于这种状况，自早期就进行了法律方面的规制。首先，对于地方官自立德政碑的行为，顺治三年（1646）于明律添加小注后，便设立了全新的《见任官辄自立碑律》：

<hr />

① 《雍正上谕内阁》卷三十四，雍正三年七月十五日。

凡见任官实无政绩，〔于所部内〕辄自立碑建祠者，杖一百。若遣人妄称己善，申请于上〔而为之立碑建祠〕者，杖八十。受遣之人，各减一等。〔碑祠拆毁〕（〔〕内为小注）①

又，康熙三十二年（1693），则是制定了《上言大臣德政律》的附律条例，如下：

督抚等官，或离任、更调、降调、丁忧离任，而地方百姓赴京保留控告者，不准行。将来告之人交与该部治罪。若下属交结上官，派敛资斧，驱民献媚，或本官留恋地方，授之意旨，藉公行私，事发得实，亦交该部从重治罪。②

接着，康熙五十二年（1713）的时候，又制定了《嘱托公事律》的附律条例，如下：

如有降调黜革之员，贿嘱百姓保留者，审实，将与受官民俱照枉法赃治罪。③

然而，尽管清朝制定了上述种种法令且将处罚明文化，但还是无

---

① 《大清律例》卷七《礼律·仪制·见任官辄自立碑律》。
② 《大清律例》卷六《吏律·职制·上言大臣德政律》附例。《读例存疑》卷七云："此条康熙三十二年吏部议准定例。"不过，《大清律例通考》卷六则是作："此条康熙三十三年三月吏部题复定例。"
③ 《大清律例》卷三十四《刑律·杂犯·嘱托公事律》附例。又，《读例存疑》卷四十四记载："此仍系康熙五十二年吏部会议定例。"

法轻而易举地铲除这项"恶习"。雍正帝在以下的上谕中，明确地提到了其理由：

> 凡绅士兵民保留本地官员之处，久奉圣祖仁皇帝谕旨严禁。盖胁众罢市等情，该督抚等必行查究，故匪类尚不敢轻犯。至于保留官员，向来并不究问其根由，故小人不知畏惧，此唱彼和，听人指使，贤愚混杂，颠倒是非。种种弊端，如贿买要结之事，皆从此出。而地方官员必至枉道以求悦于人。此风断不可长。如属员果系贤能称职，该督抚等即据己见具题保荐，朕自酌量俞允，不必牵引绅士兵民攀辕卧辙等语，以开小人生事之端。①

毋庸置疑的是，整件事情的开端来自热切期望民众进行表演的主体，也就是即将卸任的地方官身上。"我不是稀罕这个，为的是面子，被上司晓得，还说我替地方上出了怎么大一把力，连把万民伞还没有，面子上说不下去。"②这是《官场现形记》里的胡统领自严州回省之际所说的一番话，可说是巧妙地吐露了清代地方官的心情吧。

结　语

如前所述，黄六鸿极为重视民众的表演。黄六鸿熟悉地方政治的

---

① 《雍正上谕内阁》卷五十四，雍正五年三月十七日。
② 《官场现形记》第十八回《颂德政大令挖腰包，查参案随员卖关节》。

实际状态，且留下了与知县经验相关的丰富知识，就连他要卸任的时候，都无法跳脱出这种价值观。

汪天锡在其官箴书《官箴集要》里，设立了明清官箴书较为少见的《临民篇》这个项目，其中对于"治政"，有以下的意见：

> 夫郡守县令为牧民之官，所以牧之为言养也。居是邦必是牧养是邦之民，以父母论之，其爱子之心为何如哉。亲民之官，于百姓鳏寡孤独饥寒疾苦者，无一不关于心。故曰"爱百姓如妻子"。又曰"一民之溺，犹己溺之，一民之饥，犹己饥之"。其于词讼，与之分辩是非。其于赋役，与之分验贫富。其科差催征之际，犹当视其缓急轻重而治。毋以喜怒滥用刑法，横加于人。切宜戒之。①

若是地方官能够忠实地实践这些忠告的话，当地的居民应该会自行将他视为"父母官"，在地方官卸任之际，透过恰如其分的行动来表示谢恩之意吧。只有那些每每不肯实践"父母官"的地方官才会强迫民众表达谢恩之意，想必这就是所谓世间的常理。汪天锡相当了解这种现象，针对卸任之际的须知，亦有以下的看法：

> 代之未至也，风民立石以颂德，结绮门以祖行，鸠钱帛以佐路费，建生祠以图不朽之名，皆非士君子之事也。盖为善不求人

---

① 《官箴集要》卷上《临民篇·治政》。

知者为上。知而不自有其善者次之。呶呶焉自媒自鬻，惟崇虚誉者，风斯在下矣。①

　　某些地方官会强迫当地居民建立石碑，赞扬其"德政"，或是准备所谓"万民伞"，这种行为往往成为小说揶揄的对象。不过，地方官仍然追求着这种表面功夫，执着于自己的面子。一部分的民众则是反过来利用地方官的这种心理，企图借此满足自身的要求。

　　无论如何，地方官将民众彰显德政的行为视为一种理想，但是，这个行为其实就是在种种虚构之中，所堆砌起来的一种意识形态吧。

---

① 《官箴集要》卷下《克终篇·不可自鬻》。

附录　清代的公牍及其利用

按俗例，绅民公颂德政，每多谀语。今该乡民独能纪实，不事谕扬。

——《点石斋画报》书集十一期《人瘦我肥》

前　言

本章将针对被分类在所谓公牍这个范畴的汉籍史料进行说明，特别是目前历史学界利用清初公牍的概况以及未来展望，笔者也会稍微阐述己见。本章的目的在于，再次确认历史学研究利用公牍的可能性，也就是说，公牍并非仅为法学研究提供众多信息而已，对于历史学研究(尤其是清代地域社会史研究)而言，亦是重要的史料，借此，促进历史学研究对于公牍的积极利用。

一、何谓公牍

公牍的定义

公牍的语义即为"公文书"，因此，指的是国家或地方公共团体，或者是身为其成员的官僚所撰写的公家文献。不过，在清代被称为公牍的文献多半指的是地方官僚个人所编纂、刊行的公文书集，因此，本章提到的公牍亦依照这个通例。

关于收录于公牍里的公文书，其原件文书叫作"档案"，与地方行政相关的档案里，除了免于散佚的特殊情况以外，现存于世的档案极少。相较于此，公牍乃是地方官僚本人或是其子孙、后辈们所编辑的文书，由于大量刊行于清代，透过公牍，我们得以将已经散佚的原件文书的部分信息还原。冯尔康曾对公牍的含义"清代地方政书"进行说明："地方官员在施政过程中，发布告示、规谕、教令、判案批文、向上级的报告、给皇帝的奏疏都成为地方政治文献，有的地方官员、幕客、士人留心此类文书，予以汇辑，刊刻行世。"[①]由此可知，在清代地方官僚之间，收集这种公文书，且予以刊行，似乎相当普及。

刊行目的之一乃是将其人物事迹流传于后世。正如仁井田陞所述：

---

① 冯尔康：《清史史料学》，94页，沈阳，沈阳出版社，2004（台北，台湾"商务印书馆"，1993，初版）。

"公牍主要为官吏的经验，政绩的记录，亦是门面极佳的自我实绩报告书。"①对地方官僚而言，将实际参与政务的经验记录出版为书，永久保存于世，是有极大意义的。自诩为文人的地方官僚里，精通经学的人或是擅长诗文的人自然而然地希望将相关的文章与作品集结成个人文集，予以刊行，不过，在这方面并无成就的人若要刊行个人文集的话，就只好将生涯所撰写的大量公文书作为个人文集的重心了。就这个意义来看，公牍亦是仅由公文书所组成的个人文集。

另一个刊行目的则是因应读者（也就是即将担任官僚的人们）的需求。作为提示地方官僚规范的指南书，已经有官箴书了，不过，当官僚经验尚浅的人要实际撰写文书的时候，相较于官箴书，作为实例集的公牍更具参考价值。官箴书当中，有像《未信编》这样，一集为官箴书，二集则收录了公文书的书籍，亦有像《福惠全书》这种列举著者自身公文书为例的书籍，这些皆满足了读者的要求，博得好评。

当然，公牍并非档案。又，对地方官僚及其相关人士来说，有的时候，他们也不会将不想流传于世的公文书收录于公牍，因此，公牍往往无法传达其全貌。甚至有的时候，他们也有可能将收录于公牍当中的文书稍作改变。尽管如此，收录于公牍里的种种信息仍然传达了当时的地方行政以及地方社会的具体样貌，就这一点而言，公牍具备了特有的史料价值。

------

① 仁井田陞：《大木文庫私記——とくに官箴、公牍と民衆とのかかわり》，载《东京大学东洋文化研究所纪要》13 册，1957，后收入大木干一编：《东京大学东洋文化研究所大木文库分类目录》，157 页，东京，东京大学东洋文化研究所，1959。

公牍的内容

关于收于公牍的文书，其内容未必是千篇一律的。只要是以地方官僚所发行的公文书为基础，那么，其中的文书就有许多种类，根据不同的编纂方针，其内容亦是各式各样。不过，公牍的内容大略还是可以分为三种系统，如下。

第一种乃是以"谳语"为代表的文书，也就是审判时所作的判决或是向上司报告自身判断的文书，一般来说，叫作"判牍"。"判语""批语""批驳""审语""看语"等亦属同一个系统。① 所谓"判牍"，根据滋贺秀三的定义，就是"在过去的中国，处理诉讼案件的地方长官为了进行某种判决所作成的文章"②，也许是实用性极高的缘故，将判牍独立出来，以"××判牍"或是"××判语"等名称予以刊行的例子也不在少数③。根据滨岛敦俊的定义，所谓"谳"，"似乎指的是有司所进行的判决被提交至上级，对其进行审查的意思"④，地方官僚往往会将重大案件上报至上级部署，这种"谳语"具备了不同于一般案件的特别意义，因此，公牍里多半设有"谳语"这个项目，地方官僚借此向世人强调自身亦有审理重大案件的能力。

---

① 《未信编》卷三《刑名上·章程·问拟·释看语》记载："看语即审单也。亦曰谳语。"

② 滋贺秀三：《清代中国の法と裁判》，145 页，东京，创文社，1984。

③ 关于独立刊行的判牍，滋贺秀三进行了以下的说明："这和个人的诗文辑录且发行成书的意义是一样的，某个人将地方官任上所写的判决文辑录且发行成书的主要目的在于宣传自身文章的价值。"（滋贺前引书 95 页）

④ 滨岛敦俊：《明代の判牍》，见滋贺秀三编：《中国法制史——基本资料の研究》，537 页，东京，东京大学出版会，1993。

第二种则是以"告示"为代表的文书。这是地方官僚向属吏或是民众进行告谕的时候所发布的文书，为了昭告众人，多半会贴在官署前的墙壁或是其他地方。"示""示谕""示檄""告谕"等，亦属于同一个系统。地方官僚会针对某种状况（通常是不太好的状况）进行通告，一般来说，还会提出对于此状况的判断，并且予以训告、诫告。"告示"表明了官僚的信念以及方针，因此，被收录于多数公牍之中。又，也有不少总督、巡抚等高官的告示是以"××文告"或是"××文檄"等名称单独刊行。

第三种乃是以"详文"为代表的文书。这是地方官僚提交至上官的正式上行文书，亦称"申详"。"禀帖"也是同一个系统，不过，原本指的是私人信件的意思。地方官僚向上官报告管辖地域内发生的问题，且征求上官意见的时候，所发出的文书正是"详文"，也就是"详细说明的文书"①。顺道一提，总督、巡抚的上行文（也就是以皇帝为对象的报告）以及请求皇帝批示的总督、巡抚的呈文大多以"奏议""奏疏"或者是其原稿"奏稿""疏草""疏稿"等名称，独立刊行。也许是因为这种"奏议"作为向皇帝上奏的记录，具备了特殊的意义，因此，大部分得以刊行，并且自早期就确立了其作为书籍的独立范畴。因此，"奏议"广义来说虽然也是公牍，但是，已经超越了所谓公牍的范畴。

此外，有的公牍也会收录"咨""移""牒""札"等寄给同僚的平行文书，或是"牌""票"等寄给下属的下行文书，不过，上述三种系统的文

---

① 《福惠全书》卷五《莅任部·详文赘说》记载："详文者，详言其事而申之上台者也。贵在源委清楚，词意明切，而陈以可否之义，仰候宪裁。"

书仍为中心。

公牍的分类

四库全书并无其分类项目，乃是公牍这种书籍的最大特征。如前所述，总督、巡抚的呈文通常属于"史部・诏令奏议类"。又，如果公牍是包含在官僚个人所编著的文集里的话，多半会收于"集部・别集"。不过，若是日本汉籍目录的话，一般被视为公牍的地方官僚公文书集会根据不同的目录，被分类在各种地方，如"史部・职官类・官箴""史部・政书类・法令""子部・法家类"等。

东京大学东洋文化研究所乃是全日本收藏最多公牍的机关，在他们编辑的《东京大学东洋文化研究所汉籍分类目录》（东京，东京大学东洋文化研究所，1972）里，设立了"史部・政书类・法令之属・判牍"这个类目，大部分的判牍属于这个类目，不过，包含了判牍的公牍则是归类于"史部・政书类・杂录之属"，被视为杂录之属。

中国汉籍目录中，北京图书馆编《北京图书馆古籍善本书目》（北京，书目文献出版社，1987）有独立的"公牍"类目，也就是"史部・政书类・公牍档册"，北京大学图书馆编《北京大学图书馆藏古籍善本书目》（北京，北京大学出版社，1999）亦有"史部・政书类十一・杂录・公牍"这个类目。又，翁连溪编校《中国古籍善本总目》（北京，线装书局，2005）也有同样的类目，其中收录了一部分的公牍，但是，并非全部的公牍皆归类于这个类目之下。相较之下，这些目录的"集部・别集"倒是收藏了不少公牍。

由此可见，就目录分类的方面，专属于公牍的"独立"类目尚未确立，乃是目前的现况。

公牍的收藏

在日本，公牍的收藏最为丰富的机关乃是东京大学东洋文化研究所。1941 年，创设研究所之际，由大木干一（1881—1958）所捐赠的大木文库乃是其主要部分。大木在 1911 年自东京帝国大学法学院毕业后，成为一名律师，长期待在北京与天津，其间大量收集了以法制关系为中心的汉籍。大木本人所编纂的藏书目录里，"内编·政法第一类·总类·公牍"收藏了上百种公牍。这些藏书极为珍贵，即使在中国也是备受瞩目。①

在中国，社会科学院法学研究所法学图书馆所藏的目录卡 A9·1 与 A9·2 的这个分类之下，收藏了许多官箴书、公牍。法学研究所正式成立于 1958 年，乃是中国社会科学院下的一个组织，成立之际，为了进行法学研究，收集了一些政书方面的书籍。又，虽然数量有限，不过，中国国家图书馆（旧北京图书馆）与中国科学院国家科学图书馆（旧科学院图书馆）亦收藏了一些明末清初的珍贵公牍。

美国国会图书馆的亚洲部（Library of Congress，Asian Division）在"公牍"这个分类下收藏了 47 种公牍。② 虽然善本不多，但是，却有仅

① 在中国，大木文库的目录已有翻译，见田涛编译：《日本国大木干一所藏中国法学古籍书目》，北京，法律出版社，1991。

② 据其汉籍的分类目录卡。不过，现在仅能利用书名目录卡及作者目录卡，分类目录卡并未对外公开。

存于这间图书馆的孤本。① 国会图书馆法律图书馆远东法律部（Library of Congress，Law Library，Far Eastern Law Division）的 China Premodern Law Title File 亦收藏了许多清代的法律相关古籍，其内容以清末的条例与刑案为中心。

目录分类上，被认定为善本的书籍极少，乃是公牍收藏的特征。收藏于上述机关的公牍大部分以辛亥革命后集中购买的书籍为基础。这些实用书籍乃是前代的遗物，革命后，失去其用处，结果被大量抛售于市场，也是这个原因，使人们自然而然地鲜少将其视为善本用心对待了。

二、康熙朝的地方官僚所遗留的公牍

由于清代公牍的数量过于庞大，无法将其一网打尽、全数介绍，因此，这里将按照笔者的研究兴趣，特别针对在康熙朝负责地方行政的官僚所遗留下来的公牍，进行书志学方面的解说。另外，在挑选公牍的时候，乃是遵从以下的方针：

（1）基于上述理由，以"奏议"等名称单独刊行的上奏文不在范围内。

（2）汇集许多官僚的公牍，再次进行编辑的总集亦不在范围内。又，若是个人文集中包含了部分公牍的话，将省略其中一部分。

（3）总督、巡抚、布政使、按察使，知府、直隶州知州，知州、知

---

① 除了后述的《封陵五日录》以外，王重民辑录的《美国国会图书馆藏中国善本书目》（台北，文海出版社，1972）并未收录公牍。

县以外官僚的公牍将统一分类至"4. 其他官僚的公牍"。

（4）关于收藏地点，将以藏有最早版本的机关为主。对于日本国内亦可阅览的公牍，将一并记载其版本与收藏机关。

（5）若是将不同官职所发行的公牍收于一书的话，将分别分类至各个官职的类目。

省级高官的公牍

（1）《总制浙闽文檄》六卷　清刘兆麒撰，清康熙十一年（1672）序刊本，中国国家图书馆及美国国会图书馆藏（收入《官箴书集成》第 2 册，合肥，黄山书社，1997）。内容为刘兆麒担任浙江总督时（1669—1673，其中 1669—1670 年的这段时间，则是兼任福建总督）所发行的公牍，从书名可知，仅收录"文檄"（也就是告示），不过，其内容相当具体。

（2）《李文襄公别录》六卷　清李之芳撰，清康熙四十一年（1702）跋刊本，东洋文库等藏（《近代中国史料丛刊》第 32 辑，台北，文海出版社，1969，亦收入《四库全书存目丛书》集部第 216 册，济南，齐鲁书社，1997）。该书收录李之芳作为刘兆麟的接班人，在担任浙江总督的时候（1673—1682）所发行的公牍，内容为"启""咨""饬""照会""檄"等，卷五至六的文告纪事以告示为主。

（3）《抚闽文告》二卷　阙名（清吴兴祚）撰，清刊本，国立公文书馆内阁文库藏。无序跋，内容以吴兴祚担任福建巡抚时（1678—1681）所发布的"示"与"牌"为主。[1]

---

[1] 该书并未记载撰者的名字，不过，三木聪认为撰者乃是吴兴祚（三木聪：《明清福建農村社会の研究》，196 页，札幌，北海道大学图书刊行会，2002）。本章亦参照其看法。

（4）《于清端公政书》八卷　清于成龙撰，清康熙四十六年（1707）刊本，东洋文库等藏（《近代中国史料丛刊续编》第 33 辑，台北，文海出版社，1976，亦收入《景印文渊阁四库全书》第 1318 册集部第 257 册，台北，台湾"商务印书馆"，1986）。内容以于成龙担任直隶巡抚以及两江总督时（1680—1681，1682—1684）所发布的"疏""檄""示""谕"等各种文书为主。

（5）《抚江抚粤政略》八卷　清李士祯撰，清刊本，东洋文库等藏。内容以李士祯担任江西巡抚以及广东巡抚时（1681，1681—1687）所发布的"奏疏""符檄""文告""批答"为主。①

（6）《汤子遗书》十卷　清汤斌撰，清康熙四十二年（1703）序刊本，国立公文书馆内阁文库以及京都大学人文科学研究所藏（收入前引《景印文渊阁四库全书》第 1312 册集部第 251 册，亦收入《汤斌集》上册，郑州，中州古籍出版社，2003）。卷九收录了汤斌担任江宁巡抚时（1684—1686）所发布的"告谕"。

（7）《清忠堂抚粤文告》六卷　清朱宏祚撰，清刊本，京都大学人文科学研究所藏。内容以朱宏祚担任广东巡抚时（1687—1692）所发布的"文告"为主。

（8）《西陂类稿》五十卷　清宋荦撰，清康熙五十年（1711）序刊本，国立公文书馆内阁文库以及京都大学人文科学研究所藏（收入前引《景

① 中国社会科学院经济研究所图书馆有"李大中丞政略　残存九卷　清李士祯著　清康熙四十一年？跋建昌刻本　二册（原九册改订）"这张目录卡，不过，现在已无法确认这张目录卡的下落。关于该书的内容，记有"1 抚江政略一卷（缺卷二），2 抚粤政略八卷"，也许这是《抚江抚粤政略》的同书异本。

印文渊阁四库全书》第 1323 册集部第 262 册）。内容多为宋荦的诗文，不过，卷三十二至三十九亦包含了他担任山东按察使（1687）、江苏布政使（1687）、江西巡抚（1688—1692）、江苏巡抚（1692—1705）时所发布的"奏疏""公移"。

(9)《日知堂文集》六卷　清郑端撰，清康熙刊本，天津图书馆藏（收入前引《四库全书存目丛书》集部第 231 册）。包含了郑端担任偏沅巡抚、江苏巡抚时（1689—1690，1690—1692）所发布的"奏疏""示谕""公移"等。

(10)《思诚堂集》二卷附录一卷　清吴琠撰，清乾隆三十四年（1769）刊本，清华大学图书馆藏（收于前引《四库全书存目丛书》集部第 231 册）。收录了吴琠担任湖广巡抚时（1689—1692）所发布的"奏疏"与"告示"。

(11)《抚豫文告》十五卷　清马如龙撰，清康熙刊本，美国国会图书馆藏。收录了马如龙担任江西巡抚时（1692—1702）所发布的"告示"。

(12)《赵恭毅公剩稿》八卷　清赵申乔撰，清乾隆二年（1737）刊本，中国社会科学院法学研究所法学图书馆藏（收入前引《四库全书存目丛书》集部第 244 册，清乾隆六年刊本藏于东京大学东洋文化研究所）。内容以赵申乔担任浙江布政使、浙江巡抚、偏沅巡抚时（1701—1702，1702，1703—1710）分别发布的"奏疏""议""序记志述""详咨""示檄""批详""杂著"为主。

(13)《赵恭毅公自治官书类集》二十四卷　清赵申乔撰，清何祖柱辑，清雍正五年（1727）序刊本，中国科学院国家科学图书馆藏（收入

《续修四库全书》第 880—881 册，上海，上海古籍出版社，1995）。内容以赵申乔担任偏沅巡抚时（1702—1710）所发布的"奏疏""咨文""告示""牌檄""批详""谳断""艺文"为主。

(14)《正谊堂文集》十二卷　清张伯行撰，清乾隆三年（1738）序刊本，东京大学东洋文化研究所藏（收入前引《四库全书存目丛书》集部第 254 册）。内容以张伯行担任福建巡抚以及江苏巡抚时（1701—1709，1709—1715）所发布的"疏""奏折""公移""檄文""教条"为主。

(15)《受祜堂集》十二卷　清张泰交撰，清康熙四十五年（1706）刊本，中国国家图书馆藏（收入《四库禁毁书丛刊》正编集部第 53 册，北京，北京出版社，2000）。内容以张泰交担任浙江巡抚时（1702—1706）所发布的"详文""谳语""示檄""杂文"为主。

(16)《西江政略》三卷　清杨朝麟撰，清康熙五十五年（1716）刊本，京都大学人文科学研究所以及美国哥伦比亚大学图书馆藏。内容以杨朝麟担任江西按察使时（1714—1717）所发布的"条教""文檄""详稿"为主。

(17)《皖臬政纪》四卷　清朱作鼎撰，清康熙六十一年（1722）序刊本，国立公文书馆内阁文库藏。内容以朱作鼎担任安徽按察使时（1716—1723）所发布的"详文""檄文""示文"为主。

(18)《轺车杂录》二卷　清朱轼撰，清康熙六十年（1721）序刊本，北京大学图书馆藏（清嘉庆十八年序刊本藏于东洋文库等）。内容以朱轼担任浙江巡抚时（1717—1720）所发布的"奏疏""咨文""行文""告示""杂文"为主。

知府、直隶州知州的公牍

(19)《莅凤简言》四卷，首一卷，末一卷　清刘泽霖撰，清康熙五十二年(1713)刊本(康熙四年自序)，中国社会科学院法学研究所法学图书馆藏(清道光十三年重刊本藏于东京大学东洋文化研究所)。内容以刘泽霖担任陕西凤翔府知府时(1663—1668)所发布的"详""示""牌"等为主(其中的"示"收入《古代榜文告示汇存》第4册，北京，社会科学文献出版社，2006)。

(20)《桐川纪事》一卷，续一卷　清杨苞辑，清蔡之芳撰，清康熙二十四年(1685)跋刊本，中国国家图书馆藏。内容以杨苞担任江南广德直隶州知州时(1663—1666)所发布的"示""禀""详""记"等为主。

(21)《于清端公政书》八卷　清于成龙撰，该书即为(4)。内容以于成龙担任湖南武昌府知府以及黄州府知府时(1674，1674—1677)所发布的各种文书为主。

(22)《守禾日纪》六卷　清卢崇兴撰，清乾隆四年(1739)序刊本，中国社会科学院法学研究所法学图书馆藏(收入《历代判例判牍》第9册，北京，中国社会科学出版社，2005。清乾隆五十三年补刊本藏于东洋文库等)。内容以卢崇兴担任浙江嘉兴府知府时(1676—1678)所发布的"疏序申详""告示""谳语"为主。

(23)《封陵五日录》十卷　清贾朴撰，清康熙四十三年(1704)刊本，中国科学院国家科学图书馆藏(旧抄本藏于美国国会图书馆)。内容以贾朴担任广西思明府署知府时(1684年以后)所发布的"申详""牌檄""禀启""牒移""批驳""札谕""告示""看谳""柬牍""代稿""杂著""诗词"

为主。

(24)《守宁行知录》二十八卷　清张星耀撰，清康熙三十三年(1694)序刊本，中国国家图书馆藏。内容以张星耀担任浙江宁波府知府时(1688—1695)所发布的"详文""谳语""示檄""杂文"为主。

(25)《越州临民录》四卷，首一卷　清李铎撰，清康熙三十年(1691)刊本，中国科学院国家科学图书馆以及美国哥伦比亚大学图书馆藏。内容以李铎担任浙江绍兴府知府时(1689—1692)所发布的"文记""祭文""信牌""告示"为主。

(26)《武林临民录》四卷，首一卷　清李铎撰，清康熙三十四年(1695)刊本，中国国家图书馆藏。内容以李铎担任浙江杭州府知府时(1692—1696)所发布的"文记""信牌""告示""详谳"为主。

(27)《守邦近略》四集　清张官始撰，清康熙三十三年(1694)序刊本，美国国会图书馆藏。内容以张官始担任江西吉安府知府时(1692—1694)所发布的"告示"与"判牍"为主。[①]

(28)《临汀考言》十八卷　清王廷抡撰，清康熙三十八年(1699)刊本，中国科学院国家科学图书馆藏(收入《四库未收书辑刊》第8集21册，北京，北京出版社，2000)。内容以王廷抡担任福建汀州府知府时(1695—1701)所发布的"详议""审谳""檄示""批答"等为主。[②]

---

① 关于该书的详细解题，参见本书199～200页。
② 关于该书的详细解题，参见三木聪：《清代前期の福建汀州府社会と图赖事件——王廷搞〈临考言〉の世界》，载《史朋》40号，2007。

州县官的公牍

(29)《于清端公政书》八卷 清于成龙撰,该书即为刚才介绍过的 (4)与(21)。内容以于成龙担任广西罗城知县以及四川合州知州时 (1661—1667,1667—1669)所发布的各种文书为主。

(30)《敬事初编》不分卷 清任玥撰,清康熙十六年(1677)刊本, 南开大学图书馆藏。内容以任玥担任山西汾州府石楼县知县时(1661— 1667)所发布的判牍与告示为主。

(31)《望山堂谳语》残一卷 清张扶翼撰,清王猷辑,清康熙五年 (1666)序刊本,中国国家图书馆分馆藏。内容以张扶翼担任湖南沅州 府黔阳县知县时(1662—1670)所作的"谳语"为主。

(32)《圣湖澹宁集》残二卷 清何玉如撰,清康熙十一年(1672)跋 刊本,台湾"中央研究院"近代史研究所傅斯年图书馆藏。残二卷的内 容以何玉如担任浙江杭州府钱塘县知县时(1664—1671?)所发布的详 文、告示、判牍等为主。①

(33)《牧爱堂编》十二卷 清赵吉士撰,清康熙十二年(1673)序刊 本,东京大学东洋文化研究所以及中国科学院国家科学图书馆藏。内 容以赵吉士担任山西太原府交城县知县时(1668—1673)所发布的"艺 文""详文""告谕""参语"为主(其中的"告谕"收入前引《古代榜文告示汇 存》第4—5册)。

(34)《福惠全书》三十三卷 清黄六鸿撰,清康熙三十三年(1694)

---

① 关于该书的详细解题,参见三木聪:《清代順治、康熙年間の判牘史料四種につ いて》,载《北大史学》45号,2005。

序刊本，东京大学东洋文化研究所等藏（和刻本，东京，汲古书院，1973）。该书引用了黄六鸿担任山东兖州府郯城县知县以及直隶河间府东光县知县时（1670—1672，1675—1678）所发布的"详文""禀帖""看语"等为例文。

（35）《都梁政纪》四卷　清盱眙阖邑绅民辑，清康熙十三年（1674）刊本，北京大学图书馆藏。该书收录了朱宏祚担任江苏泗州直隶州盱眙县知县时（1670—1674），县民对其政绩的赞扬，以及他本人的告示。

（36）《烹鲜纪略》不分卷　清崔鸣鷟撰，清康熙十九年（1680）自序木活字本，美国国会图书馆藏。内容以崔鸣鷟担任河南开封府仪封县知县以及河南河南府偃师县知县时（1673—1675，1677—1681）所发布的"判牍""告示""详文""记""议"等为主。①

（37）《三鱼堂外集》六卷　清陆陇其撰，清康熙四十年（1701）跋刊本，东洋文库等藏（收入前引《景印文渊阁四库全书》第 1325 册集部第264 册）。内容以陆陇其担任江苏苏州府嘉定县知县以及直隶正定府灵寿县知县时（1675—1682，1683—1690）所发布的"奏疏""议""条陈""申请""公移"为主。

（38）《珠官初政录》三卷　清杨昶撰，清康熙二十三年（1684）刊本，中国国家图书馆藏。内容以杨昶担任广东廉州府合浦县知县时（1680—1687）所发布的"详议""文告""谳书"为主。又，收录了卷三的判牍，自成一书，是为《珠官谳书录》。

---

① 关于该书的详细解题，参见山本英史：《清康熙の孤本公牍三種について》，载《史学》77 卷 4 号，2009。

（39）《莅蒙平政录》不分卷　清陈朝君撰，清康熙二十八年（1689）自序刊本，辽宁省图书馆藏（收入前引《官箴书集成》第 2 册）。内容以陈朝君担任山东沂州府蒙阴县知县时（1682—1689 年的某一段特定时间①）所发布的"详文""牒文""告示"为主（其中的"告示"收入前引《古代榜文告示汇存》第五册）。②

（40）《云阳政略》六卷　清宜思恭撰，清康熙二十九年（1690）序刊本，中国科学院国家科学图书馆藏。内容以宜思恭担任湖南长沙府茶陵州知州时（1684—1691）所发布的"详文""招详""谳语""杂文""告示"为主（其中的"告示"收入《中国古代地方法律文献》乙编第 6 册，北京，世界图书出版公司，2006）。

（41）《未信编二集》六卷　清施宏撰，清潘杓灿辑，清康熙二十七年（1688）刊本，东京大学东洋文化研究所以及京都大学人文科学研究所藏。内容以施宏担任浙江杭州府临安县知县时（1685—1688）所发布的"申移""牌檄""告示""谳语"为主（其中的"告示"收入前引《中国古代地方法律文献》乙编第 6 册）。

（42）《求刍集》不分卷　清叶晟撰，清康熙三十年（1691）刊本，中国社会科学院法学研究所法学图书馆藏（收入前引《历代判例判牍》第 9 册）。内容以叶晟担任陕西凤翔府郿县知县时（1686—1691）所发布的

①　乾隆《沂州府志》卷十九《职官·知县》或是宣统《山东通志》卷六十《国朝职官》皆未记录其到任年代。根据陈朝君出身的陕西韩城县的地方志，也就是乾隆《韩城县志》卷五《科举表》可知，陈朝君为壬戌年（1682）的进士，因此，到任应该是 1682 年以后的事情。

②　关于该书的详细解题，参见山本前引《清康熙の孤本公牍三種について》。

"告谕"与"谳语"为主。

(43)《古愚心言》八卷　清彭鹏撰，清康熙三十四年(1695)刊本，国立公文书馆内阁文库藏(收入前引《四库全书存目丛书》集部第231—232册)。内容以彭鹏担任直隶顺天府三河县知县时(1686—1690?)所发布的"疏""详文""条议""告示""照牌"为主。

(44)《受祜堂集》十二卷　清张泰交撰，本书即为刚才介绍过的(15)。内容以张泰交担任云南大理府太和县知县时(1689—1694)所发布的"详文""谳语""示檄""杂文"为主。

(45)《治祝公移》不分卷　清李涓仁撰，清康熙三十七年(1698)序刊本，中国社会科学院法学研究所法学图书馆藏。内容以李涓仁担任山东济南府齐河县知县时(1691—1697)所发布的"杂文""条议""申详""关牒""告示""谳语"为主(其中的"告示"收入前引《中国古代地方法律文献》乙编第6册)。①

(46)《肥乡政略》四卷　清范大士撰，清康熙四十年(1701)刊本，中国国家图书馆藏。内容以范大士担任直隶广平府肥乡县知县时(1699—1701)所发布的"申详""看语""告示""杂文"为主。

(47)《宰邡集》十二卷　清孙廷璋撰，清康熙四十二年(1703)序稿本，南京图书馆藏。内容以孙廷璋担任四川成都府什邡县知县时(1699—1705)所作的判牍等为主。

(48)《容我轩杂稿》不分卷　清阙名撰，清稿本，复旦大学图书馆

---

① 关于该书的详细解题，参见三木前引《清代顺治、康熙年间の判牍史料四種について》。

藏。内容为湖南衡州府衡山县知县（1702 年以后）的"详文""审语""告示"等。①

（49）《同安纪略》二卷　清朱奇政撰，清雍正十三年（1735）刊本，中国社会科学院法学研究所法学图书馆藏。内容以朱奇政担任福建泉州府同安县知县时（1712—1713）所发布的"详文""判语""批语""告示""禀缄""尺牍""序记"为主（其中的"告示"收入前引《古代榜文告示汇存》第 6 册）。②

（50）《天台治略》十卷　清戴兆佳撰，清康熙六十年（1721）序刊本，国立公文书馆内阁文库藏（收入前引《官箴书集成》第 4 册）。内容以戴兆佳担任浙江台州府天台县知县时（1719—1721）所发布的"详文""谳语""告示""启""杂著""呈批"为主。

（51）《覆瓮集》钱谷二卷，刑名十卷，余集一卷　清张我观撰，清雍正四年（1726）刊本，中国科学院国家科学图书馆以及中国社会科学院法学研究所法学图书馆藏。内容以张我观担任浙江绍兴府会稽县知县时（1720—1726）所作的公牍为主，钱谷二卷包含了与经济相关的"禀""告示""判"等，刑名十卷则是"条告""判"（命案、盗案、户婚、田土、赃私、庶务）、"禀帖""祭祷""旌奖"（其中的"条告"收入前引《古代榜文告示汇存》第 5 册）。余集一卷乃是其补遗。

① 关于该书的详细解题，参见山本前引《清康熙の孤本公牍三種について》。
② 关于该书的详细解题，参见三木前引《清代順治、康熙年間の判牍史料四種について》。

其他官僚的公牍

(52)《理信存稿》不分卷　清黎士弘撰，清康熙九年(1670)刊本，中国社会科学院法学研究所法学图书馆藏。内容以黎士弘担任江西广信府推官时(1662—1667)所发布的"详文""告示""审语""杂记"为主(其中的"告示"收入前引《古代榜文告示汇存》第3册)。

(53)《南沙文集》八卷　清洪若皋撰，清康熙二十七年(1688)刊本，南京图书馆藏(收于前引《四库全书存目丛书》集部第225册)。卷八《吏牍》包含了洪若皋担任福宁分巡道时(1662—1667)所发布的"详文""移文""告示""牌"。

(54)《四此堂稿》十卷　清魏际瑞撰，清康熙十四年(1675)刊本，东京大学东洋文化研究所等藏。内容以魏际瑞担任浙江巡抚范承谟的幕友时(1668—1672)所作的"告示""咨""奏本""牌""票""批驳""书""杂体"为主(其中的"告示"收入前引《古代榜文告示汇存》第3册)。

(55)《平闽记》十三卷　清杨捷撰，清康熙二十三年(1684)序刊本，国立公文书馆内阁文库藏，该书收录了杨捷担任福建陆路提督时(1678—1680)所发布的"告示"(卷十二至十三)。

(56)《他山集》三十六卷　清盛孔卓撰，清抄本，上海图书馆藏。内容以盛孔卓在康熙中期十年间(1691—1700)担任幕友时所作的"详议""参看""谳语""批申""咨移""告示""公檄""驳檄""谕札""禀揭"为主。

(57)《纸上经纶》六卷　清吴宏撰，清康熙六十年(1721)序刊本，东京大学东洋文化研究所藏(收入郭成伟、田涛整理：《明清公牍秘本五种》，北京，中国政法大学出版社，1999)。内容以吴宏担任刑名幕友时(1691—1716)所作的"招""详""驳""谳语""告示""补遗"为主。

(58)《青铜自考》十二卷　清俞益谟撰，清康熙四十六年(1707)刊本，中国科学院国家科学图书馆、北京大学图书馆以及美国哥伦比亚大学图书馆藏(收入前引《四库禁毁书丛刊》正编第17册)。内容以俞益谟担任湖广提督时(1703—1711)所作的"题奏条议""咨呈移会""檄行文告""启集""尺牍"等为主。

三、利用公牍的研究概况与展望

很早就注意到公牍的仁井田陞针对其价值，有以下的看法："中国的社会与政治机构完美地呈现于官箴或是公牍里，就这个意义来看，其作为资料的价值极高。……只是，一般而言，我们不能够过分相信当时的地方官僚会按部就班地实行官箴所阐明的意见，亦不能相信记录于公牍的事情就是一个个事实。不过，在思考下述问题时，例如，身为官吏须考虑哪些问题呢？地方(尤其是农村)发生了什么问题呢？又，这个问题无论如何都无法解决吗？或是如何解决了这个问题呢？官箴与公牍都赋予了我们一个基准吧。"[①]又，中国的冯尔康亦提出："这类政事文献，同时反映该地区的经济、文化、社会状况，并在一定程度上反映全国的状况和地区特点，所以应当引起史家的重视，把它

---

① 仁井田前引论文157～158页。

作为宝贵的史料加以运用。"①由此可知，将公牍视为重要史料的观念很早就存在了。

不过，具体使用公牍的动向乃是开始于法学研究的领域，而非历史学研究。正如滋贺秀三所言："虽然无法将这种文献作为史料来说明判例的推移过程等，但是，其内容不只是刑事，还富含了民事、行政方面的案件，并且具备了透过较为如实的形式（也就是有血有肉的形式）去反映人民生活的趣味性。"②这是因为公牍，特别是其中的判牍被评价为能够呈现当时审判实际状态的绝佳资料。

首次将公牍使用于研究的论文乃是仁井田陞《清代の取引法等十则——〈秀山公牘〉〈汝東判語〉〈樊山批判〉その他のなかから》（收入同氏《中国法制史研究——土地法、取引法》，东京，东京大学出版会，1960）。由副标题可知，这篇论文乃是以收录于大木文库的《秀山公牍》《汝东判语》《樊山批判》，也就是清末光绪年间四川、江西、陕西地区各个知县的公牍为资料，对清代的交易法进行研究。

滋贺秀三也在其著作《中国家族法の原理》（东京，创文社，1967，改订版，2000）中尝试使用了顺治年间浙江地区推官的判牍《棘听草》、清末道光年间河南知府的判牍《判语录存》，以及清末江西地区知县的公牍《吴平赘言》《晦暗斋笔语》。不过，20世纪60年代的研究尚未普遍使用公牍。

20世纪70年代以后，将公牍中的判牍作为判决集，予以活用的

① 冯前引书94页。
② 滋贺前引书95页。

频率逐渐增加了。身为中心研究者的滋贺秀三在《清代の司法における判决の性格——判决の確定という観念の不存在》(载《法学协会雑志》91卷8号，1974，92卷1号，1975)、《清代訴訟制度における民事的法源の概括的検討》(载《东洋史研究》40卷1号，1981)，以及收录了新稿《法源としての経義と礼、および慣習》的前引《清代中国の法と裁判》里，和仁井田一样，从不同角度使用了大木文库所藏的公牍，对各个主题进行分析。例如，时代较为早期的公牍有18世纪初的《雅江新政》《徐雨峰中丞勘语》《诚求录》，较为后期的公牍除了上述各书以外，尚有清末道光以后的《府判录存》《槐卿政迹》《问心一隅》《吴中判牍》等。

滋贺的兴趣在于"法的适用"与"审判的结构"等法制方面的问题，因此，特别使用公牍里的判牍为主要史料，乃是理所当然的事情。但是，也许是滋贺并未在传统中国的状态当中追求巨大的时代变化之故，在使用公牍的时候，也未特别留意各个时代的差异(例如，这是清初的案件，抑或清末的案件?)或是各个地域的差异(例如，这是江南的案件，抑或华北、华南的案件?)。

这种倾向不止于滋贺一个人而已，中村茂夫一连串的论文《清代の判語に見られる法の適用——特に誣告、威逼人致死をめぐって》(载《法政理论》9卷1号，1976)、《伝統中国法＝雛型説に対する一試論》(载《法政理论》12卷1号，1979)、《不応為考——"罪刑法定主義"の存否をも巡って》(载《金泽法学》26卷1号，1983)，或是森田成满的著作《清代土地所有权法研究》(东京，劲草出版中心，1984)等，这些以公牍为主要资料的其他法学研究，也可见这个倾向。至于小口彦太《清代

地方官の判決録を通して見たる民事的紛争の諸相》(载《中国——社会と文化》3号，1988)，对记有康熙年间浙江地区知县政绩的《天台治略》以及记有道光年间河南知府政绩的《判语录存》，同时进行了比较，可说是此类研究的典型。尽管如此，透过公牍来追求传统中国法秩序的法学研究对于公牍的地域性与时代性，较为漫不经心，想要通过公牍来重新建构地域社会面貌的意识亦不够强烈。

与法学研究相较，在历史学研究的领域里，以公牍为史料的研究仍然不多。关于社会经济史研究的方面，小山正明《明末清初の大土地所有——特に江南デルタ地帯を中心にして(二)》(载《史学杂志》67编1号，1958，后收于同氏《明清社会经济史研究》，东京，东京大学出版会，1992)、川胜守《明末清初の訟師について——旧中国社会における無頼知識人の一形態》(载《九州大学东洋史论》9号，1981，后收入同氏《中国城郭都市社会史研究》，东京，汲古书院，2004)、田中正俊《明、清時代の問屋制前貸生産について——衣料生産を主とする研究史的覚え書》(收入《東アジア史における国家と農民》，东京，山川出版社，1984，后收入同氏《田中正俊历史论集》，东京，汲古书院，2004)乃是很早就注意到《守禾日纪》等公牍，并将其作为论证明末清初江南社会诸问题的根据的。不过，正如这些论文的标题所示，清初的现象多半被视为明末以来的一种延伸，清初的公牍也就成了验证这些现象的史料，而且其引用也仅止于部分，而非全面。

其中，重田德《清初における湖南米市場の一考察》(载《东京大学东洋文化研究所纪要》10册，1956，后收入同氏《清代社会经济史研

究》，东京，岩波书店，1975)将《赵恭毅公自治官书》作为限定在清初湖南的史料，研究了湖南的米市；岸本美绪《清代前期江南の米価動向》(载《史学杂志》87编9号，1978)与同氏《康熙年間の穀賎について——清初経済思想の一側面》(载《东京大学东洋文化研究所纪要》89册，1982，后皆收入同氏《清代中国の物価と経済変動》，东京，研文出版，1997)则以《四此堂稿》作为康熙年间的史料，讨论了当时人们的经济观。以上研究在使用公牍的时候，皆意识到地域与时代的差异。

历史学研究的领域开始积极地活用公牍，乃是最近的倾向。基于各自的地域与时代，使用相关公牍来建构地域社会的实际状态，这种集中于地域社会史研究的倾向，乃是其特征。其中备受瞩目的是三木聪的一连串研究。三木在收录于前引《明清福建農村社会の研究》的不少论文当中，特别使用了祁彪佳担任明末福建兴化府推官时(1624—1628)的判牍《莆阳谳牍》，以及《临汀考言》与《抚闽文告》等清初公牍，尝试对福建的具体农村地域社会进行复原。又，井上彻《明末广州の宗族——顔俊彦〈盟水斎存牘〉に見える実像》(收入井上彻、塚田孝编《東アジア近世都市における社会的結合——諸身分、諸階層の存在形態》，大阪，清文堂，2005)使用了颜俊彦担任明末广东广州府推官时(1628—1630)的公牍《盟水斎存牍》，对明末广东宗族的实际状态进行分析。接着，滨岛敦俊《明末華北の地方士人像——張肯堂〈䇍辞〉に見る》(收入前引《宋—清代の法と地域社会》)则是使用了张肯堂担任明末北直隶大名府浚县知县时(1629—1635)的公牍《䇍辞》，对明末华北士人的实际状态进行阐明。①

　　过去，笔者也曾透过《天台治略》的资料，将研究范围集中在康熙末年浙江的一个县，对"乡村役"（负责乡村杂务的人；非正规）进行了考察（山本英史《浙江省天台县における"図頭"について——十八世纪初頭における中国郷村支配の一形態》，载《史学》50卷，1980），近年来则是广泛使用康熙年间的公牍，尝试厘清浙江地方势力的实际状态（山本英史《清代康熙年間の浙江在地勢力》，收入同氏编《伝統中国の地域像》，东京，庆应义塾大学出版会，2000，以上论文后皆收入同氏《清代中国の地域支配》，东京，庆应义塾大学出版会，2007）。另外，也曾经使用过《守邦近略》，尝试理解康熙年间江西的诉讼社会（本书第六章《健讼的认识与实际状态——清初江西吉安府的情况》）。

　　顺道一提，五味知子《"貞節"が問われるとき——"問心一隅"に見る知県の裁判を中心に》（载《中国女性史研究》17号，2008）以及同氏《清中期江西省袁州府における溺女防止事業——〈未能信録〉をてがかりに》（收入公益信托松尾金藏记念奖学基金编《明日へ翔ぶ——人文社会学の新視点》第1集，东京，风间书房，2008）虽然并未限定于特定的时代或地域，不过，五味将过去被法学研究独占使用的判牍应用于社会史研究，展开了全新的实证式性别论述，备受瞩目。

　　近年，公牍广受运用的一个契机乃是相关目录的公开。过去，仁

---

　　①　另外，近年来，使用公牍进行明清社会史研究的倾向也在中国台湾越来越明显，参见三木前引《清代顺治、康熙年间の判牍史料四種について》。

井田陞曾经介绍过大木文库所藏的公牍。① 又，滋贺秀三亦以《清代判牍目录》为题，对日本国内可以阅览的 30 种判语进行了说明。② 接着，包含滋贺介绍过的判牍在内，森田成满又介绍了 55 种清代的判牍。③ 在这些前辈学人的导航之下，我们对于公牍的知识可说是有了飞跃性的成长。不过，这些知识多半限定于日本国内的公牍，另外，我们亦不可否认的是，这些公牍大多偏向清末，甚至是偏向判牍。

20 世纪 80 年代以后逐渐明朗化的中国大陆各大机关公牍收藏情况，得以与我们共享，这乃是公牍广受运用的另一个契机。滨岛敦俊《北京図書館蔵〈按呉親審檄稿〉簡紹》(载《北海道大学文学部紀要》30 卷 1 号，1981)、《北京図書館蔵〈莆陽讞牘〉簡紹——租佃関係を中心に》(载《北海道大学文学部紀要》32 卷 1 号，1983)介绍了 80 年代初期已知的最新情况，接着，《明代の判牘》(收入前引《中国法制史——基本資料の研究》)更是再次提供了记有明末 16 至 17 世纪治绩的数十种判牍的详细情况。又，三木聪在前引《清代順治、康熙年間の判牘史料四種について》则是根据近年的调查，介绍了《东兴纪略》《圣湖澹宁集》《治祝公移》《同安纪略》这四种清初的判牍。

在这些公开信息的基础上，以三木聪为首的团队所进行的调查报告《传统中国判牍资料目录稿(明清篇)》(收入《伝統中国の訴訟、裁判史料に関する調査研究》平成十六年度—平成十八年度科学研究費补助

---

① 仁井田前引论文。参见《东京大学东洋文化研究所大木文库分类目录》。

② 滋贺前引书，卷末 7～10 页。

③ 森田前引《清代の判語》，收入前引《中国法制史——基本資料の研究》，746～751 页。

金研究成果报告书，北海道大学大学院文学研究科东洋史学研究室，2007，后收入三木聪、山本英史、高桥芳郎编《传统中国判牍资料目录》，东京，汲古书院，2010)重新且详尽地收集了现存于世的判牍收藏情况。这份调查报告的范围不止于日本，甚至还包含了中国、美国，追加了100种判牍，使171种判牍的收藏机关更为明确。①

日后，历史学研究将公牍视为提供各个地域社会情况的"地方文献"的这种倾向将会越来越强烈吧。透过收藏情况所得知的公牍，该如何活用呢？这是接下来的课题。甚至，我们可以这么说：需要充分活用的不只是判牍而已，而是包含判牍在内的公牍整体。

结　语

作为本章的结尾，笔者将针对清康熙时代地域社会研究中，公牍所具备的史料价值，以及利用公牍的意义，抒发些许意见。

如前所述，清代公牍中，康熙年间地方官僚的著作仍大量现存于世。根据三木聪的看法，收录于前引《传统中国判牍资料目录稿（明清篇）》的清代判牍为119种，其中，光绪年间的公牍乃是48种，时代较为接近的康熙年间的判牍则是紧接在后，占了30种，如果我们考虑到与康熙时代差不多长久的乾隆时代的判牍只有2种的话，那么，康熙年间的判牍数量实在是鹤立鸡群。接着，再加入未包含判牍在内的公

---

① 前引《传统中国判牍资料目录》还增补了18种判牍，总计为189种。

牍的话，其数量几乎为两倍。又，三木所收录的 119 种清代判牍中，浙江的判牍占了 20 种，大幅超过了第二多的山东(11 种)，因此，我们可说"清代最为显著的乃是浙江"。本章所介绍的康熙年间的公牍也是以浙江地方官僚的著作最为醒目。而促成这种状况的背景为何呢？

过去，笔者曾将康熙年间这个时代视为清朝大致获得了中国大陆的统治权，必须开始建立统一基础的时代，亦将浙江这个地域定义为自明代就已经完成了移居和开发，可说是以汉族为中心的传统社会得以巩固的典型地域。① 清朝乃是以满族为中心的王朝，同时亦是取代明朝的一个全新的中国传统王朝，背负着必须将明末以来即处于混乱局面的中国社会恢复秩序与安定的责任。因此，身为皇帝的代理人，被派遣至各地的地方官僚便肩负着这个使命，必须竭尽全力于地方治理。康熙年间对地方官僚来说，乃是一个伴随着某种紧张感，必须完成其任务的时代。不过，浙江对他们来说，就未必是容易治理的地域了。浙江总督刘兆麒称："浙江一省，嘉湖地处水乡，支河庞杂，宁、绍、台、温半临边海，金、衢、严、处半属山陬，在在可以藏奸，盗贼易于窃发。而杭州省会，五方剧处，尤易生奸。是在有地方之责者，殚力消弭。有防守之责者，尽心稽察，不可须臾稍息也。"② 可知当时的浙江乃是所谓"难治之地"。其结果导致即将前往浙江赴任的地方官僚相较于其他地方的官僚，更加需要与任地相关的情况。这个背景促进了康熙年间治理浙江各个地方的官僚们纷纷将自身所作的大量公牍

---

① 山本前引书 191 页。
② 《总制浙闽文檄》卷三《饬防弭盗贼》。

刊行于世。从已经出版的各种公牍里，收集有用的文献，将其编纂成书，是为《资治新书》《治安文献》《政刑大观》《新辑仕学大乘》《增定分类临民治政全书》，而这一连串的书籍皆出版于康熙初年，甚至其收录的公牍中，以浙江官僚的著作居多，这可说是印证了上述笔者的推测。①

若这个推测正确的话，康熙年间的公牍不就成了印证其时代与地域样貌的恰当史料吗？这是因为这些公牍里，汇集了清初地方治理所面临的种种问题，并且如实呈现了各个地方官僚是透过何种基准去处理这些问题，又是如何解决这些问题的，为了因应当时读者的需求，其中的记载必须更加巨细靡遗。

与其他朝代相比，康熙年间所残存的档案较少，正因如此，在收集地域社会的相关资料之际，更需要仰赖公牍。就这个意义来说，如本章所示，康熙年间地方官僚所编著的公牍可说是具备了较高的史料价值。因此，为了深入进行清初地域社会史研究，我们必须更加广泛地利用公牍。

---

① 《资治新书》全三十四卷(初集十四卷，二集二十卷)，清李渔辑，初集清康熙二年(1663)序刊本，二集清康熙六年(1667)序刊本，分为"文移""文告""条议""判语"这四个部分。《治安文献》全十卷，清陆寿名、韩讷同辑，清康熙三年(1664)序刊本(前引《官箴书集成》第3册)，在"钱谷""徭役""军政""刑名"等分类中，收录了"批申""公檄""咨移""告谕""申详条议"等。《政刑大观》全八卷，清刘邦翰辑，清康熙三年(1664)刊本，包含了"奏疏""咨移""申详""批答""告示""牌檄""款约""审语"。《新辑仕学大乘》全十二卷，清汪杰(犀照堂主人)辑，清康熙五年(1666)刊本，分为"题疏""咨移""文告""条议""申详""批驳""谳语"等。《增定临民治政全书》全十卷附卷首卷末，清撷芳堂主人辑，清王一麟参订，清刊，分为"奏疏""告示""条议""申详""禀札""批答""咨移""牌檄""审语"。这些公牍都是自清初江南与浙江的政书转载部分文章，编辑成书，尤其是浙江的事例极多，可说是其特征。

后　记

　　笔者出身于滋贺县草津市。话虽如此，早在 10 岁那一年，便离乡背井，来到关东后，也过了五十五个年头，如今，实在是羞于启齿称自己原是关西人。不过，有的时候，在包含味觉的种种方面，还是会强烈感受到自己身上流着关西人的血液。滋贺，尤其是曾为东海道、中山道大本营的草津，自古以来就深受京都文化的影响，生活方式这个部分也是崇尚着"京风"。因此，所谓"京都的茶泡饭"（当主人提议"请吃个茶泡饭吧"，看似想要挽留客人的时候，这其实指的是"你差不多可以给我回家了"的意思）里的客套话与内心话之间的鸿沟，对外地人来说，往往是一个相当棘手的变化球，相较之下，笔者大多时候能够挥棒成功。只是，即便如此，还是有许多笔者难以理解的事情，就算是现在，也是依旧如此。

　　据说某一位是地道京都人的老师在年轻的时候，曾在软式棒球的比赛中打出了一个内野高飞球，结果被同为地道京都人的前辈热心地纠正说：这种打法一点也不像京都人。究竟要怎么打内野高飞球，才会像京都人呢？这种连地道京都人都无法理解的事情，仍然存在于京都。自悠久历史的传统中所培养出来的京都，其一字一句或是一举一动都有着特别的含义。然而，京都的历史也不过1 200多年。在中国，比京都历史更为漫长的都市比比皆是。而成长于该地的人们的一字一句或是一举一动里，自然也隐含着外地人(特别是外国人)难以理解的部分。京都的"宇治茶泡饭"就已经相当棘手了，想必中国的"茉莉花茶泡饭"更是道高一尺吧。

传统中国的人们里，颇为费解的乃是官僚、知识分子的内心话，要从他们的著作来探索其"真实的情感"，绝非一件容易的事情。自古以来，中国的官僚、知识分子纷纷将大量的书籍流传至后世。不管是称作正史的王朝历史，或是称作地方志的地域概况，甚至是名为日记的个人记录，皆是如此。不过，他们不只是单纯将其记录下来而已，甚至还特地刻板印刷。想必这是为了透过正式的记录，将王朝、地域、个人的各种理想模样流传至后世吧。因此，他们并非原封不动地记录曾经发生的事实，而是一方面，对于想要流传至后世的事情，大肆强调、夸大其作为模范的一面，另一方面，对于不想流传于后世的事情，则是极尽所能地隐瞒、扭曲、捏造。中国史研究必须使用他们所遗留下来的文献作为史料，那么，若是我们无法充分地洞察这种史料性质的话，是无法进行中国史研究的。

作为史料，本书所活用的官箴书乃是"以科举合格后，被授予官职的新手知县为对象，提醒他们在实际执政现场，该注意哪些职务方面的规范，并且提供了不少如何实践这些规范的实用忠告"。不过，我们无法否认：这类书籍也是作者为了正当化自身的官僚生涯，所作的一种记录。其内容多是"自吹自擂"，也就是作者如何在缜密的考量下，成功地自复杂的官僚世界全身而退，也许是出自这个缘故，其中有着不少场面话。"官箴"的原意指的是官僚的道德规范，也就是说，典型官箴书的内容多偏向"何谓理想的官僚"。不过，基本上，这些内容多半基于儒家经典，对读者来说，乃是自幼就听到厌烦的训示，我们实在难以想象他们到了这个时候还要透过官箴书，再次汲取这些老调重弹的知识。特别受到新手知县好评的官箴书（实际上应该不太多）往往极力排除这种官僚道德规范，并且详细记录了与官僚相处的行为模式以及与人际关系的建构相关的实用信息。但是，即便如此，我们还是很难从这些官箴书里找到读者真正想要知道的"内幕消息"或是"失败的经验之谈"。就算是提到如何建构人际关系的篇章，其内容多半还是华而不实的乌托邦，对读者而言，这绝非他们真正想要知道的活生生、血淋淋的现实世界。

　　本书所活用的另一种史料乃是"公牍"。官僚将担任职务时实际撰写的公文书进行整理，并且出版成书，即为所谓公牍，就此看来，这与作者基于某种意图所作成的其他书籍，性质较为不同。对日后即将亲自撰写公文书的众多读者而言，相较于官箴书，反倒是公牍更加有用。好比说学生在写毕业论文的时候，往往想要知道何种程度的论文才能合格，为了理解其中的判断基准，相较于那些教人如何写出"理想的毕业论文"的书籍，前辈们过去所提交的毕业论文更加有用，这是一样的道理。公牍的刊行可说是出自这种需求。不过，公牍也同样是作者为了正当化自身的官僚生涯所作的书籍。中国的地方政治往往建立在文书的一来一往这个基础上，即使是官僚生涯短暂如昙花一现的地方官，其撰写的公文书也是浩瀚如繁星，要将这些公文书一网打尽，全数收录于一本公牍里是不可能的，因此，作者在整理公牍的时候，可说是基于某种意图进行了取舍。尤其是提出自身判断，并且寻求上司裁可的谳语或是详文，其中理应有不少被驳回的案件，但是，这种文书几乎未收录于出版成书的公牍里。因此，公牍仅收录了作者引以为豪的公文书而已，结果就是将作者塑造成了卓越不凡的人物。

那么，官箴书与公牍是否毫无作为史料的价值呢？想来未必如此。当时的官僚、知识分子在自身所处的政治环境里，打着什么如意算盘，并且和周遭的人们建构了何种关系，或者是他们认为应该要建构何种关系呢？在理解这些问题时，官箴书与公牍皆为珍贵的史料，其特有的记载里，尚有其他史料无法取代的部分。尽管官僚、知识分子如此拼命地使用一些冠冕堂皇的理论来粉饰自己的言辞，但是，有的时候，他们的言辞里还是会不小心透露了自己的真心话，粉饰过后的言辞里，也有可能隐含着肺腑之言，当然，要找出这些肺腑之言，乃是难上加难，但是，一旦发现的话，当下的喜悦可说是难以言喻。这就好像是滋贺县人在京都人们难以理解的一字一句或是一举一动当中，总算看穿了什么是"客套话"，什么是"内心话"，其中的乐趣正和这种喜悦极为类似。本书正是透过官箴书与公牍，尝试获得这种"小确幸"。

接着，将针对本书各章的构成以及旧稿的出处，进行说明。

第一章《赴任的知县——自官箴书看清代县衙的职场环境》针对赴任后的知县首先面临的职场环境，进行了全面的俯瞰，主要以 2003 年以来所作的多次相关报告为底稿，不过，基本上还是新写的文章。与其说本章是研究论文，不如将其想成是总括本书整体的概论。另外，其中亦收进了《官箴より見た地方官の民衆認識——明清時代を中心にして》（收入《大阪市立大学东洋史论丛》别集特别号《文献資料学の新たな可能性②》，2007）的部分内容。

第二章《待士法的展开——与地方实力派人物的相处之道》基本上也是新写的文章，不过，以《明末清初における地方官の赴任環境》（《史潮》新45号，1999）为底稿，并且收进了《伝統中国の官僚道徳規範とその変容》（收入山本正身编《アジアにおける"知の伝達"の伝統と系譜》，东京，庆应义塾大学言语文化研究所，2012）的部分内容。

第三章《"衙蠹"的意义——清初的胥役与地方统治》出自同名论文（收入细谷良夫编《清朝史研究の新たなる地平》，东京，山川出版社，2008）。

第四章《地方官的民众认识——公牍中的"良民"与"恶民"》出自《公牘の中の"良き民"と"悪しき民"——清代康熙年間の事例を中心にして》（收入山本英史编《アジアの文人が見た民衆とその文化》，东京，庆应义塾大学言语文化研究所，2010）。

第五章《清初浙江沿海地方的秩序重建》出自《清初における浙江沿海地方の秩序形成と地方統治官》（收入山本英史编《近世の海域世界と地方統治》，东京，汲古书院，2010）。

第六章《健讼的认识与实际状态——清初江西吉安府的情况》出自同名论文（收入大岛立子编《宋—清代の法と地域社会》，东京，东洋文库，2006)。

第七章《卸任的知县》则是以笔者在中国的口头报告《从地方官的"表演"论明清统治的实态》(收入陈支平、万明主编《明朝在中国史上的位置》，天津，天津古籍出版社，2011)为底稿，不过，基本上还是新写的文章。

最后的附录《清代的公牍及其利用》出自同名论文(收入大岛立子编《前近代中国の法と社会——成果と课题》，东京，东洋文库，2009)。

透过以上各章的检讨，浮现在我们面前的乃是官僚们的场面话与真心话之间显著乖离的状况。自诩为"民之父母"的他们为了圆滑地进行地方行政，在人际关系方面投注了极大的心力，其中包括迎合上司、向胥役虚张声势、与乡绅妥协等，至于"视民如子"中的民，只要他们不是"奸民"，无损官僚自身地域统治的安定性的话，官僚们往往会对其视而不见。如果清朝对人民的统治是由这种官僚们对于各自地域的统治所累积而成的话，那么，官僚们所进行的地域统治里，自然而然地隐约可见王朝国家对人民进行统治的实际状态吧。

最后涉及一些私事，请各位见谅，其实笔者即将在明年三月自任教届满二十九年的庆应义塾大学退休。不过，目前仍然是每天被原稿追着跑的状况，几乎毫无闲暇去回顾自己的研究生活。收录于本书的论文多半是近十年来的成果，这么看来，笔者对于清朝地域统治的相关研究，也可说是告一段落了。回想起来，早在四十二年前，刚刚进入研究所硕士课程的时候，课堂上所阅读的史料正是《福惠全书》。此后，就与这本书结下了不解之缘，直至今日。

本书得以刊行，除了去年东洋文库所编辑的一项研究成果《中国近世の規範と秩序》之外，还多亏了研文出版社的山本实先生。对于笔者啰唆至极的种种要求，山本实先生仍旧欣然允诺，对此衷心感谢。

山本英史

2015 年秋

图书在版编目（CIP）数据

新官上任：清代地方官及其政治生态/（日）山本英史著；
魏郁欣译. —北京：北京师范大学出版社，2023.7
（新史学译丛）
ISBN 978-7-303-28916-5

Ⅰ.①新… Ⅱ.①山… ②魏… Ⅲ.①政治制度－研究－
中国－清代 Ⅳ.①D691.21

中国版本图书馆 CIP 数据核字（2023）第 031701 号

北京市版权局著作权合同登记号：图字 01-2018-0832

| 营 销 中 心 电 话 | 010-58808006 |
| 北京师范大学出版社 新史学策划部微信公众号 | 新 史 学 1902 |

XINGUAN SHANGREN
出版发行：北京师范大学出版社 www.bnupg.com
　　　　　北京市西城区新街口外大街 12-3 号
　　　　　邮政编码：100088
印　　刷：北京盛通印刷股份有限公司
经　　销：全国新华书店
开　　本：890mm×1240mm　1/32
印　　张：9.375
字　　数：198 千字
版　　次：2023 年 7 月第 1 版
印　　次：2023 年 7 月第 1 次印刷
定　　价：78.00 元

策划编辑：谭徐锋	责任编辑：曹欣欣　王子恺
美术编辑：王齐云	装帧设计：王齐云
责任校对：段立超	责任印制：马　洁　赵　龙